心の哲学

――――心を形づくるもの

Elements
of
Mind

An Introduction to the Philosophy of Mind

by
Tim Crane

ティム・クレイン

植原亮＝訳

keiso shobo

ELEMENTS OF MIND
An Introduction to the Philosophy of Mind
by Tim Crane

Elements of Mind: An Introduction to the Philosophy of Mind was originally published in English in 2001.
This translation is published by arrangement with Oxford University Press.

序

本書では、心身問題、志向性の問題（もしくは心的表象の問題)、意識の問題、そして知覚の問題という、私が心の哲学の主要な問題であると思うものを説明してみようと思う。私はさらに、以上の問題の解決をも試みたい。言うまでもなく、私はそうした解決そのものに問題がないなどととぼけるつもりはない。だが私には、物腰の穏やかなサーヴェイよりも、自説をまげずに哲学的問題にアプローチする本の方が面白いことが多いように思われる。また私は、「心の哲学の主要な問題」を論じる際、それらだけが主要な問題であるとか、「心身問題」や「意識の問題」にはただひとつのものしかない、などと思わせるつもりもない。それとは逆に、心の哲学の主要問題を論じていく中で、詳しくは論じない問題もあるものの、私はたいていの場合、そうした問題の名のもとに一括されるものの多くを区別したいと思う。だがそれでも、心の哲学の主要問題を表す伝統的な名は、言わば、この研究分野に関する有益な地図の座標を与えてくれるように思われるため、私はそれを使うつもりである。

本書の中心テーマは志向性である。志向性、すなわち心がその対象に向けられていることは、心が事物を表象するための、もしくは事物についてのものであるための力と言われることがあり、あらゆる心的現象に備わる本質的な特徴である。これは、ドイツの哲学者にして現象学運動の創始者であるフランツ・ブレンターノを称えて名づけられた、ブレンターノ・テーゼである。私は、このテーゼの名と着想の源泉をブレンターノから受け取りはするものの、本書はいかなる点でもブレンターノや彼の創始した現象学運動についての本でもなければ、彼の意図した意味でのテーゼを擁護しようというものでもない。第一章では志向性ということで私が何を言わんとしているかを明らかにする。第三章・第四章・第五章では、意識や思考や知覚に見出される志向性について説明する。第二章では、心身問題および、心的現象の物理主義的で還元的な説明がどのくらい可能なのか、さらに言えばそれはどのくらい必然的なのか、といった副次的なテーマを取り上げる。第二章の結論のひとつは、物理主義の問題が決着しても、心的なものに関して興味深い事柄のほとんどは未解決のままだというものである。ごく単純に言うなら、その要点はこう表すことができる。物理主義が正しく、また心的性質が物理的性質と同一であるとしよう。それでもわれわれは、それがどの物理的性質なのか、そうした性質の一般的な特徴は何か、それについてどのように理解するのかといったことを知る必要がある。あるいは、私の好む一種の「創発主義」が正しく、心的性質が、人間やその他の動物に備わる因果的に効力のある「創発的な」性質であるとしよう。だがわれわれはなおも、それがどの創発的性質なのか、そうした性質の一般的な特徴は何か、それについてどのように理解するのかといったことを知る必要があるのである。

包括的な形而上学的テーゼとしての物理主義に対する私の態度は、概して懐疑的なものである。また、意識や志向性の物理主義的な説明に対する態度も同様である。私は、心的なものの還元的説明という考えがおかしいとは言わない。実際、第二章では、そうした還元は見出しうるなら歓迎すべきものだと主張する。だが、意識や志向性について近年提示されてきた説明は多数の賛同を得るには至っていない。また、こうした説明に見られる特徴が示唆するのは、他の場所に注目した方がよいということである。私の考えるところ、必要なのは、還元については中立的な仕方で問題を理解することだ。すなわち、還元の成否を仮定せずに心に見出される諸側面を探究する、という意味で問題を理解することである。これは、そうした理解が達成可能だということ、すなわち、還元的なプロジェクトを素描すること以上の課題が心の哲学にはあるということを前提にしている。私はこの前提が正しいと考えており、また心の哲学における伝統的な問題には、還元の問題に集中しすぎたばかりに見過ごされてきたものがあるとも考えている。ここで私は、ヒラリー・パトナムのもらす次のような不平に少し同情する。「科学は、それとは独立した哲学的な営為の余地を残さない。この見方は、指導的な哲学者がときに次のように言い出す時点にまで達した。哲学に残されているのは、形而上学のあらゆる問題に対してなしうるであろう科学的解決が最終的にどのようなものになるかを予想してみることでしかない、と」（*Renewing Philosophy*, p. x）。パトナムがここで述べたようなプロジェクトについては、本書ではあまり詳しく論じない。還元的なプロジェクトの特質については、以前書いた入門書である *The Mechanical Mind*（邦訳『心は機械で作れるか』）で論じた（また本書では、その本での志向性の説明の不備を改めている）。本書からもうひとつ抜け落ちたのは、多種多様な物理主義的・機能主義的な心の理論の綿密な検討である。これについては、本書で述べたよりもずっと多くを論じるべきだということは私にも分かっている。心の哲学には不案内だが、機能主義やさまざまな物理主義に関心のある読者は、ジェグォン・キムの *The Philosophy of Mind* か、デイヴィド・ブラッドン－ミッチェルとフランク・ジャクソンの *Philosophy of Mind and Cognition* を参照していただきたい。どちらも、以上の問題について優れた解説を行っている。

本書のアイデアは、1993年にさかのぼる。それは、フランク・ジャクソンが、（エドワード・クレイグの編集総指揮のもとで）新しいラウトレッジ『哲学百科事典』に志向性についての項目を書いてみるように誘ってくれた年だ。その稿を書きながら、志向性に関する現代の議論の多くが何らかの点で不完全か見当違いであること、そしてブレンターノのテーゼがそれを埋め合わせる手段であることを確信した。フランクの意見はじっさいに出来上がったものと一致しないかもしれないが、彼がこの役を与えてくれたことにとても感謝している。

以下の施設にも感謝したい。まず、研究休暇授与人文科学研究委員会。おかげで本書を完成させることができた。シドニー大学の哲学部には、1999年に私を客員講師として招いてくれたことに感謝する。その間のセミナーで、私は本書の原稿の大部分を発表した。ヘルシンキ大学には、1999年に私を招いて本書に基づくセミナーの授業をもたせてくれたことに感謝する。ロンドン大学ユニヴァーシティ・カレッジ哲学科には、1999年から2000年の間、研究休暇を許可してくれたことに感謝したい。シドニーでのセミナー内外での議論によって、私は多くの点で考えを変えることになった。デイヴィド・アームストロング、ジョン・ベーコン、マイケル・マクダーモット、ヒュー・プライス、ロイド・ラインハルト、そしてシドニーでの私の学生である、ワイリー・ブレッケンリッジ、イアン・ピット、ユー・レオン・ワンには格別の謝意を表したい。故ジョージ・モルナーはセミナーに活発に貢献し、力になってくれた。彼の夭折はオーストラリアの哲学にとっていたましい喪失である。2000年の夏のセミナーは、ロンドンの大学院生の綿密な検討のもとで私の考えを明確化するのに有益な機会を与えてくれた。とりわけ私は、口頭や文字でコメントしてくれた、マット・ソテリオ、ガイ・ロングワース、ジョン・ウェバーに感謝する。以下の同僚や友人にも、議論してくれたことや、本書の初期の草稿に文字でコメントしてくれたことに感謝したい。それは多くのさまざまな点で役立った。ポール・ボゴシアン、ポール・ホーウィッチ、マーク・カルダロン、バリー・レウアー、ヒュー・メラー、グレッグ・マカロック、ルーシー・オブライエン、デイヴィド・パピノー、スヴェン・ローゼンクランツ、バリー・C・スミス、スコット・スタージョン、トゥウラ・タンスカ、ジェリー・ヴァルバーグ、アルベルト・ヴォルトリーニ。ここ十年あまり私は幸運にもマイク・マーティンと同僚であり、心の哲学に関する定期的な議論が役に立っている。私はそこから計り知れないほど多くを学んだ。本書に示されている見解の多くは、マイクとの会話に影響されている。ただし、彼が私の達した結論の多くに同意しないであろうことは確かだと思うけれども。カタリン・ファーカスは本書で示した見解を絶えず吟味してくれた。彼女の洞察により、私はそうした見解を改善し明確化することができた。彼女は、最も手厳しく、同時に最も思いやり深い批判者であった。本書を彼女に捧げる。

ロンドン

2001年2月

心の哲学

心を形づくるもの

目　次

第一章　心……………………………………………………………………1

1　心の哲学と心的現象の研究　1

われわれは、自分自身についての科学的な理解と非科学的な理解とを有している。哲学では、このふたつの理解が両立するか（またそれはいかにしてか）という問いをずっと考えてきた。しかし、それに先立つ問いがある。われわれの有する自分自身についての非科学的な理解の中身は何なのか、というのがその問いである。

2　パースペクティブと視点　5

心をもつとは事物ないし世界に対するパースペクティブをもつことである、という見方の導入。パースペクティブをもつ生き物ともたない生き物との区別は曖昧だが、その曖昧さは心という概念に見出されるものと同程度である。

3　パースペクティブとその対象　9

パースペクティブのふたつの特徴を導入する。まず、対象がパースペクティブのうちに提示されるという特徴。次に、パースペクティブが部分的だということ、つまり、内に取り入れる事物がある一方でそれ以外は外側に置いたままにする、という特徴。以上は、志向性のふたつの定義的特徴、すなわち「有向性」と「アスペクト形態」とに対応する。

4　志向性概念と内包概念の起源　12

「志向性」という語の起源を説明する。心の特徴としての志向性は、論理的特徴である内包性とは区別されるべきである。この両者の結びつきと相違について説明する。

5　有向性と志向的対象　19

志向的現象はみな、ふたつの本質的特徴をもっている。すなわち、対象への有向性とアスペクト形態である。志向的対象という考えの導入。志向的対象は事物の一種ではない。志向的対象とは、考えられているもののことである。

6　アスペクト形態と志向的内容　27

アスペクト形態とは、志向的状態もしくは志向的作用においてあるものが了解される仕方のことである。アスペクト形態という考えと意義についてのフレーゲの考えとの結びつきと相違について述べる。ある状態が志向的内容をもつということは、その状態が志向的対象と特定のアスペクト形態をもつということである。

7　志向性の問題　32

さまざまなものが志向性の問題と呼ばれる。ここで論じる問題は、志向的状態がどのようにして現実には存在していないものに関わることができるのか、という問題である。志向的状態は真に現実存在している対象との関係ではないとするのが、最良の解決である。内在主義と外在主義の導入。

8　志向性の構造　43

志向的状態はみな志向的対象（志向的状態がそれについてであるもの）をもつが、志向的状態とは、こうした志向的対象との関係のことではなく、志向的内容との関係のことである。志向的内容は命題的である必要はない。志向様式の導入。志向的状態の関係的構造は、主体—様式—内容、である。

第二章　身　体……51

9　心身の相互作用　51

自分は舟の水夫のように体の中に宿っているのではない、というデカルトの見解を認める。心と身体は因果的に相互作用するのである。これは議論のための出発点であり、擁護を要するものではない。

10　実体・性質・出来事　53

基本的な形而上学的カテゴリーの導入。実体は属性や性質とは区別される。状態とは、ある時点で何らかの性質をもつもののことである。出来事は時間的部分をもつ個別者であるという理由から、状態と出来事は区別される。心的現象は、心的状態と心的出来事（も

しくは心的「作用」）の両方を含む。

11　心的因果の「理解可能性」　60

心的因果が問題となるのは、因果に関わるもののためか、または心的なものに関わるもののためか、あるいは物理的なものに関わるもののためだと考えられている。これらのうちはじめのふたつを斥ける。心的因果の問題は、物理的世界に関する「物理主義的」な前提の産物なのである。

12　物理学と物理主義　65

物理主義を一元論一般および物質主義から区別する。物理主義は物理学に特別な役割を与える。「物理学の一般性」を「物理学の完全性」や「物理学の説明的十全性」から区別する。

13　二元論者にとっての心的因果の問題　72

心的因果と物理学の完全性とのあからさまな衝突から問題が生じる。心的原因と物理的原因の過剰決定を排除する。

14　同一説　76

同一説は、心的原因と物理的原因とを同一だとすることで、心的因果の問題を解決する。どのバージョンの同一説を受け入れるかは、因果の関係項が何であるか（出来事か性質か）による。

15　還元主義　80

同一説は存在論的には還元主義的な学説である。理論間の関係である説明的還元から存在論的還元を区別する。この二種類の還元は独立なのである。

16　同一説に抗して——反還元主義　83

パトナムの多重実現あるいは多型実現からの議論により、同一説はもっともらしくない。それゆえ存在論的還元は斥けられるべきだ。

17　非還元的物理主義にとっての心的因果の問題　87

存在論的還元が否定されるなら、心的因果は非還元的物理主義に

とって問題となる。非還元的物理主義の応答は、心的なものは物理的なものによって必然的に決定されるというものである。この見方の難点を論じる。

18　創　発　93

代替的な非物理主義的立場、すなわち、心的性質を、それ自体の因果効力によって「創発する」性質であるとする立場を導入する。この立場は物理学の完全性を否定する。

19　心身問題の源泉としての物理主義　98

物理主義は心身問題の解決ではなく、その源泉だと見る者もいる。ここでの問題は、物理的世界の中での意識の位置をどう説明するかということである。現代の心身問題は、次のジレンマの形をとる。心が物理的ではないなら、どうやって物理的な結果をもたらしうるのか。だがもし心が物理的であるなら、意識はいかにして理解しうるのか。

20　心身問題を解決すると心について何が分かるのか　102

同一説、非還元的物理主義、創発主義のどれが正しいにせよ、心的性質それ自体の本性について、たいしたことは明らかにならない。

第三章　意　識 ……………………………………………………………105

21　意識的なものと無意識的なもの　105

「意識的」と「無意識的」のいろいろな意味を区別する。ブロックによる現象的意識とアクセス意識の区別を論じる。ここでの関心事は現象的意識である。ある状態が現象的意識であるのは、その状態にあることであるようなその何かが存在する場合をいう。

22　志向的なものと質的なものの区別　110

心的現象は、しばしば志向的現象と質的現象に分けられる。この区別はあまり明確ではない。多くの志向的状態は現象的に意識的である。質的状態は、現象的な意識状態の一種であり、感覚的な特性

をもつものである。

23　クオリア　114

「クオリア」という語の定義。クオリアとは、非志向的で意識的な心的性質のことである。これは、質的特性がクオリアによって解明されうるという実質的テーゼである。

24　身体感覚の志向性　116

非志向説的な心の見方にとっての見たところ最良の根拠として、身体感覚を検討する。身体感覚を適切に理解することで、それが第8節の意味で志向的であるということを示す。身体感覚とは自身の身体についての気づき方なのである。

25　強い志向説と弱い志向説　125

志向説では、心的状態や心的作用がみな志向的だと考える。弱い志向説論者の主張によれば、志向的状態や志向的作用は、その現象的特性の要因となるクオリアをももっている。強い志向説はこれを否定する。この強い志向説を擁護する。

26　物理主義・意識・クオリア　132

物理主義にとっての意識の諸問題を再訪する。これらの問題は、クオリアの存在に依存しない。説明ギャップ論法・知識論法・ゾンビ論法という三大論法の区別。

27　説明ギャップ　136

説明ギャップ論法の主張によれば、意識は物理学の説明範囲を超えたところにある。この論法が、物理主義や説明というものに関する過度に強い理解もしくはゾンビ論法に依存しているということを示す。

28　知識論法の検討　138

知識論法は、あらゆる事実が物理的事実であるとの見方に反対する妥当な論法である。だが物理主義をとるなら物理主義をそうやって定義すべきではない。

29　ゾンビたち　148

ゾンビ論法は、第 14 節や第 17 節で論じた形の物理主義に対しては効果的である。それが受け入れられれば、創発へのさらなる動機づけがもたらされる。

30　意識を説明する見通し　150

意識を還元的に説明する見通しの要約。

第四章　思　考 ……153

31　思考と信念　153

思考という語を心的状態もしくは心的作用を表すために用いることにしたい。そうした状態や作用の内容を表すために用いるのではない。

32　意識と信念　158

信念は、正しく言うと決して意識的なものではない。信念は心的状態であって心的作用ではない。哲学者が「意識的な信念」と呼ぶものは、本当は、信じていることについて意識的になる、という出来事のことである。

33　命題的態度　162

ラッセルの「命題的態度」という語は、志向的内容が真または偽として評価可能な志向的状態を指示している。命題的内容の本性について論じ、フレーゲ的説明とネオ・ラッセル的な説明とを比較する。

34　命題的態度テーゼ　168

志向的状態がみな命題的態度であるとのテーゼを導入し、これを斥ける。そのテーゼを動機づけるものはなく、またそれに対する明白な反例も存在する。

35　事象態度と言表態度　172

思考と態度は、「事象」的もしくは関係的なやり方だけではなく、それよりありふれた「言表」的なやり方によっても記述することができる。そのような事象帰属がなされるという事実は、事象思考や事象態度なるカテゴリーがあるということを含意しない。志向的状態の本性は、その帰属条件と切り離すことができる。

36　内在主義と外在主義　176

志向性についての外在主義者は、志向的状態や志向的作用には、本質的にその対象の現実存在に依存するものがあると考えるが、強い形態の内在主義はこれを否定する。内在主義的な志向性は整合的であり、外在主義を支持する直観的な根拠は見たところ存在しない。

37　外在主義擁護論　182

外在主義者は、自らの立場を擁護すべく、影響力の大きい「双子地球」論法を用いる。内在主義者は、ふたつのやり方でこの論法に異議を申し立てる。最も妥当だと思われるのは、内容が指示対象を決定するという外在主義者の主張を否定するものだ。とはいえ積極的な内在主義擁護論は得られない。

38　直示的思考　189

直示的思考（あのＦはＧだ）は外在主義的主張のもうひとつの源泉であると言われてきた。直示的思考について外在主義者が主張することの多くは、内在主義者も受け入れることのできるものである。

39　思考を説明する見通し　192

思考ないし志向性を還元的に説明する見通しについて手短に考察する。

第五章　知　覚　……195

40　知覚の問題　195

知覚についての現象学的問題を認識論的問題や心理学的問題から

区別する。完全な幻覚の可能性をいったん認めてしまうと、知覚の直接性と「現象的原理」との衝突から、現象学的問題が生じてくる。

41　錯覚論法　198

錯覚論法の概略を示し、その最も妥当と思われるバージョンを擁護する。この論法が「現象的原理」に依存しているということを示す。

42　志向性の一形態としての知覚　204

知覚の問題の解決方法は、知覚の志向性について適切に説明することである。「現象的原理」を斥ける。知覚の内容と様式の本性について検討する。

43　知覚経験の現象的特性　209

知覚についての内在主義的な見方では知覚の現象的特性を説明することはできないと言われることがある。この主張を支持する二種類の証拠、すなわち、内観的な証拠と逆転スペクトル・逆転地球の思考実験を検討する。いったん志向性を正しく理解すれば、内観的証拠は決定的ではなくなる、ということを示す。

44　逆転スペクトル、逆転地球　215

逆転スペクトルの可能性は（かりにそうした可能性があったとしてだが）、志向説への決定的反論となるわけではない。逆転地球のみが、純粋に外在主義的な形態の志向説に問題を突きつける。もし狭い知覚内容が整合的であるなら、逆転地球論法は成功しない。

45　非概念的なものとしての知覚　223

知覚の現象的特性に見られるさらなる側面の導入。その側面が信念や判断と際立って異なっている点。これは、知覚が非概念的内容をもっていると言うことで表現される。この考えを明確化し、動機づけ、批判者から擁護する。

注　……231

参照文献　……245

第一章　心

1　心の哲学と心的現象の研究

われわれは、厳密な意味では科学的だとは言えないやり方で、自分自身について考えている。世界に対する眺望もしくはパースペクティブをもち、そして要望、コミットメント、情動、価値観を備えた意識のある合理的な生物として、自分自身を考えるのである。われわれのもつ、自分自身に関するこの見方の一部をなすのが、これらの現象、すなわち心的現象とは何かということについての理解である。この理解は、ある点で曖昧であり、また別の点ではひょっとすると混乱しているかもしれない。しかし、にもかかわらず、その理解は広くいきわたっており、大枠では、さまざまな時代の多くの人間文化に共通しているように見える。

この理解が科学的ではないと言うとき、私の言おうとしているのはこういうことでしかない。かりにこの理解が知識であるとしても、それは専門的な知識ではない。すなわち、特別な訓練や、相応の知性もしくは学習を必要とする知識ではない。この理解はむしろ、われわれが言語を身につけ、他者を理解するようになり、また人間の社会や文化の内部で育つにつれて、おのずと身につけてしまうものなのである。この理解のことを、「フォークサイコロジー」と呼ぶ哲学者もいるが、これはたいていもっと科学的な心理学との対比を意図した呼び方である。私は、「フォーク」という語が言外に含む意味（「フォークミュージック」や「フォークダンス」といった言葉の中でその語が言外に含む意味）を避けるため、「フォークサイコロジー」の語を使わないようにしたい。ただしその語が指示するものはもちろん存在してはいるのだが。

またわれわれは、自分自身や世界の中での自分の位置について、まったく科学的であると言ってよい仕方でも理解している。この理解のもとでは、われわれは自分自身を、進化論的な歴史や生物学的な本質を備えた生物、つまり特定の生物種の成員として考えている。われわれの身体は器官・細胞・分子そして原子からできているが、これらのものがたとえどんなに複雑であっても、種々の科学理論がそれらを記述してくれる。この科学的知識は、専門的な知識である。それを理解するには、相応の知性と高度な（そして高価な）教育を要する。そのため、すべての人間文化ないし人間社会が、この科学的知識を共有しているわけではない。たとえ、その科学的知識が明らかにする多くの事実がこれらの社会の成員に当てはまるにしても。

哲学者たちはひとつの問題をずっと考えてきた。これらふたつの理解の間にはどんな関係があるのか、というのがその問題である。かつてフランク・ジャクソンは、次のように述べることで自身の哲学上の関心を表現した。われわれは、自分たちが自分自身や世界について多くのことを知っていると考えている。その一方で、科学がわれわれ自身や世界について多くのことを教えてくれる。では、科学がわれわれに教えてくれることは、自分が知っているとわれわれが考えていることとどの程度両立するものなのか[1)]。この問いは、現代の心の哲学で数多くの問いが発せられる枠組みをひときわ明確に表現している。以下がそうした問いである。すなわち、科学的な見方は、われわれの抱く非科学的で日常的な信念と両立するのか。それともそれは、日常的な信念を訂正するのか。そもそも、科学はどの程度そうした日常的な信念を訂正しうるのか。科学によって、たとえば思考のようなものなど存在しないということが証明されてしまう可能性はないのか。もしないなら、なぜないのか。もしその可能性があるなら、われわれは自分自身をどのように理解するべきなのか。

以上は、前世紀の大半にわたって哲学的論争の中心に位置してきた重要な問題である。だが、これらには先行する問いがある。すなわち、われわれ自身についてのこの非科学的な見方はどのような内容をもっているのか。われわれ自身を、世界に対するパースペクティブを備えた、合理的で意識をもつ主体であると理解することは、何を意味しているのか。そしてこのように言うときにわれわれは何にコミットしているのか。こうした問いに答えることは、心の哲学の伝統的課題のひとつである。われわれの心的な自己理解について適切に説明することは、紛れもなく、上で述べた自己理解と科学的知識との関係をめぐる問いに十全な答えを与えるための前提条件なのである。

哲学者には、心についてのわれわれの理解には統一性も本質もない、と主張する者もいる。心についてのわれわれの理解は、さまざまな概念がはなはだしく乱雑に集合したものであって、それらを一緒に束ねて統一する糸などない、というのである[2)]。私はこうした主張に同意しない。私は、心についてのわれわれの理解は、心がその対象に向けられるという性質、つまり志向性という概念によって統一されていると論じるつもりである。このテーゼの起源は、アリストテレスや中世のスコラ哲学者たち、デカルト、そしてブレンターノおよび二十世紀における彼の学生や追随者のうちに、さまざまな形態で見出すことができるであろう。それはときに「ブレンターノ・テーゼ」と呼ばれ、私もこの語を用いる。ただしそうするからといって、私は、ブレンターノ哲学の全体を、つまり志向性についての彼の考え方を細部に至るまで受け入れようというつもりはない。

最近の分析哲学では、ブレンターノ・テーゼは多くの者に斥けられている。意識現象がうまく扱えないというのがその主な理由だ。私は、ブレンターノ・テーゼに対するこの反論は間違っていると考えている。それは、この反論が意識についての誤った理解を前提にしていると思うからである。このあと本章では、志向性についての一般的な説明を提示し、第三章で意識についての志向説的な理解を提示する。第四章と第五章では、第三章で提示した志向性と意識についての説明に依拠して、思考と知覚について説明する。第二章では、これらの問題を現代の心身問題と関連づける。

ここで、そもそも「心的」とはどういうことかを独立に理解しない限りブレンターノ・テーゼは空虚になるのではないか、との疑念が浮かぶかもしれない。何らかの仕方で心的なものを志向的なものと「比較し」、心的なものがみな志向的であってまたその逆も成り立つということを「明らかにし」えないなら、ブレンターノ・テーゼが正しいかどうかは分からないのではないか。「心的」

とはどういうことかを独立に（ということは志向性という考えから独立に）理解しない限りは、この手続きは（「心的」は「志向性」と同じ意味であるから）空虚であるか、あるいは（そもそも心的なものが何であるか分からないから）不可能だ、というのである。

この批判は、心とは何かということについて、志向性の概念を使うことでより精妙な哲学的説明へと洗練させていくことができるような大雑把な概念をわれわれがもっていない、ということを前提にしてしまっている。これではまるで、心の概念の本質もしくは心的なもののしるしについての探究を、次のような前提から始めなければならないかのようである。すなわち、「心」や「精神性」や「主観性」について語るときにわれわれにはその意味がまったく分かっていないという前提、そして心的なもののしるしは「心」という語の明示的な定義という形式で与えられるという前提である。だが、われわれはこのような開始地点にいるわけではない。もしそうした地点にいるならば、はたしてそうした定義が正しいかどうかも分からないことになってしまう。しかし実際にはそうではなく、哲学の多くの分野でよくあるように、われわれはすでにこの主題についておおまかには理解しているのである。われわれが探し求めているものは、明示的定義ではなく、心的現象の記述である。ただしそれは、以上のようなわれわれの理解の対象についての記述であることがわれわれに認識できるほどに明確で詳細な心的現象の記述なのである。

ダニエル・デネットの類比がこの戦略を明確化するのに役立つ。デネットは、ブレンターノ・テーゼを、数学の基礎におけるチャーチのテーゼと比較している。チャーチのテーゼによると、実効的な手続きないしアルゴリズムはみなチューリングマシンで実行することができる。アルゴリズムとは、数学的な問題を解決するための段階的方法という概念のことだ。またチューリングマシンというのは、こうした任意の段階的方法の適用を最も単純な機械的操作に還元することができる装置という概念のことである。デネットが述べるように、「それによって、ぼんやりとしているが役に立つ数学的概念を、その概念と見たところ同等の射程をもちつつも、さらに大きな力をもつ、はっきりと定義された概念に、非常に有用な仕方で還元することができるようになるのだ[3)]」。

チューリングマシンの概念によって実効的な手続きという概念が明確になる

のと同じようには、志向性概念によって心的なものの概念が明確になってくれることなどありえない、とみな思うかもしれない。これから見ていくように、志向性概念は多くの点で手に負えない代物であり、また曖昧なところもある。しかしここでの戦略にとっては、大雑把な概念をみな同程度に洗練させることができると主張しなくてもよい。大雑把な概念をどのくらい洗練させるべきなのかについては、われわれは現象の本性を指針としなければならないのであり、そうした概念を制約し、歪みを与えるような考えを押しつけてはならないのである。

2　パースペクティブと視点

われわれは、あらゆる生きものを、単に生きているだけのものと心をもつもの——つまり思考し意識をもった存在とに分ける。水仙はただの有機体にすぎないが、これに対し人は意識と思考能力を有している、という具合である。この区別の根拠は何だろうか。その区別は何に存するのだろうか。私は、大枠でよいなら、この問いに答えるのは簡単なことだと言いたい。難しいのは、その答えが正確に言ってどのようなことを意味しているのかということだ。水仙が欠き、「心をもつ」生物がもっているのは、事物に対する視点、あるいは（私はほとんどの場合こう言うつもりなのだが）パースペクティブである。心をもつ生物とは、事物がその生物にとってある特定のあり方をするもの、すなわち、事物がその生物のパースペクティブから見て存在しているというあり方をするもののことである。一塊の岩にはこうしたパースペクティブはないし、水仙にもない。このことは、心をもつ生物とは、世界をもつもの、つまりその生物の世界をもつもののことである、と言うことで表現できるかもしれない。パースペクティブをもつということは、世界をもつということなのである。世界をもつというのは、単に世界が存在しているということではない。岩や水仙が世界の一部分だというのは正しいものの、それらが世界をもっているというのは正しくない。パースペクティブをもつ生物が世界をもつのである。ただし、パースペクティブをもつ生物が世界をもっているというのは、どの生物もそれぞれ異なる世界をもっているということではない。パースペクティブは、同一の世界に対するパースペクティブであってよいからである。また、今われわれが関心をもっているのは、パースペクティブの概念であって、世界という概念ではない。

私は、パースペクティブという概念を、ある程度は比喩的に、また曖昧に使おうと思う。「パースペクティブ」の語を字義どおりの意味で普通に使う場合のひとつが、それを画像的な表象と結びつけて使用する場合である。だが今はパースペクティブの概念を、人物や主体のもつ観点や位置、つまりそこから事物が「見える」「場所」ということにまで拡張して適用する。ここでの「場所」「観点」「位置」「見える」といった表現は、厳密に言えば比喩的な用法である。とはいえこうした比喩的な用法がまったく理解できないという人はいないだろう。

このことは「視点」という言い方についても同様である。字義どおりにとれば、視点はそこから何かが見える点（ないしは空間内の位置）として捉えられるだろう。しかしこれは、今の文脈で私が「視点」という語で言おうとしていることの一部ではあっても、そのすべてではない。「視点」という語は、今では意見や信念をも意味するようになっており、そしてこの死んだ比喩の方が、私が「パースペクティブ」という言葉を使って表そうとしている意味に近い。とはいえ、パースペクティブをもつということは、信念を抱くということではない。パースペクティブについて語る際、私が言おうとしているのはパースペクティブが心的状態であるということではなく、パースペクティブが心的状態にあるための条件だということである。

私は、パースペクティブの概念が、比喩的なだけではなく曖昧であるとも言った。「曖昧」と言うことで、私は、不鮮明だとか不明確だと言いたいわけではない。そうではなくて、哲学的な意味において曖昧であると言いたいのだ。つまり、表現の適用にはっきりとした境界線が存在しないという意味で曖昧なのである。この世界に存在するどの生物がパースペクティブをもち、どの生物がもたないのだろうか。この二種類のものの間にはっきりした境界線は存在しているのか。これが難しい。そのわけは、実在が曖昧で、パースペクティブの始まりと終わりについての真実など存在していないからなのかもしれない。あるいは、そうした真実は存在しており、明確な境界線もまた存在しているのだが、しかしそのありかを知ることがわれわれにはできないからなのかもしれない[4]。魚は、自分たちの世界に対するパースペクティブをもっているだろうか。そうだ、と言う人もいるだろう。ではバクテリアは？　いや、まさかもっていないだろう。そうだとすると、どこで線を引くべきなのか。エビにパースペクティブはあるか。あると言う人もいれば、ないと言う人もいるだろう。では、どのようにすれば決着をつけることができるのか。ここにおいてわれわれは、パースペクティブなる概念の曖昧さにぶつかってしまう。しかし、パースペクティブという概念の曖昧さが、心という概念の曖昧さと同等のものであるならば、すなわち、われわれがエビに心があるのかどうか考えあぐねるのと同じくらい、エビにパースペクティブがあるのかどうか考えあぐねるのであれば、今この問題を解決する必要はない。

ここで懐疑的な人は、エビに心やパースペクティブがあるかどうかなどいったいどうすれば分かるというのか、と思うだろう。その問い――どうすれば何かに心があるかどうか分かるのか――は、よい問いではある。だがここでは関係のない問いだ。それは他の文脈でならば関係してくるかもしれない。たとえば、生きたまま牡蠣を食べることのよしあしをめぐる論争は、牡蠣が何かを感じるかどうか、したがって牡蠣にパースペクティブに類したものがあるかどうかによって決まるかもしれない。牡蠣には心がないと考える人は、牡蠣のパースペクティブなどというものを想像することすらできないのだから、生きたまま牡蠣を食べてもよいと考えるだろう。懐疑的な人は、牡蠣がパースペクティブをもっているかどうかが分かるほど、われわれは牡蠣について（正しい仕方で）十分に知ることはできず、そのためにこの論争は解決不可能なのではないか、と懸念する。したがって、少なくとも牡蠣に関しては心をもつかどうかという問題の答えは決して知りえないだろう、というわけである。

知識に関わるこの問いは、何を食べてよいのかという問いに関係しているかもしれない（あるいは関係していないかもしれない）ものの、われわれの問いはもっと根本的な問いである。何かが心をもつかどうかについて考えあぐねているときに、われわれが考えあぐねているのは何なのか、というのがその問いである。懐疑的な問い――何かに心があるかどうかはどうすれば分かるのか――に答えるのは、この問いに答えたあとでもよい。やろうと思えば、ただ単に、何かに心があるかどうかはどうすれば分かるのかと問う代わりに、あなたに心があることがどうすれば私に分かる（本当に分かる）のか、と問うてもよいのである。結局のところ、私に見えるものと言えばあなたの身体でしかなく、聞こえるのも音にすぎない。あなたの思考やパースペクティブなど（こう言うことができればだが）見えも聞こえもしないのだ。かりにあなたのふるまいの背後にパースペクティブが隠れているのだとしたら、岩石にパースペクティブがないという保証などいったいどこにあるのだろうか[5)]。

以上の懐疑的な問いには所定の位置がある。しかしその位置は、心の本性についての問いに対する答えの中にはない。というのも、懐疑的な問いでは、パースペクティブとは何であるかについて、当然われわれが何らかの理解を有していると見なされているからである。そしてそのうえで、他者にもこれがあるということが本当に分かるのか、と問うのだ。この問いはもしかすると深い誤解——知識あるいはパースペクティブについての誤解——に根差しているのかもしれない。しかしそれが誤解に根差しているかどうかは、パースペクティブとは何かということについてある程度分かってはじめて分かることだろう。そうだとすると、われわれはどこから出発すべきなのだろうか。

出発点とすべきなのは、われわれは現に——懐疑的な問いはさておき——明らかにパースペクティブをもっている生物と、見るからにもっていない生物とを区別しているということだろう。その中間にははっきりとは区別することのできない事例があるが、上で見たように、そうした事例が心の事例であるかどうかがはっきりしないということと、何かがパースペクティブをもつかどうかがはっきりしないということとは、正確に対応している。これは、「心」と「パースペクティブ」が実際上は同義語であるために、パースペクティブについて何ごとかを語っても、心という概念の本当の解明にはつながらない、ということなのだろうか。そうではない。パースペクティブという概念から出発することで、あらゆる心的現象をひとつにまとめあげ、しかも心の哲学の基礎的主題を形成している概念の導入に向かうことができる、と私は言いたい。その概念こそ志向性という概念にほかならない。それは、心が「対象に向けられている」ということを表す伝統的な術語である。私は、志向性はわれわれが心的と呼ぶ現象すべてに共通していると主張したいのである。

3　パースペクティブとその対象

いま述べたように、心をもつとはパースペクティブをもつことだと私が言うときのパースペクティブという語は、拡張された比喩的な意味で使われている。パースペクティブという語のこの比喩的な意味をさらによく把握するには、その語の字義どおりの用法について、すなわち遠近法［＝パースペクティブ］という絵画技法について考えることから始めるのがよい。遠近法では、（たとえば）三次元の風景を二次元の平面上で表現することができる。われわれの関心から言えば、注目すべきはこの種の画像的な表現に見られるふたつの特徴である。

まず第一に、絵画は何らかの事物についての絵画である。それゆえ、絵画の中のパースペクティブとは、何らかの事物に対するパースペクティブであって、パースペクティブそのものではない。絵画に特定のパースペクティブがあるということは、何らかの事物が特定の仕方で提示されているということである。つまり、絵画が遠近法［＝パースペクティブ］で描かれているとは、何らかの事物が、それが見えている地点と特定の関係を取り結んだ形で表象されているということなのだ。このように、パースペクティブそのものと、そのパースペクティブの中で、あるいはそのパースペクティブにおいて、もしくはそのパースペクティブから提示されている事物との間には区別が存在することになる。

第二に、絵画の中で事物は特定の仕方で提示されている。見える面もあれば、見えない面もあり、また事物は特定のパターンの明暗があるものとして見られるのである。このことは、絵画には事物を見る視点が暗黙に含まれているという事実から帰結する。遠近法で描かれた［＝パースペクティブのある］絵画は、（トマス・ネーゲルの言い回しを使うなら）「どこからでもない眺め」ではない。絵画はむしろ、特定の場所と時間からの眺めなのだ。それは、どこからでもない眺め（a view from nowhere）なのではなく、いまここからの眺め（a view from *now, here*）であるかもしれない[6)]。そうだとするとこれによって、絵画の中には特定の事物が含まれているが、別の事物は排除されている、ということになる。（A・W・ムーアが、眺望がパースペクティブ的であるのは、その眺望が排除する他の眺望がありうるとき、またそのときに限る、と述べる際、彼は「パースペクティブ的」という語を同じように用いている[7]。）私は、このように別の事物が排除されるということを、代わりに、絵画は本質的に特定のアスペクトのもとに事物を提示する、と述べることで表現したい。ここでは「アスペクト」という言葉を、事物が提示される際に見てとることのできる事物の性質や特徴を際立たせるための表現として、おおよその意味で用いる。

これらふたつのパースペクティブの特徴――およそパースペクティブとは何らかの事物に対するパースペクティブであるということ、そして、あるパースペクティブから特定のアスペクトのもとに事物が提示されるということ――によって、パースペクティブによって心を論じることの眼目が明らかになる。第一の特徴により、単純だが重要な真理が明かされる。それは、思考や経験や欲求のような心的状態においては何ものかが提示されているということである。つまり、そうした心的状態が向けられる何かが存在しているのだ。ブレンターノに言わせると、「観念においては何かが心に抱かれ、判断においては何かが受容もしくは拒絶され、愛においては愛され、嫌悪においては嫌悪され、欲求においては欲求され……というふうに続く[8]」。このことは、心的状態は対象をもつと言うことで表現できるだろう。これこそ、志向性という概念の核心にほかならない。心的状態が志向性をもつためには、対象をもたなければならない。言い換えれば、対象に「向けられ」なければならないのである。

志向性の概念には、パースペクティブの第二の特徴である、必然的に部分的であるほかないという性質、つまり、「アスペクト的な」性格もまた含まれている。思考や欲求のような心的状態は、事物を特定の仕方で世界のうちに提示する。浜辺にボートがあるという経験はボートを提示するが、それは、特定の色や影をもつボートの片側を提示することでなされる。そのボートは航行可能に見えるが、実際には穴だらけかもしれない――こうした事実は必ずしも経験において提示されるわけではない。あなたにラテン語を教えてくれた親切な男は、実はスパイなのだが、あなたの前にスパイとして現れることはないかもしれない。あるいは、あなたが秘密指令で会うスパイは、本当は親切なラテン語教師なのだが、あなたの前にラテン語教師として現れることはないかもしれないのである。

私は、パースペクティブという概念を、字義どおりの（そしてそれゆえ視覚的な）用法を通じて導入した。だがこれは、ここでの私の関心が、何らかの事物が視覚的に提示されるというあり方、つまり視覚的な現れ方のみにあるからなのではない。あくまでもわれわれの関心を引く意味での提示は、（たとえば）音の経験とは独立のものとして経験される音の提示でもよいのだ。あるいは、単に何かについて考えているという現象であってもよい。何かについて考えるということの中には、その何かを想像することや記憶の中で視覚化すること、語を心の中で駆け巡らせることが含まれているだろう。（無意識的な提示についても考える必要があるだろうが、これに関しては第21節であらためて議論しよう。）私の言う意味でのパースペクティブからなされる提示にとっては、視覚的であることは本質的なことではないのである。

パースペクティブ概念の吟味を通じて、次のふたつの特徴を明らかにすることができた。第一に、提示は常に何ものかの提示であるという事実、第二に、提示はその事物をあるアスペクトのもとに提示するという事実である。私は、第一の特徴を有向性、第二の特徴を（ジョン・サールに従い[9]）アスペクト形態と呼ぶことにする。そうすると、ブレンターノ・テーゼは次のように表わされることになる。すなわち、すべての心的現象が、そして心的現象だけが、有向性とアスペクト形態を示す、と。

これは、心および心的現象をいくぶん抽象的で一般的なやり方で定義したものである。「現象」という語で私が言おうとしているのはふたつのことだ。まず、現象というカテゴリーは広いカテゴリーであり、人間（もしくは人間ではないが心をもった生物）が生きているときに心的に生じるあらゆることを含んでいる。だから私は、話を心的出来事や心的状態だけに限定するつもりはない。心的に生じるあらゆること、あらゆる心的状況を扱うつもりである（状態や出来事その他についてさらに詳しくは第10節を見よ）。次に、私は「現象」を現れの意味で用いる。ここでは、心の現れ、つまり心をもつ人にとって心がどのようであると思われるのか、ということを論じているわけだ。それゆえこれ以降の本書の内容はほとんど、ある意味で現象学、すなわち現象ないし現れの理論の実践となる。「現象学」という語は、エドムント・フッサールに由来する、現象に関する特定の種類の学説を表すために取っておかれることがある[10]。フッサールは、心の諸現象を研究するには、心の外にある実在を「カッコに入れて」、事物を現れているものとしてのみ探究しなければならないと考えた。その場合、心の外にあるそうした事物が実在するかどうかについては判断を差し控えなければならない。カッコに入れるというこの技法は、現れの理論に取り組むひとつのやり方ではあるものの、ただ単にそうした理論について考えるだけならば必要のないものだ。本書が現象学の実践であると言うとき、私はこの現象学という語を一般的な意味で使っているのであって、フッサールの言う特別な意味で使っているわけではない。

私は、心的現象がみな志向性を示すという見解を表すために、志向説という語を使うことにしたい。志向説には異論が多い。多くの哲学者が志向説を認めないのである。紛れもなく心的状態であるにもかかわらず、上で述べた意味でのパースペクティブをいっさいもたない状態が明らかに存在している、というのがその理由だ。哲学者には、痛みのようなある種の身体感覚には有向性もアスペクト形態もないと考える者がいる。また、有向性をもたない感情的な状態ないし気分（たとえば、みじめな気分ではあるが、何か特定のことについてみじめな気分になっているわけではない場合など）があると考える哲学者もいる。こうした哲学者は、当の生物がもつパースペクティブや視点について語りさえすれば心の概念の本質とは何かという問いに完全に答えたことになる、ということを否定するだろう。たとえわれわれが、ある生物のもつパースペクティブに関する諸事実を受け入れたとしても、依然としてわれわれはその生物の意識的な生について述べ尽くしたことにはならない、というのである。もちろん私はこの見方を斥ける。だがその理由については、第三章に後回しにしなければならない。本章では単に志向説というテーゼが何であるかを述べるにとどめる。志向説の擁護はそれからにしよう。このテーゼを説明するためにまずしなければならないのは、志向性概念の起源について手短にスケッチしておくことである。

4　志向性概念と内包概念の起源

「志向性」という語の歴史は長く、しかも込み入っているので、そのすべてが本書での問題にとって重要だというわけではない。とはいえ、この若干普通ではない語の起源をざっと見ておくと、それがどう役立つのかが分かりやすくなるだろう。

中世のスコラ哲学者が関心をもっていたのは概念の論理的な構造であり、概念や観念を表す専門用語として “intentio” なる語が用いられていた。多くのスコラ哲学の術語と同じく、この語の起源もアリストテレス哲学である。アリストテレスはノエマ（概念）という語を、思考において心の前に現れるものを指すのに用いた。この語はアラブ人のアリストテレス注釈者を通じてアラビア語に訳され、それをさらにスコラ哲学者が *intentio*、*intentiones*（複数形）、*intentionale*（形容詞）と訳した。“intentio”は字義どおりの意味では、伸ばしていることや引っ張った状態を指す（伸ばすという意味の動詞 *intendere* から来ている）。かつてG・E・M・アンスコムが主張したところによれば、何かに向けて弓を引っ張って狙いをつけていること（*interedere arcum in*）と、何かに向けて心を「引っ張って」狙いをつけていること（*interedere anima in*）との類比に基づいて、“intentio” の語が選ばれた[11)]。名詞としての *intentio* は、この意味での狙うこと（intending）から来ているという。つまり *intentio* とは、心によって狙われている、あるいは思考において「心の前に現れている」という意味で、心的状態が「対象」とする概念のことだというのである。この語は現代の英語でも ‘to all intents and purposes’ という成句に残っている。ここでは、intent は、意図されたもののことを意味している。

intentio を概念と見なしても大過ないだろう。ただし「概念」という語のもつふたつの意味を区別しておくと役立つ。論理学的な意味では、概念とは抽象概念、すなわち抽象的な存在者と見なされる。論理学的な意味での概念は、その間で論理的関係が成立するもののことを言うのである。心理学的な意味では、概念とは心的状態を構成する一要素のことである。（私は、このような明確な区別が中世になされていたと言うつもりはない。現在から振り返って見たときにこう区別できるということにすぎない。）多くのスコラ哲学者が、論理学的な意味での概念に多大な関心を抱いていた。つまり、彼らが理解していたように *intentiones* または志向（intentions）の間に成り立つ抽象的な関係に関心を抱いていたのである。第一志向が個別的な対象に適用される概念であるのに対し、

第二志向は第一志向に適用される概念であった。第二志向が論理学の主題であると考えるスコラ哲学者もいた。

他方、心理学的（と言ってよい）意味での概念に関心を抱く者もいた。これは聖トマス・アクィナスに顕著である。アクィナスは、アリストテレスの感覚・知覚理論を思考一般の理論にまで発展させた。アリストテレスの理論によると、心は知覚した対象の「形相」を獲得する。アクィナスはこう見る。ヤギについてのあなたの思考をヤギについての思考たらしめているものは、ヤギをヤギたらしめているものとまったく同じものである。つまりヤギの形相の発現である。ただしヤギの形相は、あなたの心では現実のヤギとは異なる仕方で例化している。その形相は、現実のヤギでは *esse naturale*（自然的実在性）を有しているのに対して、ヤギの思考では *esse intentionale*（志向的実在性）を有している、というのである[12)]。

intentio の概念に関連するのが、表現性という概念である。デカルトの『省察』を読むと、第三省察においてデカルトが「形相的」実在性と「表現的」実在性とを区別することに戸惑いを覚えることもあるだろう。デカルトは、原因がその結果と同じくらいの実在性をもつと論じる際、この分け方を観念に適用して、観念の原因がもつ形相的実在性を観念の表現的実在性と区別した。形相的実在性とは、われわれが今日まさしく実在性と呼ぶであろうものだが、表現的実在性とは（少し紛らわしいかもしれないが）、概念（idea）的には、観念（idea）の内容のことを言う。犬の観念の表現的実在性は、それが犬についてのものだという事実に存する。このように、観念の表現的実在性とはその志向性、つまり観念があるものの表象としてもつ特性のことなのである。

スコラ期が過ぎると、「志向性」の語は、アリストテレス哲学から生まれた多くの語と同じく、あまりかんばしい評価は受けなくなった。ホッブズは『リヴァイアサン』の中で、志向性概念が言語の起源を説明するために必要だとする考えを、次のように厳しく批判した。

> こうして時がたつにつれて、アダムが見出したのと同じくらい多くの言葉が獲得されたであろうが、しかし演説家や哲学者が必要とするほどには豊富ではなかった。なぜならば、私は聖書の中に、直接的にせよ、あるいは帰結と

してにせよ、アダムが形、数、尺度、色、音、想像、関係すべてについての名辞を教えられたということを推測しうるようなことがらを、何も見出さないからである。一般的、特殊的、肯定的、否定的、疑問的、願望的、不定的といった語やことばの名辞に至っては、みな有益ではあっても、なおさら見出せるものではない。そして、実体性、志向性、本質性およびその他のスコラ学派の無意味な語については、さらにそうである[13]。

それでも論理学は、志向性という術語の消滅を切り抜けることができた。ところが、論理学者たちは、志向性と実にそっくりな、そっくりすぎて混同を招く術語を導入してしまった。十七世紀の『論理学、あるいは思考の技法』(「ポール・ロワイヤル論理学」)で、語の外延と内包(comprehension)との区別が設けられたのである。語の外延とは、語が適用される事物の集合もしくはクラスのことである——語がその範囲で「広がる」事物の集合だと見なしてよい。だから、「有袋類」という語の外延は、あらゆる有袋類、つまりカンガルー、ワラビー、ウォンバットなどの集合なのだ。語の内包とは、その呼び名のとおり、その語を把握する者によって理解されているもののことである。たとえば、「有袋類」という語の内包は、子供に授乳し新生児を腹の袋の中で育てる生物、といったものだろう。

ライプニッツもこの区別を用いたが、「内包(intension)」を「内包(comprehension)」の一形態として導入することで、「外延」と鮮やかに対比している。

「人間はみな動物である」と言うとき、私が意味するのは、すべての人間はすべての動物のうちに含まれているということだが、同時に私は、動物の観念が人間の観念のうちに含まれているということをも理解している。「動物」は「人間」よりも多くの個体を含んでいる。しかし、「人間」はさらに多くの観念、あるいはさらに多くの形相性を含んでいる。一方はより多くの実例をもち、他方はより多くの度合いの実在性をもっている。一方はより大きな外延をもち、他方はより大きな内包をもっているのである[14]。

ライプニッツはポイントを的確に述べている。外延が大きくなるほど内包は小さくなり、逆もまた成り立つ。言い換えれば、語がより一般的であるほど——語の外延や適用される対象の集合が大きくなるほど——内包は明細さを失わざるをえず、また内包が明細になればなるほど外延は小さくならざるをえないのである。

ライプニッツのやり方とは異なるが、二十世紀に至っても、論理学ではこのように内包と外延とを対比する定式化がなされた。現在では、「内包的」と「外延的」の語が言語（ないしは言語内における文脈）に、あるいはこうした言語や文脈を研究対象とする論理学にまで適用されるのが普通である。（以下の簡単な説明は、言語哲学になじんでいる人にとっては目新しい話題ではないので、飛ばして構わない。）ある文脈が外延的であるのは、その文脈において次の推論規則があてはまるときである（「a」や「b」は単称名辞）。

共指示語の代入

「……a……」と「a＝b」から「……b……」を推論してよい

（例。「ウラジミルはジョージ・オーウェルよりも背が高い」と「ジョージ・オーウェル＝エリック・ブレア」から「ウラジミルはエリック・ブレアよりも背が高い」を推論してよい。）

存在汎化

「……a……」から「……x……であるxが現実に存在する」を推論してよい

（例。「ジョージ・オーウェルはウラジミルよりも背が小さい」から「ウラジミルよりも背が小さい人が現実に存在する」を推論してよい。）

内包的文脈とは、これらの規則のひとつあるいは両方が一般には妥当ではないもの、つまり真理保存的ではないものを言う。たとえば、「ドロシーは、ウラジミルはジョージ・オーウェルよりも背が高い、と信じている」という文は内包的文脈である。というのも、「ジョージ・オーウェル＝エリック・ブレア」と合わせてみても、「ドロシーは、ウラジミルはエリック・ブレアよりも背が高い、と信じている」ということは帰結しないからだ。最初のふたつの文は、三番目の文が偽（ドロシーが、ジョージ・オーウェル＝エリック・ブレアだとは信じていないとき）でも、真であるかもしれないのである。直観的に言えば、両者の区別を理解するには、外延的文脈は真偽がそこに含まれている表現の外延にだけ依存する（それゆえ上の規則が成り立つ）もの、内包的文脈は真偽が外延の理解のされ方に依存するもの、と見なせばよい。

意義と意味に関するフレーゲの有名な理論は、特定の内包的文脈がもつ論理的・意味論的な性質を説明しようとしたものである。フレーゲは、表現の意味すなわちそれが指示するものを、表現の意義つまり指示対象の「提示様式」から区別した。先の例においては、同一の指示対象（男、オーウェル）が二通りの仕方で提示されていることになる。「ジョージ・オーウェル」という表現と結びつけられる意義による提示の仕方と、そして「エリック・ブレア」という表現と結びつけられる意義による提示の仕方である。「意義と意味について」におけるフレーゲの議論以来、このような心理的な文脈が、志向性をめぐる多くの議論の焦点となってきた。だが、強調しておくべきなのは、心理的文脈以外の文脈も内包的だということである。（例を挙げると、「僕のポケットの中にあるコインの枚数は５だ」と「５は必然的に奇数だ」から「僕のポケットの中にあるコインの枚数は必然的に奇数だ」を推論するのは妥当ではない。なぜなら、「……必然的に……」は内包的文脈を形成するからである。）内包的文脈の一般的特徴は、その文脈の論理的性質（たとえば推論が妥当となるかどうか）が、対象がどのように記述されるかということ（たとえば「ジョージ・オーウェル」として選び出されるとか、「5」として選び出されるといったこと）に左右されることである。文の正しさや論理的性質が、当の表現の外延のみによって決まるときには、論理学は、外延が選び出される仕方、つまりその表現の内包を考慮する必要はない。以上のような内包的文脈の論理的性質を表そうとするときには、内包論理と呼ばれる論理学が必要となる。

1879 年の『経験的立場からの心理学』でブレンターノが志向性の語を再び導入したときには、内包や外延については何も触れられていなかった。この本でブレンターノが目指していたのは、新しく出現しつつあった心理学という科学を、一方では生理学から、他方では哲学から区別することであった。ブレンターノがこのような区別をしたのは、これらの分野の方法論が異なるからではなく、主題が異なるからである。生理学は身体を主題とし、哲学は霊魂の不滅性といった問題を主題として含んでいた。それに対し心理学の主題は心的現象であった。心的現象と物的現象との相違は、「中世のスコラ哲学者が」対象の「志向的内存在」と呼んだものを心的現象が示すことにあった[15)]。つまり、心的現象は志向的であり、対象をもっているのである。こうして心的現象は、*esse intentionale* というスコラ的な概念と明確に結びつけられるのである。

ただしブレンターノは、志向性を心理的文脈がもつ内包性によって特徴づけてはいない。だから、1950 年代にR・M・チザムがブレンターノの見方を英語圏の哲学に導入したときに、内包性を基準として志向性を定義したのは、少し不思議なのである[16)]。その結果クワインは、『ことばと対象』(1960年)で「志向的なものの還元不可能性」というブレンターノ・テーゼについて語る際に、内包的言語の外延的言語への還元不可能性について語ってしまうことになる。つまりクワインは、心的現象が還元不可能な仕方で志向的である、というブレンターノの主張について語っているわけではないのだ[17)]。上で見たように、志向性と内包性という両概念は別物であり、起源も異なるのだが。

このように志向性を内包性なる別の概念と混同してしまうわけは、「意味論的上昇」というクワインの方法に原因を求めた方が、よく理解できるのかもしれない。意味論的上昇とは、現象について語る際に使用している言語を探究することで現象を探究するように求めるものだからだ。だがそれでもこの混同がもたらしたのは単なる混乱でしかない。我々は探究の開始点においてこのことを完全に明確化しておく必要がある。というのも、チザムの言に反して、明らかに内包性は志向性が表れているということの基準にも十分条件にもなりえないからである。志向性が心的なもののしるしであるかどうかに関わらず、志向性とは無関係な内包的文脈もあるのだ[18)]。

上でブレンターノ・テーゼを擁護するつもりだと述べたとき、私が言おうとしていたのは、志向的現象が物理的現象に還元不可能であるという考え(これがよく「志向的なものの還元不可能性」ということで意味されているものだ[19)])を擁護しようということではない。私が擁護するつもりなのは、あらゆる心的現象が志向的であるというテーゼである。このテーゼは、心的現象が物理的現象に還元できないというテーゼとは異なる。なぜなら、後者を主張することなく前者を主張することができるからだ。たとえば、あらゆる心的現象は物理的だが、それが心的現象となっているのは志向性による、と考える場合にはそう主張することができるのである。（還元については第 15 節を見よ。）

5　有向性と志向的対象

というわけで、志向性と内包性とをはっきりと区別しておくことが非常に重要である。もっとも、内包や内包性という概念が心と何の関係もないと考えるのも間違っている[20]。なぜなら、これらの概念には、推論のもつある側面を明らかにするという大事な眼目があるからだ。すなわち、（論理学的な意味での）概念がいかにして相互に関係するかということを明らかにしてくれるのである。とはいえ（この意味での）概念の相互関係の仕方について探究すると言っても、そこでの相互関係と心理学的な意味での概念間の関係に結びつきがない限りは、どこに探究の眼目があるのか理解しがたいだろう。推論は思考者つまり推論する者によって行われる。だから、推論の構成要素が思考の構成要素と無関係なのだとしたら、実に奇妙なことだろう。

内包性と志向性の結びつきは、有向性とアスペクト形態の概念についての議論をさらに深めていくに従って正しく把握できるようになる。大枠で言えば、推論の構成要素がもつ内包性とは、このふたつの概念の論理的な表現ないしは反映であると私は論じるつもりである。この主張を擁護するために、私はまず有向性について少々述べ、次節でアスペクト形態について論じることにしたい。

有向性とは、志向的状態が対象をもつということである。志向的状態の対象は、「志向的対象」と呼ばれることが多い。では志向的対象とは何か。よく次のように問われる。志向的対象とは、心の中にあるものなのか、心の外の世界にあるものなのか、それとも「その中間に」あるもの、つまり心と世界の媒介者なのか、と。ジョン・サールは以下のように言う。

> 志向的対象は他の対象と同様、ただの対象にすぎず、特別な存在論的身分をもっているわけではない。あるものを志向的対象と呼ぶことは、何らかの志向的状態がそれについてのものだ、と言うに等しい。それゆえ、たとえばビ

ルがカーター大統領を称賛しているのであれば、その称賛の志向的対象は現実の人物であるカーター大統領であって、ビルと大統領の間の何か影のような媒介的存在者ではないのである[21)]。

サールはまったく正しい。思考者と思考者が考えているものとの間に「影のような媒介者」が存在するということに、直観的に理解可能な根拠など何もないのである。カーター大統領のことを思い出しているとき、私の思考は——言わば——カーターその人にまっすぐ向かっている。まず何か非物理的なカーターの「代理物」について考えて、そこからカーターその人へと移行する、というわけではないのだ。（知覚の場合、話はもっと複雑である。第 41 節を見よ。）とはいうものの、志向的対象が「日常的対象」にすぎないというサールの主張には難点がふたつある。この難点に焦点を当てることで、「志向的対象」という語でいったい何が意味されているのかが明らかになるだろう。

第一に、志向的対象が「それについて何らかの志向的状態が存在しているもの」にすぎないという主張と、志向的対象が——日常的な意味での対象が家や人、机、椅子のようなものであるとしてだが——日常的な意味での対象であるという主張との間には緊張がある。というのも、日常的な意味での対象ではなくても私が考えることのできるものはたくさんあるように思われるからである。私は第一次世界大戦について考えることができる——だが、それは出来事であって対象ではない。あるいは、運動に関するニュートンの第二法則について考えているとしよう。そのとき私は、力や質量や加速度の間に成り立つ関係について考えている——しかし、これらは物理的な量や性質であって対象ではない。こうした場合や他の多くの場合に、「何について考えているのか？」という問いに対する自然な答えとなるものは、日常的な意味での対象ではないのである[22)]。

だが、もしかするとサールは、日常的な意味で対象と言っているのではないのかもしれない。日常的な意味では、出来事や性質は対象ではない。彼は単に「現実に存在している存在者」を意味しているだけなのかもしれない。もしそうなら、性質や出来事はこの意味での対象と言いうる。だがこうすると、志向的対象を日常的対象だとする彼の主張に、第二の問題が生じてしまう。なぜなら、現実には存在していない事物についての志向的状態もありうる、つまり、現実には存在していない事物について考えたり、それを欲したり、望んだり、期待したりすることができるというのは否定しえない事実だからである。そして、現実には存在していないものについて考えている場合には、その思考の志向的対象——したがって考えられているものとして定義されている対象——は、むろん現実には存在していない。しかし現実には存在していない存在者は、影のような媒介者なのでもない。それは存在者ですらないのだ！（この主張を否定する哲学者もいる。それについては第７節でさらに論じる。）というわけで、一見したところ以下の主張の間には緊張がある。

- 志向的対象は志向的状態の対象である（たとえば、ある思考の対象は、そこで思考されているものである）。
- 志向的対象は日常的対象（人・椅子・机などがその例）である。
- 志向的対象の中には現実には存在していないものもある（ペガサスやサンタクロースなどについて考えることができる）。

これらの主張が合わさると、現実には存在しない日常的対象もある、ということが出てきてしまう。だがこれは明らかにサールが言おうとしていたことではない。

どうすればこのパズルは解けるのだろうか。私は、現実には存在しない志向的対象もあるというのは正しいと考えている。そこで、理由はあとで述べるが、「志向的対象」と「志向的状態の対象」とが同じものだというサールの主張を維持しつつ、志向的対象が何らかの意味で日常的対象であるということを否定すべきだと考えるのである。

この主張は逆説的であるかに見える。カーターが私の思考の対象であるとき、カーターは志向的対象である。しかしカーターは日常的な種類の対象——つまり人物——なのだから、どのようにしてこの志向的対象がいかなる意味でも対象ではないことがありうるというのだろうか。この主張から逆説的な感じ（そう感じるのは無理もないことである）を取り除くためには、まずは対象という概念について少々述べておかねばならない。第７節で、対象についてのここでの考え方を、現実には存在しないものについての思考という問題に適用する。

ごく一般的には、「対象」の語は、「物理的対象」や「物質的対象」のような言い方の中で用いられる。しかし、哲学その他の多くの文脈では、対象の概念はさまざまな仕方で用いられている。数学の哲学で、数は対象か、と問う場合がその一例だ。われわれが「対象」の語を「物理的対象」という言い方での意味でしか理解できないとしたら、この議論は理解不可能だろう——言うまでもないが数は物理的対象ではないからである。数はしばしば「抽象的対象」と呼ばれるが、これは数が「具体的」ではないということを言おうとしている。こうした場合、具体性はたいてい、時空内に存在しているか否かという点から説明される[23]。抽象的対象のこのような概念は、物理的対象の概念と同様に、対象の実質的な概念と呼べるだろう。それは、こうした種類の対象が存在し、しかじかの本質を備えている、という形而上学的な学説にほかならない。「対象」の語のこのような使い方は、「物理的対象」と言うときのその語の使い方のもじりや同音異義語なのではない。多くの見方では、抽象的対象が対象であるのは、(たとえば) それが個物や単称名辞の指示対象、あるいは一階の量化子に束縛された変項の値——その点で、物理的対象と同様のもの——だからである。(そうだとすると、何がそれを抽象的なものたらしめているのかについてもう少し言わなければならない——が、このことについてここで思い悩む必要はない。)

対象のこのような実質的な概念——本質を備えたある種の対象という概念——は、別種の概念と対比することができるだろう。それは、対象の図式的な概念と呼ぶことができるかもしれない。これは、「注意の対象」といった言い方の中で表現されている概念である。注意の対象とは、だれかが注意を向けているもの、あるいはそうすることのできるもののことだ。しかし、明らかに、注意の対象すべてに共通していなくてはならないものなど存在しない。つまり、注意の対象には「本質」などないのである。対象の図式的な概念のもうひとつの例は、文法的な概念である。他動詞とは、目的語 (objects) をとる動詞のことだ。これは文法を学ぶと簡単に理解できることである。もっとも、文法的な意味での目的語を理解するのに、目的語とは何であるかということについての実質的な理解が必要になるわけではない。目的語は文の中で特定の役割を演じるものだということだけ分かっていればよい。「ウラジミルはバナナを食べた」という文の目的語はバナナであり、「監督がパーティーを開いた」という文の目的語はパーティーであり、「アンナとバートは口約束をした」という文の目的語は口約束である。目的語という文法的カテゴリーがバナナやパーティーや口約束などを含んでいると考えることに何ら問題はないだろう。文法的な目的語であれば、必ず他動詞と適当な関係に立つものなのだ。文の目的語は、実質的ではなく図式的な意味における対象なのである。

さて志向的対象は、実質的な種類の対象であると主張することができる――これはおそらく、影のような媒介者について語るときに、サールがほのめかしていることだろう。やろうと思えば、たとえば、思考の対象――考えられているもの――は心の中の観念、あるいは頭の中の表象であると述べ、そのうえで観念や表象が何であるかについて実質的な概念に基づいて説明していくこともできるだろう。だが、正しくもサールは、はじめからこうした見解を斥けている。観念について考えるときには、観念は思考の対象となっている。しかし、(たとえば)人について考えるときには、観念について考えることによって人について考える、と想定する理由はないのである(確かに人の観念をもっていることは、人について考えることができる理由を説明する際には重要な要素となるであろうけれども。この点については第8節を見よ)。このように、サールが主張することの多くは実に正しい。

だが、ここでの主たるポイントは、志向的対象が影のような媒介者だということを否定するからといって、志向的対象が日常的な意味での対象だということを含意するわけではないということだ。サールに対する私の第一の批判によれば、「日常的な意味での対象」というカテゴリーとは異なり、「思考されている事物」というカテゴリーが形而上学的な統一性を備えたカテゴリーであるという見込みはない。つまり、思考の対象となるのは、個物だけでもなければ、性質だけでも、出来事だけでもないのだ。そして、第二の批判は、志向的対象には現実には存在していないものもあるため、「対象」がただ単に「現実に存在している存在者」を指すということはありえない、というものである。このふたつの批判に、志向的対象は不確定でありうる、というおなじみの批判を付け加えることもできよう。G・E・M・アンスコムに言わせればこうなる。「私は、ある特定の身長の人について考えることなく、ひとりの人について考えることができる。けれども、ひとりの人を叩くには、ある特定の身長の人を叩かなければならない。なぜなら、特定の身長がない人などというものは存在しないからだ[24]」。それゆえ、そこで考えられている「その人」は、ある意味で、「不確定」なのである。彼は「特定の人」でも、ラッセルの（意図せずこっけいな）言い方における「不特定なあるひとりの人[25]」でもないからだ。以上のように、志向的対象にはこの意味で不確定なものもあるのだが、日常的対象が不確定だということはない。したがって、実在の出来事や性質、不確定な存在者、あるいは現実には存在しない事物からなるような対象のひとつのクラスを導入するよりも、むしろ志向的対象は抽象的対象と異なりそれ自身の本質をもたないと結論するべきだろう。志向的対象という概念は、対象の図式的な概念であって、実質的な概念ではないのである。この見解は、J・J・ヴァルバーグの次のような観察を通じてさらに明確化される。「物理的対象」という言い方では、「対象」の語を「事物」という語に問題なく置き換えることができる。ところが、「経験の対象」とか「注意の対象」とか「志向的対象」といった言い方の中で「対象」の語が使われているときには、その語を同じように「事物」の語に置き換えることはできないのである[26]。

同じことは、他動詞の直接目的語という文法的な概念についても言える。ここでの「目的語（object）」は、事物を意味しない。「直接的な事物」など意味をなさない。志向的対象は対象の一種ではないと言うときに私が言おうとしているのは、文法上の目的語（object）が対象の一種ではないと言うことで言おうとしているのと同種のことである。このような、他動詞の直接目的語と心的状態の志向的対象との比較は、もともとはアンスコムの古典的な論文でなされた比較である[27]。ただしアンスコムと違い、私は志向的対象が文法上の目的語の一種であるとか、志向的対象の概念が純粋に文法的な概念だとか言うつもりはない。私の考えでは、志向的対象と文法上の目的語はともに図式的な意味での対象ではあるが、後者によって前者を説明することはできない。志向的対象という概念は現象学的な概念なのであって、文法的な概念ではないのだ。それは、心的生活とはどのようなものか深く考えることを通じて浮かび上がってくる概念なのである。対象の実質的な概念と図式的な概念との間のつながりはこうなる。ある本質を備えたもののことを存在者と言うとすると、「対象」という語の完全に正当な用法の中には、ある種の対象であることが事実上いかなる種類の存在者であることにもならないような用法があるのである。

では、何かが志向的対象であるとはどのようなことなのか。私の答えは、単純でしかも一見したところ他愛のないものだ。すなわち、志向的状態にあるときに心が向けられているものである、というのが答えである。たとえば思考の場合、あなたの思考の志向的対象は、「君はいま何を考えているんだい？」という問いへの（正しい）答えのうちにある。同じく、欲求の志向的対象は欲求されているものであり、願いの志向的対象は願われているものであり――以下同様である。ただしこのように定式化することによって、その問いへの答えがたったひとつしかありえないと言おうとしているわけではない。イラン・イラク戦争について考えているときに「いま君は何を考えているんだい？」と聞かれたら、答えは「戦争」でも「イラク」でも「イラン」でもよいはずだ。かりにこの三つの答えをすべて挙げる人がいたとして、「でも、君はそのうちのどれを本当は考えているんだい？」とさらに尋ねることに意味はないだろう。心的状態がただひとつの志向的対象しかもたないと考える理由はないのである。

志向的対象が対象のひとつの種を形成することを否定するのは、ひとつには、志向的対象には現実には存在しないものもある、という命題を真剣に受け取っているからだ。この命題からは、志向的対象というカテゴリーなどありはしない、ということが帰結する。あるカテゴリーに属す成員はみな現実に存在するものだからである。この結論は、現実存在についてのクワインの理解を前提にしている。クワインの理解によれば、事物（何か）の概念と現実存在の概念は、同じコインの両側面なのである。事物である（何かである）とは現実に存在することであり、さらに厳密に言うならば、現実には存在しない事物などというのは矛盾した言い方なのである[28)]。というのも、現実には存在しない事物などというものはないし、「ある」というのは現実存在を表現するために用いられる言葉の形式だからだ。（ここでは単にクワインの理解を述べているだけであって、それを擁護しようというわけではない。この論点については以下の第７節で再び扱うことにしよう。）ここから、内包性の概念との結びつきが得られる。内包性のしるしのひとつは、存在汎化ができないことである。「ウラジミルは、ペガサスは飛ぶと信じている」から「あるもの x が現実に存在し、ウラジミルは、その x が飛ぶと信じている」を推論することはできない。この論理的特徴は、志向的状態が現実には存在していない事物についてのものでありうるという事実から生じると私は見ている。

しかし、志向性が何かに対する有向性にほかならないのだとすれば、この特徴——存在汎化ができないこと——は、志向的状態の報告すべてがもつ特徴としては問題をはらんだものになってしまう。なぜならば、志向的状態の報告の中には、存在汎化を許すものがあるように見えるからだ。おそらく最も分かりやすいのは知識のケースだろう。私がウラジミルのことを知っているときには、彼は現実に存在しなければならない。かりにウラジミルが私の想像の産物であるとすれば、私が彼のことを知っているということはありえないのだ。もっとも、この場合にも異論はある。それは、知識それ自体は心的状態なのか、それともあるものについての思考に加えてそのあるものの現実存在をも含んでいる混成的な状態なのか、ということが問題になるからである。見ているという報告についても、（知識の場合と同じく両方の立場から）同様の主張がなされてきた。「A が B を見ている」から、「あるもの x が現実に存在し、A はその x を見ている」が帰結するとの主張がそれである。他のケースは、対象に向けられるある種の感情についての報告である。たとえば「A は B を愛している」から「あるもの x が現実に存在し、A はその x を愛している」が（議論の余地はあるものの）帰結する。また、ある種の信念報告のケースもそうだ。「A は B について、B がスパイだということを信じている」から「あるもの x が現実に存在し、その x は、A によってスパイであると信じられている」が帰結する、というのである[29)]。

以上から、志向的状態には、状態帰属が存在汎化を許すような志向的状態と、それを許さない志向的状態との二種類があると結論してしまうかもしれない。言い換えれば、有向性には、内包的なものと外延的なものとの二種類あるということである。あるいは、有向性に二種類あるわけではなく、有向性を報告する仕方に二種類あると結論することもできるだろう。つまり、内包的な仕方と外延的な仕方である。向けられるという現象はさまざまに記述することができるが、このことによって必ずしも有向性を種類のうえで区別しなければならなくなるわけではない、とするのである。すぐに明らかになるように、私は後者の見方を支持する。しかし、この難問の詳細に立ち戻るのは第35節でにしよう。

6　アスペクト形態と志向的内容

第二に志向性を特徴づけるのは、アスペクト形態の概念である。これは、哲学の他の分野から見てもおなじみのはずの、ある概念を表現するためにサールから借りた語である。この語は有用である。それと同一ないし類似の現象を表すために用いられる別の語があとからもつに至った含意がないからである。

アスペクト形態の基本的な考え方はごく単純である。すなわち、どんな志向的状態においても、心が向けられている対象が特定の仕方で提示されている、というものである。あなたがサンクトペテルブルグのことを——優雅なバロック様式の建物や厳しい気候とともに——考えているとしてみよう。このとき、あなたは特定の仕方でサンクトペテルブルグについて考えているのである。おそらく、かつて見たことのある写真や経験に基づいて、想像の中でそれを視覚化していることだろう。あるいはあなたは、単にサンクトペテルブルグとしてそれについて考えているのかもしれない——それはつまり、あなたがたぶん「サンクトペテルブルグ」という名前を使用することで表現するであろう思考である。あるいはまた、あなたは心の中で、「ウラジミルはサンクトペテルブルグにいる。そこでの気候はどのようなものだろうか」と考えているだけなのかもしれない。あなたがサンクトペテルブルグをサンクトペテルブルグとして考えているとき、あなたの思考のアスペクト形態は、サンクトペテルブルグをレニングラードとして考えているときや、ショスタコーヴィッチのレニングラード交響曲を聴きながらサンクトペテルブルグについて考えているときとは異なっている。同様に、サンクトペテルブルグを視覚的に知覚しているとき、あなたはサンクトペテルブルグを、特定の場所からとか、特定の照明環境で、といった条件のもとで見ている。つまりあなたは、サンクトペテルブルグを特定のアスペクトのもとで見ているわけだ。あなたの経験は、思考と同じく、特定のアスペクト形態を有しているのである。

以上の分かりきったことは、何かを考えるにはそれをある仕方で考えなければならない、という平凡な認識を表現しているにすぎない。これは、フレーゲの言う意義の概念に関わっている。すでに（第４節で）見たように、フレーゲは表現の意味と意義とを区別した。フレーゲが意義と呼んだのは、意味の提示様式、つまり意味が提示される仕方のことである。サンクトペテルブルグは、「サンクトペテルブルグ」という名前で指示される場合と、「レニングラード」という名前で指示される場合とでは、提示のされ方が異なる。フレーゲの注釈者の中には、提示様式という概念を、語の意味について「いかなる仕方で考えるか」という観点から詳細に論じている者もいる。たとえばギャレス・エヴァンズである。

> フレーゲの考えによれば、公共言語における単称名辞は次のような性質をもつ。すなわち、その語を含む発話を理解するためには、特定の対象つまり意味について考えねばならないだけでなく、その対象のことを次のように特定の仕方で考えねばならない。すなわち、当該の言語の発話を理解できる者であれば、その対象のことを考えるときにみなその仕方で考えるであろう仕方で考えなければならないのである[30]。

この見方からすると、意義とは、意味のことを考える仕方にほかならない。意味は、一定のアスペクトのもとで考えられるものなのだ。あるアスペクトのもとに何かが提示されているということは、アスペクトそのものが提示されているということではない。アスペクトは、（フレーゲの語を用いるならば）意味が提示される様式なのである。それゆえ、あるアスペクトが主体にまず提示されることによって意味（現実に存在している事物）が提示される、というふうに考えるのは正しくない。これでは、主体が語の意味に到達するのにアスペクトへの到達を「媒介」しなければならない、ということになってしまうだろう。だが、思考においてこうした媒介者が存在しているなどというあやしげな見方はすでに斥けたのであった（第５節）。エヴァンズの言うように、

> ある人が特定の仕方で対象について考えているという事実に訴えても、その人は対象について考える仕方のうちで可能な最も直接的な仕方では考えてい

ない、という結論を正当化することはできない。それは、ある人が特定の仕方で何かを贈与しているという事実によっては、その人の贈与が何か間接的なものであるという考えを正当化することができないのと同じである[31]。

もちろん、事物が与えられているアスペクトに注意を向けることはできる。親しい人が変わった仕方であなたを見ているのが見えているとしよう。おそらくあなたは、その人が自分を見ている仕方に注意を向けることができるだろう。すると、その仕方が、あなたの注意の対象となり、またアスペクト形態をもつことになるのである。

したがって、アスペクト形態とは、最大限に一般的な見方をすれば、対象そのものについての思考や注意などというものはない——対象の「裸の」提示と呼べるようなものなど存在しない——という概念にほかならない。実際のところ、対象の「裸の」提示などというものはほとんど意味をなさない。フレーゲの有名な類比について注釈を加えることで、このことを示すことができる。論文「意義と意味について」でフレーゲは、語の意義と意味、そしてその語と結びついた観念を区別するために次のような類比を用いた。

月を望遠鏡で観察している人がいるとしてみよう。私はこの場合、月それ自身は意味に対応すると考える。それは観察の対象であり、この観察は、対物レンズによって望遠鏡の内部に投影された実像および観察者の網膜像によって媒介されている。私は、前者が意義に対応し、後者が観念あるいは経験に対応すると考える。望遠鏡内部の像は一面的なものにすぎず、観察する視点に依存的である。にもかかわらずそれは、複数の観察者が利用できる限りにおいて、依然として客観的なのだ。いずれにせよ、その像を複数の人間が同時に利用できるようにすることは可能である。しかし、各人は各人ごとに独自の網膜像をもつであろう[32]。

フレーゲがここで主眼としているのは、語の意義を話者の心の中の観念と区別することである。フレーゲにとって、観念が主観的で私的なものであるのに対し、意義の方は、たとえ部分的でパースペクティブ的なものであるにせよ、あくまでも客観的で公的なものなのだ。これこそ意義に関するフレーゲの「反心理主義」である。フレーゲの類比はこの点を的確に示している。もっとも、意義と意味の関係に話が及ぶと、この類比が誤解を与えるかもしれない。なぜなら、月そのものつまり望遠鏡に媒介されていない「純粋な意味」に到達するための、もっと「直接的な」方法が存在している、と考えたくなるからだ――何しろ、望遠鏡から一歩離れれば、肉眼で月を見ることができるのだから！　しかし、アスペクト形態というテーゼのもとでは、心的状態に関する限り、純粋な意味などというものは存在しない。対象への心的な到達はすべて、「一面的で視点依存的なもの」にすぎないのだ。類比を用いて言えば、肉眼とは別の視点のことでしかないのである。（ここでの私の狙いは、類比を理解する際に生じうる混乱に対して注意を喚起することでしかない。したがって、もちろんフレーゲ自身がこのように考えていたわけではない。）

フレーゲの意義の理論は、語の意味の把握に伴うアスペクト形態について説明しようとするものである。だが、私はフレーゲに従う点はあるものの、アスペクト形態という現象を記述するのにフレーゲの用語法に縛られたくはない。というのも、フレーゲの理論は、さしあたり触れないでおいた方がよいであろうある論点に関して、一定の立場を取ることを要請するものだからである。その立場とは、たとえば、上で述べたフレーゲの反心理主義、すなわち意義は「主観的なものではなく、（中略）それゆえ心理学に属すものではない[33]」という立場である。また、フレーゲには、私が用いている意味での志向的対象の概念を受け入れる余地もない。われわれがこの段階でやろうとしているのは、解明され理解されるべき現象を特徴づけることである。したがって、アスペクト形態という現象を、それについての特定の説明が不可能になってしまうような仕方で記述することは間違っているだろう。

とはいえ、フレーゲの意義の理論とのこうした連関によって、アスペクト形態の概念と内包性の概念との間に明確な結びつきがあるということが分かる。心的状態がアスペクト形態を有するというのは、事物が部分的に提示されているということである。したがって、心的状態を報告する際に、主体のパースペクティブから見た事物のありようを報告したいのであれば、この部分性を伝える必要がある。ナポレオンはセント・ヘレナで死んだと私が信じている場合、事物が私にどう見えているかを捉えたいなら、その信念報告によって私から事物がどう見えているかを報告することができる。しかし、ジョセフィーヌの夫だったことのある男がセント・ヘレナで死んだとか、ナポレオンは大西洋上の島で死んだといったことを私が信じているという報告は、私の事物の見え方を把握していないかもしれない。というのも、ナポレオンがジョセフィーヌと結婚したということを信じていない状態で、あるいはセント・ヘレナが地中海にあるという誤った信念を抱いて、ナポレオンがこの場所で死んだということを私は信じているかもしれないからである。このように信念報告には内包的な場合がある。つまり、主体のパースペクティブを把握しようとするとき、信念報告のよしあしは、その信念の対象をどのように記述するかによって決まるのである。それゆえ、そこでの対象の記述がすべて、この目的にとって等しく有用だというわけではない。なぜなら、信念報告においては、共指示表現の代入によってその報告の真理値が必ず保存されるとは限らないからだ。これは、他の志向的状態に関する報告についても同様である。

個別のケースでは、何をもって主体のパースペクティブの把握と見なすべきかが難しい場合がある。また明らかに、主体のパースペクティブを把握しようとしていないにもかかわらず、依然としてなおも真でありうるような志向的状態の報告も存在している。たとえば、オイディプスが自分の母との結婚を望んだということは正しいのだが、オイディプス自身はそのようには考えていなかったのである。ここから導き出したいのは、内包的な志向的状態と外延的な志向的状態という二種類の志向的状態が存在するという結論ではない。私は（有向性についての第５節での議論に即して言えば）志向的状態の報告や帰属のやり方に、内包的なやり方と外延的なやり方の二種類あるのだと結論したい。志向的状態の内包的帰属とは、主体自身のパースペクティブに左右されるような帰属のあり方なのである。（この問題には第35節で戻ってくるとしよう。）

このように、志向性つまりわれわれの主観と、内包性という論理的な概念との結びつき方は複雑である。この結びつきの核心部分は、次のように表現できるだろう。すなわち、志向的状態の帰属が内包的であるとき、この内包性はその状態の志向性の反映ないし表現なのである。存在汎化ができないということは、志向的状態には対象が現実には存在していないものもあるという事実を表現しているのであり、代入ができないということは、志向的状態のもつアスペクト形態を表現している。とはいうものの、志向的状態の帰属がみな内包的だというわけではない。その理由は、(a)志向的状態の帰属には、その状態の対象が現実に存在してはじめて可能になるものがあるからであり、(b)主体のパースペクティブから見た事物のありようを把握すること以外の目的に資する志向的状態の帰属もあるからである。そうだとすると、内包性は、志向的状態を帰属させるための必要条件ではないということになる。（第４節で述べた理由により、十分条件でもない。）ただし、このことからは、アスペクト形態を欠いた志向的状態が存在するということは導かれない[34]。

7　志向性の問題

ここまでで私は、志向性概念および内包性概念の起源についての概略を示し、そのうえで、両者の間にあると私が考える結びつきを描き出した。そしてまた、志向的状態は対象とアスペクト形態とをもっているが、しかし志向的対象は日常的な意味での対象ではない、というテーゼを詳しく説明した。志向的対象がこの意味での対象ではない理由として、以下の三点を挙げた。まず、志向的対象は、形而上学的には多種多様なものでありうる。次に、不確定な場合がある。そして、現実には存在しないものでありうる。ただし、このように言うからといって、私は志向的対象が非日常的な意味での対象（数のような抽象的対象）であると言いたいわけではない。そうではなくて、アンスコムによる「目的語」の文法的な使用との類比に従い、実質的な仕方ではなく図式的と私が呼んでいる仕方で、「志向的対象」と言うときの「対象」を理解するべきだと言ったのである。文の目的語は、それ自体としては特定の種類の存在者ではないし、思考の対象もまた、それ自体としては特定の種類の存在者ではない。もしわれわれが世界の中の事物を形而上学的な種に区分しているのであれば、おそらく性質や関係、物理的対象、抽象的対象、出来事やプロセス……を挙げることだろう。だがそこにさらに志向的対象を加える必要はないだろう。

ではある人が、現実に存在している何か、たとえばカーター大統領について考えている場合についてはどのように言うべきなのか。この場合、カーターは私の思考の志向的対象であり、しかもカーターは実在するものなのだから、少なくとも実在的な志向的対象のクラスのようなものはあると言うべきではないのか。つまり、志向的対象には事物（たとえばカーター）であるものもあるのではないか。そうだとすると私はいったい、志向的対象が事物ではないと述べることで、どういうことを言おうとしているのか。以上の問いに簡潔に答えるとこうなる。カーターは、私の思考の対象であるという事実によって、志向的対象となるのである。これは、カーターに特有のことなのではなく、考えられているものとしてのカーターにのみ特有のことであり、そして、考えられているものとしてのカーターは、カーターその人と同じ仕方で存在するものではありえないのだ。カーターは、私によってどのように考えられているかということとは無関係にカーターその人であろう[35]。

したがってこうなる。志向的対象の中には現実には存在しないものもあると述べることによって私が表現しているのは、志向的状態が現実には存在しない事物に関わることがあるという考えなのである。ひょっとすると別の言い方があったかもしれない。サールと同様、志向的対象はみな現実に存在してはいるものの、志向的対象をもたない志向的状態もあるのだ、と言うことができたかもしれない。しかしその場合、この後者の状態のクラスがどうして志向的なのかを説明するのに途方に暮れてしまったことだろう。よく言われるように、志向性は「ついて性」である。では、ペガサスは飛ぶという思考が志向的対象をもたないのだとすると、それは何についての思考になるというのか。かりに「うん、あるものについての思考ではあるんだけど、それは現実には存在していないんだ」と言うのであれば、問題を回避したのではなくただ単に述べ直しただけになってしまう。(「その思考はペガサス表象を含んでいる」という答えでも同様である。これはただちに、そんなことは分かっているよ！　と言い返される。) 代わりに私がとる戦略は、第5節で概略を示したとおり、「志向的対象には現実には存在しないものもある」というスローガンは保持しつつも、すでに示唆したやり方で「志向的対象」なる語句を解釈しようというものだ。この戦略をとるのは、志向的対象という概念が、思考されている事物という概念、あるいは思考の対象という概念と同じくらい必要だからである。これらの概念なしにどのようにやっていけばよいのか私には見当もつかない。それゆえ、志向的対象という概念なしにどのようにやっていけばよいのかもまた、私には見当がつかないのである。

現実には存在していない志向的対象があるなら、第５節で述べたように、すべての志向的対象からなるクラスなどないことになる。あるクラスに属する要素はみな現実に存在しなければならないからである。ここからは、あらゆる志向的状態が志向的対象との関係であるわけではない、ということが出てくる。関係の存在はそれが関係させているもの（関係項）の現実存在を含意する、というのがその理由だ。たとえばウラジミルがイワンよりも背が高い場合、ウラジミルとイワンの間には、x は y よりも背が高いという関係が成り立っており、それゆえ、ウラジミルとイワンはともに現実に存在していなければならない。このことは自明であるように思われる。もっとも、虚構からとった事例について考える場合には躊躇してしまうかもしれない——デズデモーナがオセロを愛しているということは、たとえデズデモーナやオセロがともに現実には存在していないにせよ、あくまでも真なのであるから。だがこのパズルは、虚構上の登場人物についての言明を、虚構そのものについての見せかけの言明と見なすことによって解決するのが一番である。つまり、「デズデモーナはオセロを愛している」は、「シェイクスピアの『オセロ』の中で、デズデモーナはオセロを愛している」のようなものとして理解しなければならないのだ[36]。この類をひとまず措くのであれば、ある関係が A と B ふたつのものを関係させているときには、A と B は現実に存在していなければならない、という事実は否定しようがないと思われるのである。

このことは、長く続く伝統的な問題の一般的な定式化の仕方を示唆している。この問題を志向性の問題と呼ぶことにしよう[37]。（他の問題も志向性の問題と呼ばれてきた。それについては、のちほど少し議論したい。）ここでは対象について思考している場合に焦点を絞ることにすると——欲求や願望、その他の志向的状態に関しても同様のことが言えるのだが——、この志向性の問題は、次の三つの命題間の衝突として表現することができる。

⑴あらゆる思考は、思考者と思考されている事物との間の関係である。
⑵関係は、その関係項の現実存在を含意する。

⑶現実には存在しない事物についての思考もある。

明らかに⑴から⑶が同時に真だということはありえない。ゆえに、これらの命題のうちのどれかひとつは偽でなければならない。すでに私は⑴を否定しなくてはならないと主張している。この主張を擁護するためには、なぜ⑵と⑶が否定できないかを示さなければならない。

私には⑶は議論するまでもなく正しい命題であると思われる。なぜならわれわれは、ユニコーン、フロギストン、ペガサス、ヴァルカン、黄金の山、若返りの泉といった（現実に存在しないのが単なる偶然による）ものや、さらには丸い四角や最大の素数といった、現実に存在しないのが必然的であるものについて考えることができるからだ。たぶんこのような思考はあまり頻繁になされるわけではなく、原則的に例外であるのは間違いない。だがこうした思考がなされることは疑いないのだから、⑶を否定して志向性の問題を解決しようとすると、そのことがほとんど説明できなくなってしまうだろう。つまり、問題の解決ではなく、紛れもない事実を否定することで問題を回避しているにすぎなくなるのである。

（言うまでもないが、われわれは本当のところはペガサスの観念やフロギストンの観念について考えているのだ、と言ってはならない。それはただの混乱である。フロギストンが現実に存在するかどうかをめぐる論争は、フロギストンの観念が現実に存在するかどうかをめぐる論争なのではない。フロギストンの観念はもちろん現実に存在する！　それゆえ、フロギストンについての思考そのものは、フロギストンの観念についての思考ではないのである[38)]。もっと際立った例はこうだ。神の現実存在に関する論争は、ふつう神の観念が現実に存在するかどうかをめぐる論争ではないのである。）

では、⑵についてはどう言うべきなのだろうか。ふたつの事物が関係しているなら、それらふたつの事物が現実に存在しているというのは、一見したところ明らかであるように思われる。しかしこれに対しては異論がある。われわれは「現実には存在していない事物がたくさんある、たとえばペガサスである」というふうなことを言えるのだから、現実には存在していないものがあるという立場を現にわれわれはとっている、との議論がなされてきた。この見方に立つと、赤いものもあれば赤くないものもあるというのとちょうど同じように、現実に存在しているものもあれば現実には存在していないものもある、ということになる。この見方は、現実に存在していないものなど存在しないという、存在についてのクワインの見解を斥ける。すでに述べたとおり、クワインにとって「F がある（There are Fs)」と「F が現実に存在している（Fs exist)」は同じことを言っているのである。現実には存在していないものもあると考える者は、このことを否定する。そのわけはこうだ。そういう者たちは、現実には存在していない事物を作用域に入れて（たとえば「……がある」のように）量化しようとする。事物はすべて、それがあるのであれば、現実に存在するか現実には存在しないかのいずれかである。したがって、ある関係は、その関係項がある、あるいは実在的である、ということを含意するが、それによって関係項が現実に存在するということが含意されるわけではない。それゆえ(2)は間違っている、というわけである。

この見方をどう考えるべきか。なるほどこの見方に立てば、志向性の問題を実に優雅かつ簡潔に解決することができる。現実には存在していないものの存在論に訴えることによって、現実に存在しない事物について考えることができると主張しつつ、志向的状態がみな実在的な対象との関係である、という見方を維持することができるのである（なぜなら、実在的≠現実に存在している、だから)。しかも、「現実には存在しない事物がたくさんある」が理解可能な発言になることも間違いない（現実には存在しない志向的対象もあると言ったばかりではないか)。さらに、上で述べたように（第５節)、少なくとも（たとえば）心的対象や抽象的対象なる概念が理解できるなら、「対象」という語の使用を物理的対象について語る場合だけに限定すべきではないのであった。そうだとすると、おそらくわれわれは、現実には存在していない対象も許容することができるだろう。

とはいえ、このように答えることで志向性の問題を手早く片づけることができるにせよ、この見方は信じがたいと思う。ラッセルはかつて言った。「論理学は、動物学がユニコーンを許容しえないのと同じく、ユニコーンを許容するものであってはならない、と主張したい。というのも、論理学は、動物学よりも現実世界のもっと抽象的で一般的な特徴に関わってはいるのだが、しかし現実世界そのものと関わるという点では動物学とまったく同じだからである[39]」。同じことは哲学の他の分野でもあてはまる。では、特定の種類の対象は現実に存在するが他の対象は現実には存在していないという見方を端的に拒絶するのでないとしたら、それにどう応答すべきなのだろうか。ここでは、「現実に存在する」が一階の述語ではなく量化子だとするラッセル−クワイン的な見解に訴えることはできない。それはまず、この見解が問題点を別の言い方で表しているにすぎないからであり、そしてまた、「現実に存在する」が述語ではないとするのも妥当な見解とは思われないからだ[40]。そこでともかくは、あらゆる対象が現実に存在するわけではなく、現実には存在していない対象もあるとの見方について少し考えを巡らせてみなければならない。思うに、そうした対象はみな実在的なので、実在的なものが、現実に存在するものと存在しないものとに分かれることになる。このとき、当然この二種類の対象を互いに区別することができるかのように聞こえることだろう。しかし、どうやって区別するのだろうか。ユニコーンは角と四本の足と尾をもっている。サイも角と四本の足と尾をもっている。だが、サイが現実に存在しているのに対し、ユニコーンはそうではない。こうした現実に存在する・しないの違いは何を意味しているのだろうか。可能性はふたつあると思われる。まず、現実存在とは原始的性質、つまり他の語では説明されえない性質であり、これをもつものと欠くものとがあるという可能性である。次に、現実存在が分析可能であり、他の語を用いて現実存在なる概念を明らかにすることができるという可能性である。しかし、これらの可能性には両方とも大して期待できそうもない。かりに現実存在が原始的性質だとしよう。その場合、ある実在的なものの現実存在を否定するというのがどのようなことなのか、われわれに分かるはずもない。何しろわれわれは現実に存在するものと存在しないものとの区別をまだ理解していないのだから。次いで、現実存在がFという性質——たとえば時空内の位置——によって説明されるとしよう。だがこの場合、現実には存在しない実在的な事物もあるという見方は、実在的な事物には性質Fを有していないものもある（時空内に存在していない場合など）という見方を単に別の言い方で述べているだけのようにしか見えない。

　以上の点は、ただ単に論証の負担を別の所に移しているにすぎない。つまり、現実には存在しない対象もあるとの見解を論駁するものではないのだ。私の知る限り、この見解に対する決定的でしかも説得力のある論駁は存在しない[41]。とはいえ、この見解は理解しがたいし、志向性の問題にはもっと詳細な探究が必要だという形で、その問題に対する解答の条件を規定しているように思われる。私は、この見解を満足のいくようには論駁しえないということを認めよう。しかしそれでもやはり、この見解そのものは拒否したいと思う。

だが私は、志向的対象の中には現実には存在しないものもあると言ったのではなかったか。そうだとすると、私は⑵を否定する者たちと同じ問題に直面してしまうのではないか。ところがそうではない。いまから明らかにするように、このように問うのは私が「志向的対象」という言葉で言おうとしていることを誤解しているのである。というのも、「現実には存在しない志向的対象もある」と述べるとき、私が言おうとしているのは、実在的ではあるが現実には存在しない志向的対象がある、ということではない。そうではなく、まさに「ペガサスについて」「ユニコーンについて」……と記述することができる志向的状態がある、ということなのだ——そして、このように引用されている言葉に対応する何かが現実に存在しているというのはまったく正しくない。こうした言葉には指示対象はない。ユニコーンなどというものはいないし、ペガサスもいないからだ。これらは無なのであって、現実存在していないが実在的である事物ではなく、単なる無なのである。これこそまさしく、「現実には存在しない志向的存在」や「現実には存在しないものについての思考」について語るときに私の言おうとしていることにほかならない。

それでも疑問があるだろう。いままさに考えているその実在的な事物がないのに、そもそもなぜこうした場合の志向的対象について語るのか、と。私の理由はこうだ。現実には存在していない対象について多くの思考がなされてはいるが、それらすべてがまったく同じタイプのものだというわけではない。ペガサスについての思考は、ゼウスについての思考と別種の思考なのである。確かに、ゼウスもペガサスも現実には存在しない。つまり両者はともに無である。しかし、このふたつの思考が指示する実在的な事物がない（無である）という事実は、それらの思考が同一だということを意味しない。一方はペガサスについての思考であり、もう一方はゼウスについての思考なのだ。（これらの思考には異なる観念あるいは異なる表象が必要だと言えなくもないのだが、ではどのようにして観念や表象が異なりうるか、という問題を引き起こすだけである。）私は志向的対象の概念を、この違いを表すために用いる。主体Ｓの思考の志向的対象は、「Ｓは何について考えているのか」という問いへの答えによって与えられる。「ゼウス」という答えは（この場合には）、「無」という答えよりもよい答えである。こうしてゼウスはＳの思考の志向的対象となる。志向的対象を対象の一種と見なすのでない限りは、こうした語り方によって混乱が引き起こされることはないだろう。

別の言い方もできるだろう。志向性の問題は、思考対象もしくは志向的対象の概念にまつわるジレンマをもたらす。現実には存在しない思考対象がありうるとすると、そうした対象は実在的なのだろうか。かりに実在的であるなら、思考はみなその対象との関係であると言いうるだろう。ただしこの場合、現実には存在しない対象の実在性を受け入れるという代償を支払わねばならなくなってしまう。他方、現実には存在しない志向的対象が実在的ではないなら、「それら」は無であり、したがって思考がそれらとの関係であるということもありえなくなる。だが無についての明らかに別の思考を、どうやって区別するというのか。ジレンマのふたつの角の間でうまく舵を取るには、第５節で示した「志向的対象」についての理解が必要となる。志向的対象は対象の一種ではない。むしろ、思考Ｔの志向的対象は、「Ｔは何についての思考なのか？」という問いに対する答えにおいて与えられるものである。この問いに答えがあるならば、その思考は志向的対象をもっている。その答えが現実に存在する何らかの事物を指示するならば、志向的対象は何らかの実在的なものだということになる。それはもしかするともっと普通の意味での対象——物的ないし物理的対象——であるかもしれないし、あるいは場所や性質や出来事であるかもしれない。志向的対象が実在的だというのは、志向的対象を与える語句が指示対象をもつということである。それはたとえば、一方の事物の集合（志向的対象の集合）が他方の事物の集合（実在的な事物の集合）と要素を共有している、ということではないのである。

これが正しいとすると、⑴がどうして間違っているのかは、もはや明白だろう。関係は実在的な事物どうしを関係させなければならないのだが、思考の志向的対象は実在的な事物ではないからである。結局のところ、志向的対象は、それ自体としては事物ではないのである（第５節）。というわけで、当然のことながら、志向性の問題に対して十全な解決を与えるには、⑴あらゆる思考は思考者と思考されている事物との間の関係である、を否定することから始めるべきなのだ。⑵および⑶を主張する者はみなこれに同意しなければならない。思考については以下が成り立つことになる。

NOT－⑴あらゆる思考が、思考者と思考されている事物との間の関係である、というわけではない。

だが、このように言うからといって、実在的でしかも現実に存在する事物との関係がいかなる思考にも必要とされない、ということにはならない。あくまでも、すべての思考がそうであるわけではない、ということにすぎない。そこで次なる問いはこうなる。実在的な事物との関係を必要としない思考があるなら、そもそも実在的な事物との関係を必要とする思考というものがあるのだろうか。この問いにイエスと答えるのは、思考がふたつのカテゴリーに分けられると言うに等しい。すなわち、現実に存在して思考が向けられる対象との関係と、そうではない思考とに分けられる、と。ノーと答えるならば、いかなる思考も、思考されている実在的な事物との関係を必要としない、と主張することになる。ここで、あとで役立つ術語を導入しよう。はじめの答えは、思考の中には広い思考もあるとする見方である。二番目の答えは、思考がみな狭いものだとする見方である。すると一般に、以下のように言うことができよう。心の哲学における外在主義なる学説は、志向的状態は広いとする学説である。これに対し、内在主義なる学説は、志向的状態は狭いとする学説である。

どのくらい多くの（そしてどのような）種類の思考を広いと見なすかに応じて、外在主義は多種多様である。心的状態Ｓが広いのであれば、Ｓの存在はＳの対象が現実に存在することを含意する。極端な例を挙げよう。知識が心的状態であるなら、知識は広い心的状態である。たとえば、カエサルがルビコン川を渡ったということを私が知っているなら、カエサルもルビコン川も現実に存在する、といった具合だ。知識は、叙述的な状態である。つまり、この状態にあるとき、その内容はある真理を表現しているのだ[42]。すでに見たように（第5節）、見ているという状態は広い心的状態の事例として知識以上に論じられてきたわけだが、もしも見ていることが、一部で言われるように叙述的なのだとすると、カエサルがルビコン川を渡るのを私が見ていたのであれば、カエサルもルビコン川も現実に存在することになる。広い心的状態とされている別種の例は、知覚される対象についての思考である。この思考は、次のような形式の文を用いて表現することができるだろう。すなわち、「あのＦはＧだ」という、指示代名詞「あの」を含んだ形式の文である。「あのＦ」で指示される事物が現実に存在しない限り、主体はこうした心的状態にあることはできない、と論じる見方がある。さらに、ある種の思考は思考者と対象との間の因果関係に形而上学的に依存する、との見方もある。因果関係は関係なのであるから、こうした思考は必然的に広い、というのである。

内在主義的な思考観では、多くの場合に思考が実在的な事物についてなされるということはもちろん否定しない。だが、志向的状態にあるなら常に志向的状態の対象となる事物が現実に存在している、ということは否定する。ある思考の存在から、その思考の対象の現実存在が出てこないのであれば、その思考は狭いことになる。したがって、現実には存在しない対象についての思考は明らかに狭いわけだが、内在主義者に言わせると、あのリンゴはおいしそうだといった思考もまた、目の前にあるリンゴを見ながら思考しているとしてもなお狭いのだという。内在主義者によれば、このような思考がなされているからといって、そのリンゴが現実に存在するということにはならない。たとえリンゴが現実には存在していなくとも、この思考は存在しうるというのだ。これこそ、その思考はリンゴとの関係なのではない、と言うことで意味されることにほかならない。

この例から分かるように、狭い思考なるものを理解するためには、少なくともふたつの考えを理解しなければならない。すなわち、(a)実在的な事物がいっさい思考されていない場合でも、思考はありうるということ、そして(b)思考者とリンゴが現実に存在しているということからは、両者の関係つまり思考の現実存在は出てこないということである。内在主義者は、上で(1)を否定したときに、われわれはすでに(a)を理解し始めていたのだ、と言うだろう。(b)もまた、一般にＡとＢとの間に任意の関係が存在するためには、ＡとＢが現実に存在するだけでは十分ではありえない、ということを認める限り問題はない。因果関係を考えてみよう。ただ単にＡとＢが現実に存在しているというだけでは、ＡとＢの間に因果関係が存在しているとは思わないだろう。したがって、思考者も思考される事物も現実に存在しうるのだが、それでもなお思考がその事物との関係ではない、ということがあってもおかしくないのである。かりに何かについて考えていることがその何かと関係をとり結ぶことであるなら、対象がなければ思考は存在しえない。それゆえこの場合には、対象は思考にとって本質的だということになる。これは、内在主義では、実在的な事物が思考の対象であるか否かと、そうした事物の現実存在がその思考にとって本質的であるか否かを区別しなければならないということである。かりに思考Ｓの対象が現実には存在しない場合にも、主体が思考Ｓをもつことが可能であれば、Ｓは広い思考ではないだろう。ただしこのことは、すでに説明したように、実際の思考に対象がないということを含意するものではない。

外在主義的な思考観と内在主義的な思考観との間に生じる論争については、第 36 節・第 37 節でもっと論じることにしたい。この節で目的としてきたのは、単に、志向性の問題に対してどのような解決案を推奨しなければならないかを明らかにすることである。すでに触れたように、ときには別のものが志向性の問題と言われる。志向性を物理主義ないし自然主義の観点から説明しようというのがそれである[43]。これは物理主義が正しいということを前提として立てられている問題なのだが、私の問題はそれよりも一般的な問題だ。つまり、物理主義が正しいか否かによらない問題なのである。（物理主義については、第 12 節〜第 15 節を見よ。）

私の言う志向性の問題とは、現実には存在しないものについての思考に関する問題である。この問題には完全に満足のいく解決案がないことを認めなければならない。これまで次の三つの解決案を検討してきた。第一の案によれば、そのような思考は不可能である。第二の案によれば、「現実には存在しない対象」の領域なるものがあるなら、それはかろうじて可能である。第三の案では、志向的状態すべてが実在的な事物との関係であるわけではない。私は、あらゆる志向的状態が志向的対象をもつとする見方、および「志向的対象」という語についての私固有の理解から、第三の解決案が自然にもたらされる、と論じた。私は、心的状態の志向的対象は「その心的状態が向けられているものは何か？」という問いに答えることで与えられると言った。だが、志向的対象が「与えられる」とはどういう意味なのだろうか。こうしてわれわれは、志向的内容という概念に立ち戻らなければならなくなるのである。

8　志向性の構造

私は、たくさんの術語をばらばらに導入してきた――提示、有向性、志向的対象、アスペクト形態、志向的内容、そして志向説である。ここでは、私が以上の概念をどのように関連づけようとしているのかをまとめておきたい。志向的状態においては何ものかが心に提示される。したがって、志向的状態はみな提示である。提示されているものを、志向的対象と言う。心的状態が志向的対象をもつということは、心的状態がその対象に向けられているということである。そうだとすると、何かに向けられている限り、心的状態は志向的対象をもつことになる。ある思考の志向的対象は、「君は何について考えているのか？」「君の思考は何に向けられているのか？」という問いへの答えにおいて与えられる。心的状態がアスペクト形態をもつということは、その状態の対象を特定の仕方で提示するということにほかならない。そして、心的状態はアスペクト形態をもつなら志向的内容をもつことになる。ある思考の志向的内容は、「君は何を考えているのか？」という問いへの答えにおいて与えられる。志向説によれば、心的状態にはみな有向性とアスペクト形態があるので、あらゆる心的状態が志向的対象と志向的内容とを有することになるのである。

いま述べたことを、ブレンターノの『経験的立場からの心理学』からよく引用される有名な一節と比べてみると有益だろう。

> あらゆる心的現象は、中世のスコラ学者が心的なものの志向的な（中略）内存在と呼んだもの、そしてあまり明瞭な表現ではないが、われわれが、内容との関係とか、対象に向けられていること、（中略）あるいは内在的な対象性と呼ぶであろうものによって特徴づけられる[44)]。

見たところこの一節は、「志向的な内存在」「内容との関係」「対象に向けられていること」そして「内在的な対象性」がすべて同じことの別の言い方だということを示唆している。そしてこれは正しい解釈だと思う。「志向的な内存在」ということで、ブレンターノは、志向的対象は心的状態そのもののうちに存在する、ということを言おうとしている。これは、われわれの考えているものが心的な存在者であるという意味でどれも心のうちにある、ということではない。むしろ、その志向的対象によって心的状態が個別化されるということ、すなわち志向的対象が異なれば心的状態も異なるということを意味しているのである。(このこと自体は、志向的対象が現実には存在する必要はないということを意味しない。それは別の問題である[45]。)「内在的な対象性」という語は、デカルトの「表現的実在」の概念(第4節を見よ)に由来する。状態が対象をもつのは、状態そのものに内在的なことだ(つまり超越的なことではない)というのである。またブレンターノは、内容との関係を対象に向けられていることと区別しなかった。こうした語句はすべて、単に心的状態がさまざまな仕方で志向的対象をもつという事実を表しているにすぎない。この一節の主な眼目は、心的現象がみなこの特徴をもつということを主張する点にある。これこそブレンターノ・テーゼであり、志向説を特徴づけるテーゼであり、本書で擁護するテーゼにほかならない。(もちろん、ブレンターノの形而上学的な前提と私が立てている前提との間には違いがある。しかし、このテーゼを述べるという目的にとっては、そうした違いは無視してよい。)

ブレンターノに対し、彼の学生のトワルドウスキは、対象に向けられていることを内容と関係していることと区別した。私はこの点では彼に従いたい[46]。すでにこの区別について私は、志向的状態が志向的対象をもち、そして対象が提示される仕方はその状態の志向的内容であると述べることで自分の見解を表明した。「志向的状態」は有向性によって定義され、「志向的内容」はアスペクト形態によって定義される。この区別が必要なのは、有向性もアスペクト形態も、それ単独では、世界に対して主体がもつパースペクティブなるものによって私が言おうとしていることを十分に特徴づけることができないためである。対象への有向性だけで十分でないのは、心が同じ志向的対象にさまざまな仕方で向けられうるからである。また、アスペクト形態のみでも志向性を特徴づけることはできない。アスペクトとは、定義上、志向的対象（思考の対象）が提示されるアスペクトのことを言うからである。

次の問いが生じるだろう。志向的状態が思考者に帰属させられるとき、その帰属によって、志向的対象が特定されるのか、それとも志向的内容が特定されるのか、と。以下で見るように、結局のところこれは混乱した問いでしかない。心的状態の志向的対象が何であるかを言い表そうとすると、ある特定のやり方で言い表さざるをえないのである。意義と意味に関するフレーゲの理論との類比がこのことを明確化してくれるだろう。フレーゲの理論を論じる際、ダメットは「(ある表現の）意味が何であるかを述べるときには、われわれはそれを述べるための特定のやり方を選ばなければならない[47)]」と述べている。これが意味しているのは、ある語を用いて心的状態の志向的対象を与えるには、結果として同時に心的状態の内容も必ず与えなければならない、ということである。何について考えているのかという問いに対して、私が「カプリにあるあのすてきなレストランのことさ」と答えるなら、私の思考の対象はそのレストランであり、「カプリにあるあのすてきなレストラン」という語句は私の心的状態の内容を与えている。このことの帰結のひとつは、ある志向的状態を記述するとき、すでにその志向的状態の内容を与えているのであれば、そこからさらに志向的対象に言及する必要はない、ということである。これは、志向的状態の内容を与えることが、志向的対象に言及するやり方のひとつだからだ。カプリにあるすてきなレストランについて考えているとき、「カプリにあるあのすてきなレストラン」という思考の内容を述べることで、私は自分の思考の志向的対象を与えることができるのである[48)]。

これは、志向的対象の概念が余剰物だということではない。なぜなら、同一のものを考えるやり方はいくつもあるし、またそれゆえにいくつもの内容が同一の対象と結びつきうるからだ。では、どのような場合にふたつの思考が同一の志向的対象をもつのか、という問いにはどう答えればよいだろうか。すでに述べたように、対象は常に同一の仕方で提示されなければならないわけではない。「ブラチスラヴァ」と「ポジョニ」は、同じ都市を指す別の名前である。ある人はブラチスラヴァのことをブラチスラヴァとして考えることができるし、別の人はそれをポジョニとして考えることができる。彼らが同じものについて考えているという事実を示すのは、この場合きわめて簡単である。われわれは同一性言明「ブラチスラヴァ＝ポジョニ」が正しいということをどう示せばよいか知っているからである。これに対し、志向的対象が現実には存在しない場合についてはどうか。よく知られているように、P・T・ギーチは、多くの村人がさまざまな悪行を（現実には存在しない）魔女のせいにしている、という物語を論じた。村人たちが「同じ」魔女について考えているかどうかはどうやって決まるのか。ギーチはこれを「志向的同一性」の問題と呼んだ。

> 多数の人々が、もしくはひとりの人が、さまざまな状況において、共通の焦点をもつ態度をとるとき、実際にその焦点に何かが存在しているかどうかによらず、われわれは志向的同一性を有する[49]。

しかし、この見解がどんなにもっともらしく見えたとしても、ただちに問題は、「共通の焦点」を構成するものは何かという問題へと転じてしまう。私には、対象が現実には存在していない場合に、二人の思考者が同一の志向的対象に焦点を合わせているかどうかに関して、ことの真相が必ずある、と考えるべき理由はないように思われる。というのは、独立した基準をわれわれに与えてくれる実在的な対象がなければ、われわれの手がかりとなるのは、使われている語が同じだということでしかないからだ。もっとも、思考を理解するためにわれわれが行っている日常的なやり方では、この種の状況で確固とした答えが要求されることなどないのだから、そうしたことを心配するには及ばない。実際、思考の対象が現実に存在している場合の特徴となるしるしのひとつは、この種の問いに対する答えがあるとわれわれが考えてもよいということなのだ。逆に、志向的対象が現実には存在していないときには、われわれは必ずしも答えを期待していないはずである。

というわけで私は、志向的対象の概念と志向的内容の概念が両方とも必要だと主張する。「内容」という語のここでの使い方は、現代哲学における標準的な使い方よりもやや一般的なものである。なぜなら私は、カプリにあるあのすてきなレストランやサンクトペテルブルグのようなものが私の思考の内容になりうる、と述べているからだ。この語の正統的な使い方ではしばしば、内容は命題的でなければならない、との主張がなされる。ここで言う命題とは、真または偽であることが可能なもののことである。サンクトペテルブルグは真でも偽でもないし、レントランもまた同様に真でも偽でもない。真か偽であるのは、完全な文によって表現されたり、信念のような志向的状態の内容として報告されたりするものなのである。一般に信念は、pという信念である。pは文に置き換えられ、その文が命題を表していると言えるだろう。命題的な内容をもつ心的状態は、命題的態度と呼ばれる。正統的な見解によれば、志向的状態はみな命題的態度である（第33節・第34節を見よ）。それゆえこの見解に立つならば、対象についての思考に関して私が挙げた事例を命題的に再解釈しなければならなくなる。サンクトペテルブルグについて考えているということを、サンクトペテルブルグはFである、のような形式のものを備えた思考として再解釈しなければならないのである。

私は志向的状態の内容の多くが命題的だということは認める。ここで命題的であるとは、単に真または偽として評価可能なものという意味である。しかしながら、私は、あらゆる内容が命題的であるとの見方は拒否する。このように拒否する理由は第24節と第34節で示すことにしよう。だから当面は、心理的な状態の日常的事例にはわれわれが非命題的に記述する内容をもつもの——誰かを愛したり憎んだりすることや、あるものについて熟考・思考することが典型例である——も多い、と言うにとどめさせていただきたい。私は、この見方をさしあたり額面どおりに受け取るようにしたいと思う。

このように述べたところで、主要テーマに戻ろう。志向的状態の内容を与えるというのがその対象を与えるやり方のひとつだとしても、志向的状態の内容を与えることで、その状態を完全に個別化する、つまりそれを他のものすべてから区別することができる、というわけではない。なぜなら、私はカプリにあるあの小さなレストランを想像することもできれば、またそれを思い出すこともできるからだ。これらふたつの心的状態は別のものだが、内容は同じである。こうした状態を区別するには、私が異なる仕方でこの内容と関わっているということに言及する必要がある。すなわち、記憶による関わり方と想像による関わり方である。この節の冒頭で私が述べたことからは、次のような志向性の抽象的構造が示唆される。

主体——有向性／提示——対象／内容

この構造には術語が三つある。主体の本性は、（奇妙に思われるかもしれないが）本書の射程のうちにはない。対象と内容についてはすでに説明した。有向性は提示の逆であり、X が Y へ有向的であるならば、Y は X に対して提示されている。記憶と想像をめぐる論点からは、何種類もの提示や有向性を区別する必要があるということが分かる。サールからもうひとつ術語を借りて、これらを異なる志向様式と呼ぼう。（これを、上記の構造で「内容」側に位置するフレーゲの「提示様式」と取り違えてはならない。混乱を避けるため、また本書はフレーゲの意味論について論じるものでもないため、本書では今後フレーゲの術語である「提示様式」には言及しないことにしたい。）

さてすでに述べたように、志向的内容について述べれば、そのうえさらに志向的対象について述べる必要はないのだから、志向的状態の一般的な構造は次のように述べ直すことができるだろう。

主体——志向様式——内容

これが、本書で想定している志向性の一般的構造である。志向様式とは、主体とその志向的状態の内容との関係のことである。分かりやすい例は、信念、希望、そしてその他の命題的態度である（「様式」ではなく「態度」という語を使ってもよかっただろう。だがこれには、志向的状態がみな命題的態度であるという紛らわしい含みがある。それは私の拒否する学説である）。欲求、思考、意図、知覚、愛、恐れ、後悔、あわれみ——これらはみな志向様式なのである。簡単に考えるとこうだ。人間の志向的状態は、志向様式と志向的内容というふたつのものによって個別化される。そしてすでに述べたように、志向的内容が志向的対象を定める。志向的状態はその志向的対象についての状態である。したがって、主体の志向的状態を定めるには、その様式と内容を定める必要がある。

この一般的構造は、主体が志向様式によって内容と関係している、という形の関係を有する。したがって、志向性は関係的構造をもっているということが分かる。ただしわれわれはそれを、「思考対象」との関係ということではなく、内容との関係ということで考えるべきである。ある状態が何らかの事物との関係であるように思われていたものの、実際には別種の事物との関係だということが判明した、と考えてみることに何も理解しがたいところはない。たとえばある人が、水溶性という傾向的性質を、はじめはその発現（溶解）との関係として考えていたのだが、しかし、あるものがたとえ一度も溶解したことがなかったとしても水溶性をもちうるということを根拠に、やがて当初の考えを斥けるかもしれない。ただし、それでもなお水溶性とは、溶媒つまり水との関係なのだ、とも言いうるのだが。（私は傾向性に関するこの見方が正しいとは思わない。この例は説明のためのものにすぎない。）

志向的状態が志向的内容との関係であって志向的対象との関係ではない、というのはどういうことなのだろうか。重要なのは、ある状態の内容は常に存在しなければならないが、その状態の対象が現実に存在する必要はない、という点である。私は以下のように論じることでこの主張を擁護したい。思考の志向的対象とは、そこで考えられている事物のことである。志向的対象には現実に存在しないものもある。そうだとすると、「君は何について考えているのか」という問いへの答えが常にあるとしても、君がいま考えているものは厳密に言えば無でしかない、と述べることが有意味になる場合もあることになる。この場合の思考は、標的なく射られる火矢のようなものなのである。「僕はペガサスのことを考えていたんだ。でもペガサスは現実には存在しない。だから、僕は無について考えていたんだ！」といったことを述べるのは、主体にとっては十分に意味をなす。しかし、思考の内容についてこう述べることは何ら意味をなさない。思考の対象が現実に存在するかどうかにかかわらず、思考に内容がないとか、その内容が無である、ということはありえない。思考が無についてのものだということには意味がある。つまり心が、言わば、何も存在していない一定の場所に向けられているということはあるだろう（ギーチの言う「態度の焦点に」何もない場合だ）。だが、思考の内容が無でありうるというのはまったく意味がない。この点をうまく表現するには、人があるものについて思考しているときに思考しているものと、何ごとかを思考しているときに思考していることとを区別するとよい。そのうえで、思考の対象とは、人がそれについて思考しているときに思考しているものであるのに対し、思考の内容とはその人がそのことを思考しているときに思考していることであるとしよう。すると、ここでの私の主張はこうなる。何かについて思考してはいるが、それは現実には存在していないものについて思考しているのだ、ということには意味があるのに対して、あることを思考してはいるのだが、しかしそれは何ごとを考えているのでもない、ということには意味がないのである。これこそ、思考（や他の志向的状態）がその内容との関係である、という事実の帰結にほかならない。

志向的内容に関するこの主張は、志向性の問題に対する上述（第7節）の混乱した反応、すなわち「ある意味でペガサスは存在する、なぜってペガサスの観念が存在するんだから！」という反応の背後にある真理を捉えている。これに対するはっきりした応答はこうだ。ナポレオンの観念は、君のナポレオン思考の対象ではない。だから、一体どうしてペガサスの観念が、君のペガサス思考の対象だということがあるだろうか。とはいえ、これは、「観念」に何も果たすべき役割がないということではない。ただ単に、観念は志向的対象にはなりえない、ということにすぎない。観念なるものがあるならば、（フレーゲの言うことには反するが）それが思考の対象にはなりえなくとも思考の内容にはなりうる、ということには意味がある。アンスコムは、崇拝という志向的状態について論じる中で、崇拝の対象Yが現実には存在しない場合について、次のように言う。

> Xは観念を崇拝していたのだ、というのは正しくないだろう。むしろ、その主体が観念をもっているということは、［XはYを崇拝していたという］命題に、それが真である可能性を与えるために必要となることなのだ[50)]。

この意味での観念とは何か、また志向的内容とは何か、そしてそれらが志向様式とどのように関係しているのかは、これ以後も本書では問題となり続けることになる。

第二章　身　体

9　心身の相互作用

世界を経験するということについてじっくりと考えてみるとき、何よりもまず明らかなのは、われわれのパースペクティブが身体を備えた存在のパースペクティブだという事実である。デカルトの言うように、「自然が私に何よりも明らかに教えるのは、私が身体を備えており、そしてこの身体は、私が痛みを感じるときには、具合が悪く、私が飢えや渇きに悩むときには、食べものや飲みものを必要としている、などといったことである[1)]」。デカルトの見解は、このように自分の身体に気づくことによって、感覚やその他の経験に特別な性質がもたらされる、というものであった。デカルトはこの見解を以下のように印象的に描き出している。

自然はまた、それら痛み、飢え、渇きなどの感覚によって、私が自分の身体に、水夫が舟に乗っているような具合にただ宿っているだけなのではなく、さらに私がこの身体ときわめて密接に結ばれ、言わば混合しており、かくて身体とある一体をなしていることをも教えるのである。なぜなら、もしこうなっていないとするならば、思惟するものにほかならない私は、身体が傷ついたときでも、そのために苦痛を感じることはなく、ちょうど舟のどこかがこわれた場合に水夫が視覚によってこれを知覚するように、知性の働きのみによってその傷を知覚するだけであろうし、また身体が食べものや飲みものを必要とするときでも、私はこのことをはっきりと理解するだけであって、飢えとか渇きとかの混乱した感覚をもつことはないであろうからである。というのも、これら飢え、渇き、痛みなどの感覚は、心が身体と合一し、言わば混合していることから起こる、ある混乱した意識状態にほかならないからである[2)]。

以上のデカルトの説明は、われわれがどのようにして自分の身体と密接で親密な関係を取り結んでいるかを巧みに描き出している。われわれは自分の身体の中で生じることに気がつくが、その気づき方は、自分の身体から離れているものに気づく場合と同じではない。われわれは自分の身体を、他の事物と同じようには観察しないのである。私は、自分の手足の位置がどこか、自分がさかさまにぶら下がっていないか、自分の手が頭の上にあるかどうかを、わざわざ見て確かめる必要はない。通常であれば、私にはそれがただちに分かるのであって、見るまでもないのだ。われわれの置かれた状況は、ある種の脳損傷にみまわれた結果、自分の身体の位置や動きについての全感覚を失ってしまった人々とは対照的である。そうした人々は、固有受容感覚（身体の位置の感覚）や筋感覚（身体の運動感覚）を失っている。彼らは、自分の身体への気づきを得るために、それが動いているのを観察しなければならない。ごく単純な動きでさえ、実に大変な苦労を味わう。したがって彼らは、ある意味では、水夫が舟に乗っているような具合にただ自分の身体に宿っているだけなのである[3)]。

われわれが自分の身体と取り結ぶ通常の関係はこのようなものではない、というのがデカルトの洞察にほかならない。だが、ひょっとするとデカルトは別の見解の方がもっと有名かもしれない。心と身体は因果的に相互作用する別個の存在者である、という見解がそれだ。これがデカルトの二元論だが、デカルトはこの学説と、われわれの身体への気づきに関する上で引用した見解とを、どうやっても満足のいくように調和させることはできなかった。引用そのものが、彼の見解におけるこの緊張で満ちあふれている。私はこの身体と結ばれ、心身は混合している（心身がふたつの異なる存在者であることを示唆している）のだが、にもかかわらず、私の心身は合一しており一体だというのであるから。このふたつの見方の間には緊張がある。身体的気づきについての現象学的な洞察が心身の統一性を示唆する一方で、二元論がそれを否定するのである。では、心身の関係についてどのように理解すべきなのだろうか。

この問いに対してはまず、その関係は因果関係である、と答えたくなるだろう。心的状態や心的出来事が脳・身体・外界の物理的状態や物理的出来事を引き起こすという意味で、心と身体は因果的に相互作用する、というわけだ。問題となるのは、デカルトの時代以来くりかえし問われてきたことだが、これが心身二元論と両立するかどうかである。この問題を正確に理解するには、二元論とは何であるか、そしてまた、因果的な相互作用がなぜ二元論にとって問題となるのかを理解する必要がある。

デカルトの二元論は、実体についての二元論である。ここでの「実体」という語は、伝統的で専門的な哲学上の意味で用いられている。伝統的な実体概念にはふたつの見方が含まれている。第一に、実体とその性質（もしくは属性）は区別され、そして実体は性質の担い手である、という見方である。第二に、実体とは他のものとは独立に存在することができるもののことである、という見方である[4]。次節では、実体の概念とそれに関わる形而上学的な諸概念の大枠を捉えることにする。そのあと第 11 節で、因果的な相互作用に立ち戻ることにしたい。

10　実体・性質・出来事

伝統的に形而上学は、実体——人物や動物のような統一的な対象——を、実体がもつ性質や属性や特性と対比してきた（私は、「性質」の語を用いることにして、性質、属性、質、あるいは特性を区別しないことにする）。実体とは、性質を所有するもののことであり、性質の担い手であるもののことである。性質は、実体によって所有され、実体に属し、実体に本来的に備わっている。十七世紀の哲学では、さらに属性とその様態とが区別される。だから、たとえばデカルトの哲学においては、延長は物質ないし物的実体に特徴的な属性であり、一片の物質が延長しているときのその延長の仕方は延長の一様態であり、それゆえ物的実体のひとつのあり方なのである。ただしここでの目的からいって、このようなさらなる区別を設ける必要はない。

われわれは実体について論じるだけでなく、実体の種類について論じることもできる。実体にはふたつあるとデカルトが言うとき、彼が言おうとしているのは、心的実体と物的実体との二種類の実体があるということである。人間の心ないし魂は個人ごとに異なる実体ではあるが、それぞれの実体はみな同じ種に属している。つまり、みな心的なのである。われわれは足止めされる必要はないのだが、ある理由によりデカルトは（アリストテレスとは異なり）、存在するのは唯一の（つまり単に一種類なのではなくひとつの）物的実体であると考えた。だが、ふつう意味されるように、「二元論」の語が意味しているのは、明らかに存在する実体の種類の数のことであって、実体の数のことではない。

われわれはまた、個別者と実体とを区別することもできる。個別者とは、単一の反復不可能な存在者のことである。すなわち、個別者は、ある特定の時間にひとつの場所においてのみ存在するものだ。特定のウマやトラが個別者であるのとまさしく同様に、特定の洪水や特定のハリケーンは個別者である。しかし、たとえば洪水は実体ではない。洪水は出来事なのである。出来事とは、生起するもののことであり、あることが何かに起きるときのその何かのことではない。標準的な用法では、洪水そのものは洪水の性質の変化を通じて持続するものではない。むしろ洪水そのものは他の事物の変化から成り立つ、と言うべきである。実体でもあるような個別者の実例は、たとえばトラのような動物であろう。トラは、その性質の変化を通じて持続するからである。（実体は特定の対象のサブクラスを形成する、と言う哲学者もいるだろう。ある種の対象や「継続体」は十分な統一性をもたないがゆえに実体ではない、というわけだ。ただし、こうした区別をここで検討する必要はない。）

あるものがその性質の変化を通じて持続するということは、それが存在しているどの瞬間もずっと全体としてそっくり在る、ということである。トラが存在しているどの瞬間にもずっと全体としてそっくり在るのに対し、洪水はそうではない――各瞬間に存在しているのは、洪水全体ではなく、洪水のある部分だけなのだ[5)]。かりに人物が実体であるならば、人物は存在しているどの瞬間もずっと全体としてそっくり在ることになる。1999 年を通して存在しているのは単なる私の一部分ではないし、2000 年を通して存在しているのも私の別の部分ではない。私は、生涯のうちのこれらの全期間を通じてずっと存在しているのである。かりに人物が実体ではないのであれば、これは正しくなく、われわれは人を洪水やハリケーンのように時間的な部分をもつものとして考えるべきだということになる。ただしこの問題をここで扱う必要はない。ここで私がやろうとしているのは、実体という概念を説明することでしかないので、人物がこの意味での実体であるとする見解を擁護しようというつもりはない[6)]。

伝統的な実体概念がもつ第二の特徴は、実体が他のものを必要とせずに、つまり他の事物から独立して存在することができる、という見解に求められる。アリストテレス的な観点では、あるものがもつ性質の存在は、それらの性質を例化する実体に依存している。実体という概念は、それゆえ、性質に対してある種の優先権をもっているのである。だが、言うまでもなくこれは、例化されない性質——担い手なき性質——など存在しえないとするアリストテレス的な見解に依拠しているため、独立した存在という点から実体概念を表現する一般的なやり方としては上策ではない。近代になると、独立した存在は、他のあらゆる事物からの独立性ということから理解されるようになった。たとえば（デカルトによると）、私の心が実体であるのは、私の心が存在するということが、いかなる身体とも、またいかなる他者の心ともいっさい独立であるような場合である。実のところ、万物の存在は神に依存し、そして神の存在は他の何ものにもよらないので、神こそがまさしく実体と呼んでよい唯一のものである、ということになる。デカルトにはこの結論を——厳密な意味では神が唯一の実体であるが、ゆるい意味では物質と心も実体である、というふうに——いくぶんゆるめる用意があったが、それに対してスピノザはこの点を推し進めてそうした厳格な結論に至り、存在するのはただひとつの（数的にひとつでしかも一種類の）実体、神すなわち自然である、と主張したのである[7)]。

以上が示しているのは、ひとつには、独立した存在という考えを正確に捉えるにはいくぶん注意が必要だということである。しかも、「独立した」というのが実際には何を意味するのかを理解しようとすると、事態はさらに悪化する。神のことは無視し、心や物質が独立した実体であるとはどういうことなのかと問おう。すでに見たように、デカルトは心身が密接な統一性、つまり彼が「心身の実質的合一」と呼んだものを形成していると主張した。したがって、現にそうであるように、心身は互いに結びついているというのだ。だがデカルトはまた、心身は独立に存在することができるとも考えた。私の心はこの身体なしに存在することができるし、それどころかいかなる身体なしでも存在することができる。言い換えれば、魂は脱身体的でありうるというのだ。(デカルトの目的のひとつは、魂の不死がいかにして可能かを説明することだった、ということを思い出してほしい[8)]。)というわけで、デカルトは、心身は事実としては結びついているが、しかしそれらは別々に存在することもできる、という見解をとっているように思われるのである。

これによってはじめのうちは、「独立して存在することができる」という考えをうまく理解することができるようになるかに見える。しかし、ある問題が生じる。二元論を否定して一元論を擁護する者の中には、自らの掲げる一元論が偶然的な真理である、つまり一元論は現に真ではあるが、場合によっては真ではなかったかもしれない、と主張する者がいるからである。この主張を表現するやり方のひとつは、脱身体的な心ないし魂が存在する可能世界がある、というものだ。だが、これが彼らの見解なのだとすると、以下の意味におけるデカルトの二元論に危険なまでに接近してしまうように思われる。すなわち、心は現実世界では身体化されているが、心がまったく身体化されていない世界もある、という意味での二元論である。こうなるともはや、一元論と二元論との相違を表現するのが実に困難になってしまうように見える！　それでも、両者の相違を次のように表現するのは造作もないはずだ。二元論によれば二種類のものが存在するのに対し、一元論によれば一種類のものしか存在しないのだ、と。(ここでわれわれが明らかにしたのは、「二」とか「一」とかに関わるものではなく、「もの」に関わる問題である。)

一元論者のためには、ふたつの応答が可能である。第一に、一元論は偶然的な真理などではない、という応答である。つまり、一貫した一元論であれば、脱身体的な心が可能だということを否定しなければならない。第二に、脱身体的な心はある意味では可能であるが、現実世界における現実の心が脱身体的でありうるというのは不可能だ、という応答である。ある可能世界では私とそっくりの心が存在するかもしれないが、それが私であるということは決してないだろう。なぜなら私は本質的に身体化されているからだ、とするのである。この応答では、私(や現実に身体化されている他者の心)は、完全に物質的で、身体化された存在であり、脱身体的ではありえない、ということになる——たとえ何らかの脱身体的な存在という概念が形而上学的に矛盾なく可能なのだとしても。

独立した存在という考えには以上の難点が見出されるものの、われわれは実体二元論を理解するには十分なだけの実体理解に達した。身体はある種類の素材からできており、心は別の種類の素材からできている、というのがデカルト自身の見解だと言うのは、明らかに間違っているだろう。というのも、正しくは、デカルトの見解では、心は素材（や何か他のもの）からなるものなどではないからである[9]。もしも心が何らかのものからできているとすれば、心は分割可能だということになる。しかし、デカルトの見解によれば、心を分割することはできない。身体は、それよりも小さな部分に分けることができ、それゆえそうした小部分からなるが、心はそれと違い、いかなる部分にも分けることができない。知覚や感情、信念や欲求は、心の部分なのではなく、心がもつ性質なのである。（さらに厳密に言えば、デカルトの見解では、感覚的な知覚と感情のみが、心身の実質的な合一に帰属させうるものとして適切である。）

二元論は、ある種の霊的な「エクトプラズム」のような、特別な種類の「心－素材」が存在し、われわれの心はその素材からできている、という見解として提示される場合がある。しかしときにこれは次のように批判される。この素材の本性についてわれわれは何も分かってはいない。ゆえに、二元論は完全に消極的に特徴づけられることになる。すなわち、われわれに分かっているのは、（「素材」という意味での）心的な実体が何であるかということではなく、それが何でないかということだけなのだ、と[10]。もっとも、心が心的素材からできているという見解は批判者たちがそれを斥けるために生み出したものであって、真剣にとりあうべき哲学者はだれひとり提唱してこなかったのであるから、われわれがこの意味での心的素材の特徴づけを手にしたことがなくても、まったく驚くにはあたらない。われわれはこの見解を安心して無視することができるのである。

さて、実体に関するデカルト的な二元論は、しばしば性質に関する二元論つまり性質二元論と対比される。性質二元論によれば、心的性質と物的性質は、たとえ両者がひとつの実体に備わる性質であるとしても、別個のものである。

性質二元論では、たとえば人体や人物は実体だが、そうした実体は心的性質と物理的性質という二種類の性質を備えていることになるだろう（物理的性質については第 12 節でもっと詳しく扱う）。あるいは、実体はすべて――述定の主題となる持続する対象はすべて――物理的性質を備えているという意味でみな物理的なのだが、こうした物理的実体の中には心的性質を備えたものもある、という主張がなされるかもしれない。たとえば、性質二元論者は、心は脳であるが、しかし脳が心であるのは、脳が心的性質を備えているという事実のためである、と言うだろう[11]。

おそらくこの機会に、本書で私が使うつもりの他の存在論的な術語についてもさらに明確化しておくのがよいだろう。心の哲学者は、心的出来事という一般的なカテゴリーを用いることで、あたかもそれが唯一の心的現象であるかのごとく語るのがふつうである。単に「出来事」という語によって最も一般的な種類の存在者を指す、と取り決めることもできるかもしれない。だが、そう取り決めてしまうのは誤解を招きやすいと思う。というのは、たとえどのような語り方を選ぼうとも、時間がかかり、反復不可能であり、時点が定まっていて、時間的な部分を有するような個々の生起するものと、他の種類の存在者との間には、われわれが区別しなければならない重要な違いがあるからだ。最初の種類の存在者――特定のパーティ、戦争や会話、会議など――こそ、私が出来事と呼ぶものにほかならない。それ以外の種類の存在者には、ある時点において、あるいは一定期間にわたってある性質を備えた個別者によって構成されるものが含まれている。こうした存在者は、事態とか事実とも呼びうるだろうが、私は状態と呼ぶことにする[12]。したがって、たとえば、きのう私が英仏海峡を泳いだ、というのは出来事である――ある一定量の時間がかかり、反復不可能であり、時点が定められていて、時間的な部分を有しているからである――のに対し、私の身長が 6 フィートだというのは、私の状態もしくは私についての事実でしかなく、私が、特定の時点においてある性質をもつことで成り立っている。それは生起するものではないのである。

心的現象がみな出来事だというわけではない。心的出来事とは、何かに気がつくとか、何かを見ているとか、痛みを感じるとか、声に出して考えるといった、心的に生起するもののことである。場合により私は、心的出来事をそれよりも古い術語を用いて「心的作用」と呼ぶことにしたい――これは「出来事」の異型であるから、「作用 act」という語には、自由にもしくは意図的になされるもの、といった含みは当然ない（し、それと正反対の含みもない）。これら作用や出来事について重要なのは、それらが個別者、つまり性質を備え、特定の関係に立つことができるものだという点であり、そしてまた時間がかかるものだという点である。たとえばギーチは、判断という作用を「明白にエピソード的」なものとして論じているが、そう論じることでギーチは、判断という作用が「時間系列の中で位置を占める」ということを言おうとしているのである[13]。これに対し、信念のような心的状態は出来事ではない。信念はエピソードではなく、時間がかからず、時間的部分ももっていない（「私がこれを信じているということの最初の部分は、その次の部分よりも面白い」というのは無意味である）。信念を抱くというのは、ある性質を備えるということなのである。出来事は、これに対して、性質を備えることはできるが、性質の例化のみによっては成立しない。出来事は、対象のように、基本的な個別者なのだ。つまり、その本性をそこからさらに分析することはできないのである。

対象と出来事がともに個別者であるとすると、それらが相互にどう区別されるのかという問題が生じる。これは重要な問題ではあるが、ここではあまり余裕がないので、上述の主張を繰り返すことによって独断的に答えるほかない。すなわち、出来事は時間的部分をもつが、対象は時間的部分をもっていないのだ、と。今週の初日――今週の時間的部分――のようなものはあるが、それに対して、今週の初日の私のようなものなどない[14]。（たとえば人物のような）対象の多くは実体であり、それゆえ存在しているどの瞬間もずっと全体としてそっくり在る。まさか、私の人生の初期には私のある部分が存在し、人生の後半には私の残りの部分が存在している、というわけではないだろう。私は、どの瞬間にもずっと存在しているのである。これには異論も多いだろうが、しかし本書ではそこから何も有意義なことは出てこないので、この点をここで論じることはしない。

性質は普遍者として捉えられるが、それが存在しているものとする点でも私はまた独断的である。ただしまたしても、ここを争っても得られるものはほとんどないので（例外は物理主義をめぐる論点だが、これは第 14 節を参照)、唯名論者つまり普遍者を否定する者は、私の話を好きに再解釈してもらって構わない。その他の存在論的な論点、たとえば、過程はそれを構成する出来事とは別のものかどうかとか、普遍者として捉えられる性質だけでなくそれに加えてさらに「トロープ」や個別化された性質が存在するか否か、といった論点については、私は中立的である。

以上のように存在論的な問題を明確化したところで、心身の因果的な相互作用の問題に立ち戻ることができる。二元論にとって因果的な相互作用のどこが問題なのか。それはどんな種類の二元論にとってなのか。すでに多くの問題が示唆されているが、ある問題が実体二元論にとってのみ問題として提起されるのに対し、別の問題はあらゆる種類の二元論にとって問題となる。まずは実体二元論から出発し、そこで生じるとされている問題を検討しよう。そして実体二元論にとっての真の問題が存在している場合にのみ、性質二元論にとっての問題も存在している、ということが分かるだろう。したがってここでは、心が実体であるかどうかという問いが最重要であるわけではない。重要なのは、因果的な相互作用を説明することができるような種類の二元論があるかどうかなのである。

11　心的因果の「理解可能性」

デカルト的な二元論に対する批判のうち最も一般的な批判は、デカルト的二元論をとると心的因果が理解不可能になってしまうというものである。これは、ボヘミアのエリザベト王女が、デカルトとの往復書簡の中で行った批判である[15)]。心的因果が問題をはらんでいる、あるいは理解不可能であると主張する際、われわれは問題の所在を以下の三つの論点のうちのひとつ、またはそれ以上に求めようとしていることだろう。第一に、物理的世界のうちに心的因果の問題を生み出す何かがある、という論点である。第二に、(二元論者の了解する)心的現象のうちにそうした問題を生み出す何かがある、という論点である。そして第三に、そうした相互作用に必要となるような因果的結びつき自体が理解不能もしくは不明確だ、という論点である。これら三つの論点を逆の順番で取り上げていきたい。

三つめの論点はごく簡単に片づくだろう。この文脈で因果について語るとき、われわれは、あるものが他の何かを生起させるというきわめて抽象的で一般的な見方をしている。心的因果ないし心理物理的因果なるものがあるというのは、心的な事物――思考や経験や感覚――が物理的世界の中で事物を生起させる、ということにほかならない。では「何かを生起させる」とはどういうことなのか。このくらいに一般的な問題の場合、その解答は因果理論によって与えられる。言うまでもないが、因果理論は、多種多様な事物が他の事物をどうやって生起させるかを個々に説明するものではない。それは、電磁気や熱伝導や株式市場の崩壊を説明するものではないのである。だがもしこれらの現象がみな因果的であるならば、われわれは因果理論によってそれらがどうやって生起したのかが分かる。たとえば因果理論は、AがBの原因であるのは、以下が真である場合に限る、と述べるかもしれない。すなわち、もしもAが存在しなかったのであれば、Bは存在しなかったであろう、と(反事実説)。あるいは、因果理論は、AがBの原因であるのは、Aが生起したときにBが生起する見込みが、そうではない場合よりも高い場合に限る、と述べるかもしれない(確率説)。Aが心的でBが物理的な場合には、こうした主張が真であるということを難なく理解することができる――あるいは少なくとも、かりに理解しがたいにしても、それはAやBそのものに関わるもののためであるか、AやBについての何らかの哲学的理論に関わるもののためであり、因果に関わるもののためではない。

(この主張の例外は、因果の「実在的本質」を物理的なエネルギーの伝導や流れと同一視する種類の理論である[16])。もしも因果がそういうものであり、しかも心的な存在者が物理的ではないとしたら、心的因果は単に問題があるというのではなく、あからさまに不可能だということになる。こうした見解に立って心的因果を何とか擁護する方法は、心的な存在者が実際には物理的なのだと主張するか――この種の見解については以下を参照――、心的エネルギーなるものが存在すると主張することである。後者の見解は、私の考えではお勧めしがたい。)

このように、心的因果の問題は因果に関わるものからは出てこない。このことによって、われわれには二つの可能性が残される。心的因果が二元論にとって問題となるのは心的なものに関わるもののためだという可能性と、物理的なものに関わるもののためだという可能性である。その両方について、ジェリー・フォーダーは以下のように述べている。

> 二元論の主要な欠点は、心的因果をうまく説明することができないということにある。心が非物理的だとすれば、心は物理的空間には位置しないことになる。その場合、心的な原因が、空間内に位置する行動上の結果をどうやって生み出すことができるのだろうか。別の言い方をすると、非物理的なものがいかにして質量保存則やエネルギー保存則、モーメント保存則を破ることなく、物理的なものを生み出すことができるのだろうか[17]。

フォーダーが述べている第一の論点は、非物理的な事物は空間内に位置せず、それゆえ空間内に位置するものとは相互作用しえない、というものだ。つまり、心的なものに関わるもののために、二元論にとっての心的因果の問題が生じるというのである。第二に述べているのは、非物理的な心と物理的な身体との相互作用は物理学の諸法則を破る、という論点である。この場合、問題が生じるのは、物理的なもの、つまり物理法則と関わるもののためである。

非物理的な事物が空間内に位置しないと言っているのはなぜだろうか。なるほどデカルトの形而上学では、心的な実体は空間内で延長をもたない。しかし厳密に言えば、延長を欠いても位置を欠くということにはならない——点は延長を欠いても位置をもつのである[18]。とはいえ、心が延長（広がり）のない点に位置するという主張は、デカルトの見解ではないし、二元論者にとってもあまりもっともらしいものではない。そこで、実体二元論者は心がおよそ空間内には位置していないと主張しなければならないという点で、さしあたってはフォーダーに同意しておこう。さて、このことによってなぜ心身の因果的な相互作用が不可能だということになるのだろうか。

それは自明であるように見えるかもしれない。因果にとっては、原因が結果に先行する（あるいは少なくとも同時に生じる）ということが不可欠である。AがBに先行するか、AがBと同時に生じるためには、AとBは時間内に位置しなければならない。だが、あるものが空間内に位置しないのに、どうやって時間内に位置しうるというのか。われわれが経験するこの世界は、時空的な世界である。その世界の中に位置するためには、対象や出来事は、空間と時間（つまり時空）の一点を占めなければならないのだ。われわれには、あるものが空間内に存在するが時間内には存在しないという考えがあまりよく理解できないか、あるいはたとえ理解できたとしても、そうした事物が原因となるということは理解できないだろう。また、空間内にないが時間内にあるような事物をどうすれば原因として理解しうるだろうか。困難のひとつは、これらの位置なき存在者が事物の原因となる場合に、どうしてその場所において事物の原因となるのかがまったくもって理解できないだろう、という点にある。位置なき私の心が、なぜわざわざあの身体ではなくこの身体を動かすのか。位置をもつ存在者の場合、この問いにはすぐに答えられるので、ほとんど何も考える必要がない。このボールがこの窓を割ったのは、窓に当たったのがこのボールだからだ、などと答えられるのである。遠隔作用の可能性を認めた場合ですら、一般にわれわれはその作用を（重力などの）力や場によって媒介されたものとして考える。たとえば物体間で作用する力線を描くという具合に。だが、いま考えている位置なき心の場合、われわれはそうした問いに答えるすべが得られない。というのも、なぜあの身体ではなくこの身体なのかということを理解しようにも、そのとっかかりすらないからである。ここで注意してほしいのは、私が心的なものが何かの原因となるという考えそのものに問題があると考えているわけではない、ということだ。この考えが問題になるのは、ひとえに、因果についての穏当な主張を、心が位置をもたないという、心についての物議をかもすテーゼと結びつけるからなのだ、と私は言いたいのである。

しかし、心が空間内に位置しないというのは、二元論的な見解の一部ではあるかもしれないが、実体二元論という考えそのものに不可欠なのだろうか。そうではない。実体はここでは、他のものから独立に存在することができる性質の担い手として定義されている。心的つまり非物理的な実体は、心的性質の担い手であり、他のものから独立に存在することができる——ここには空間内に存在するという考えとの衝突はない。したがって、空間内に位置する非物理的な実体なるものがありうると認めてもよいだろう。それが物理的でないのは、非物理的な（この場合には心的な）性質を備えていても物理的な性質はいっさい備えていないことによる。この調子で、自分が混合物であると想像してほしい。すなわち自分のことを、物理的な事物である身体と、その身体と同じ空間を占める非物理的な事物とが混じりあったものだと想像するのである。あなたとその身体は空間内で一致しているので、ふたつのものが同じ場所に同時に存在することになる。だが、それが可能なのは、ふたつのうち一方が非物理的な対象であるという事実のおかげだ。物理的対象という同種のものふたつが同時に同じ場所を占めることはありえないのだが、非物理的な実体はもしかするとこれと同様の制約は受けないかもしれないのである[19)]。

私が二元論的見解としてこの例を紹介したのは、それがもっともらしいと思うからではなく、二元論と非空間性の概念が切り離せることを明らかにするためである。なぜそうするかというと、かりにこれらの概念が本当に分離可能であるならば、フォーダーの第一の批判は、二元論そのものに対する批判ではなく、心が非空間的であると主張するような二元論のみに対する批判だということになるからだ。過去の哲学者が主張していた二元論のうち、どの種類の二元論がどのカテゴリーに入るかを決定するのは興味をそそられる歴史的な課題ではあるが、ここでその課題を果たす余裕はない。私が言いたいのは、空間内における心の存在を認める実体二元論的な見解がどのようなものなのかが理解できるなら、フォーダーの第一の論点は、実体二元論に対してなされる一般的な攻撃とは関連性がないことになる、という点なのである。

だがもしフォーダーの第二の論点、つまり非物理的な実体による因果は物理学の諸法則を破るであろうという論点が妥当であるならば、二元論に対するこの第一の論点は不要だということになる。というのも、かりにこの第二の論点が正しいとすると、非物理的な実体なるものが何であろうとも、物理学の諸法則が誤りでない限り、それは物理的な世界の中で結果をもたらすものではありえない、ということになるからだ。しかもこの批判は、実際にはこれよりもずっと強力だということが分かる。なぜなら、これから見ていくように、それは単に実体二元論に対する異論となるだけではなく、どんなものであれあらゆる形態の二元論に対する異論となるからである。それゆえ、第二の論点が妥当であれば、第一の論点は不要となる。このことを強調するのがなぜ重要なのかというと、二元論的な因果に反対する議論が本質的に第一の論点によるものであると見なされがちだからだ。だが私が正しければ、そう考えるのは間違いである。

では、フォーダーの第二の論点は正確にはどういうことなのだろうか。それは、心的なものと物理的なものとの相互作用という二元論者の考え方が理解不可能だ、という異論ではない。むしろ、心的因果という明白な事実が、われわれの見知った他の事柄と整合的ではない、という主張なのだ。そこで、心が身体に影響を及ぼすという考えから出発して、これが、物理的な世界についてのどの既知の事実と不整合なのか、と問うことにしよう。この問いに答えるには、手短ながら脱線して、物理学や物理的なもの、そして物理主義として知られる影響力をもつ学説について触れることが不可欠である。

12　物理学と物理主義

二元論は、その名が示唆するとおり、世界の中の事物を数によって区分する。つまり、ふたつの事物ないしは二種類の事物が存在する、と主張するのだ。したがって二元論は、ひとつの事物ないしは一種類の事物が存在すると主張する一元論とおのずと対比される。伝統的に、一元論は二種類に分類されてきた。すなわち、すべては心的であるとする観念論と、すべては物的であるとする「物質主義 materialism」である。

これに対し現代の哲学者たちは、二元論と物理主義との比較対照を論じる。ここには何か違いがあるのだろうか。「物理主義」という語は「物質主義」の同義語として使われ、「物理的」という語は「物質的」の同義語として使われることがよくある。これは、物理学が物質の学である限りにおいてまったく自然なことだが、それでもなお、一元論・物質主義・物理主義の間に有益な区別を設けることは可能である。そうした区別を設けることで、心的因果についての二元論的な説明に対してなされる異論をうまく理解することができるようになるだろう。

一元論とは、一性とでも呼ぶべきようなものに対するコミットメントのことである。世界はひとつであり、ひとつの本性からなる、というのだ。スピノザの一元論は真に一元論的な見解であり、それによれば、存在するのは神すなわち自然と呼びうるただひとつの実体だけである。上で見たように、スピノザは、他のものに依存することなくそれ自体において存在しうるものとして実体を捉える伝統的な実体理解を採用していた。だから、スピノザがただひとつの実体しか存在しえないという結論にどうやって到達したかを理解するのは難しいことではない。神のみが他のあらゆるものから真に独立なものだからである。一元論の現代版は、世界そのものがひとつの実体だと述べるのではなく、次のように、世界の中のあらゆるものが同じ種類のものからできていると述べる傾向にある。物質主義は世界が物質からできていると述べ、観念論は世界が観念からできていると述べ、1920 年代のラッセルの「中性一元論」は、世界はひとつの本性からできていると述べつつ、それが心的であるか物質的であるかについては中立にとどまる、という具合である。

ここでの私の関心事は、物質主義的一元論と物理主義との間に区別を設けることである。物質主義的一元論者は、万物が物質的である、つまり物質からできていると主張する。しかし明らかに物理学は（ほかならぬ物質の学なのだが）、物質からはできていない事物が世界には数多く存在すると主張している。力や波、場などといったものが存在する、というのである。物理主義者とは、伝統的には、物理学にある種の権威的な役割を与える者のことである。この役割は、ある部分では認識論的であり――物理学はわれわれに何を信じるべきかを教えるという点で権威をもつ――、また別の部分では存在論的である――物理学はわれわれに何が存在するかを教えるという点で権威をもつ。物理学の特別な役割に関するこのような理解には込み入った起源がある[20)]。だがその核心にあるのは、物理学とは、「完全な適用範囲」とクワインが呼ぶものを目指す科学のことである、との見解である。物理学は、厳密な数量的手法や、質量・エネルギー・力などといったカテゴリーを用いることによって、空間的かつ時間的な位置をもつあらゆるものの性質とふるまいを説明することを目指す。物理学の諸法則は、時空内に存在するものすべてに当てはまることが意図されている。そうした法則を免れる対象など存在しないのだ。この主張を「物理学の一般性」と呼ぼう。

物理学の一般性：時空内の対象と出来事はみな物理的性質を備えており、そして物理学の諸法則は時空内のすべての対象と出来事のふるまいを律する、あるいは記述する。

物理学の一般性は一元論的な原理ではある。だが、まだ物理主義ではない。なぜなら、物理主義とは、そうした法則の語る物理的ストーリーがある意味でストーリーのすべてなのだ、とする見解だからである。

そして、完全な適用範囲をもつということと、全ストーリーであるということとは話が別である。物理主義とは物理学がストーリーのすべてだという見解のことであるが、このことは、物理学が完全な適用範囲をもつという事実からは出てこない。（したがって、基本的な物理的力を統一する理論を、単に万物がそれらの力に左右されるというだけの理由から、「万物理論」と呼ぶのは紛らわしいのかもしれない。）だが、「全ストーリー」が「完全な適用範囲」ということにとどまらないなら、どういう意味で物理学が全ストーリーを語ると想定されているのだろうか。物理主義は、物理学が物理的な出来事、つまり物理的性質ないし物理的特徴を備えた出来事の因果に関する全ストーリーを語ると述べる。物理主義によれば、生起する物理的なもののすべて、つまり結果であるもののすべては、物理法則に従う純粋に物理的な原因が生み出したものでなければならない。これは因果についての学説である。デイヴィド・パピノーにならい、私はこれを「物理学の完全性」と呼ぶことにする。

> 物理学の完全性：物理学の諸法則が与えられているとき、物理的な出来事はみな、その出来事を引き起こすのに十分な物理的原因をもつ。

「完全性」という言い方をしても、物理学が完結した——つまり物理学が「終了した」——という意味で完全な科学である、と考えてはならない。（いかなる場合でも、科学が「終了した」とはどのようなことなのかは明確ではない。「終了した」という考えは、かつて私の見た漫画を思い起こさせる。それには街に続く道が描かれており、道の上の標識には、「建物はもういらない。都市は終了したのだ」とか何とか書かれている。）そうではなくて、この言い方の背後にあるのは、どの物理的な結果を引き起こすにも物理的な原因で十分であるという意味で完全なのだ、という考えである。

物理学の完全性はまた、物理学が万物を説明するという主張とも区別するべきである。デイヴィド・ルイスが「物理学の説明的十全性」と呼ぶ見解を考えてみよう。

> 現在われわれが受け入れているような種類の科学理論からなる統一体が存在し、それが一丸となって、物理現象すべてについての包括的で真なる説明をもたらす。それらの科学理論が統一されているというのは、累積的になっているということである。すなわち、ある物理現象を律する理論は、その現象を構成している現象を律する理論および、前者の現象がそうした後者の現象から構成されているあり方によって説明される。同様のことは、前者の現象を構成している後者の現象にも当てはまり、さらに現代の理論物理学において多かれ少なかれ把握されている、少数の単純な法則が律する基本粒子や場などに下っていっても当てはまる[21]。

これは物理学の完全性よりも強い主張である。というのは、物理学の完全性を主張しつつ物理学の説明的十全性を否定することはできるだろうが、その逆はできないからである。われわれは、諸科学がそれぞれ固有の説明的領域をもっており、それぞれ固有のやり方、つまり固有の概念や原理によってそうした領域を扱うと（言うのはもっともらしいと）考えるであろう。そのため、われわれは物理学の説明的十全性という概念を斥けるだろう。たとえば生物学では生物学的概念と生物学的カテゴリーに訴えて説明がなされるが、そうした説明が実際に基礎物理学の言葉で表現することができると思う者はいない。またそれが必要だと思う者もいない。しかし、生物学のこの説明上の自律性は、物理学の一般性——生物学的な相互作用は物理的性質を備えた事物の間で生じ、いかなる生物学的相互作用も物理学の諸法則と矛盾することはない——および物理学の完全性の両方と両立可能である。物理学の完全性は、どのような物理的出来事が生起するにしても、その出来事には、その生起を決定する物理的な因果の来歴がある、と述べるものだからである。

物理学の完全性は神学的イメージによって説明できるだろう[22]。神が宇宙を創造しているところを想像してほしい。神が決めなければならないのは、事物をどうやって組み立てるかとか、宇宙の開始時点において物質をどう配置するかとか、物質がふるまうときに従う諸法則をどう選ぶかといったことだ――こうやって神は望む世界を手にするのである。物理学の完全性によれば、宇宙の中での物理的結果のすべてを得るために、神は物理法則と初期条件を設定すること以外には何も必要としない。神が物理的なものを生起させるためにしなければならないのは、ただ世界の物理的な部分を始動させることでしかない、というわけである。

このイメージは決定論を含意するように見える。決定論とは、現在が過去のあり方と厳密な自然法則とによって完全に決定されている、という学説のことである。宇宙が、初期条件と（決定論的な）法則の一式は同じ、という状態でもう一度最初から始まったとすると、宇宙は今のこの宇宙と同じ歴史をたどる、というのである。だが実際には、物理学の完全性は決定論を含意せず、またそれは、物理的な出来事が一定の確率によってのみ生じるとする非決定論的な物理的宇宙像とも矛盾しない。非決定論によれば、宇宙が自然法則は同じという状態でもう一度最初から始まったとしても、今のこの宇宙と同じ歴史をたどることにはならない。単に、宇宙が同じ歴史をたどるという見込みがあるにすぎないのである。なお、ここで言う見込みとは、客観的な物理的確率として理解されるもののことだ。宇宙が決定論的なのか、それとも非決定論的（現代物理学はそう示唆していると思われる）なのかは、物理学の完全性とは独立の問いである。したがって、厳密に言うなら、物理学の完全性を論じるとき、以下のパピノーの言い方と同じように表現すべきである。

物理学の完全性 2：あらゆる物理的な出来事は、あるいはその確率は、物理法則に従って純粋に物理的な原因によって決定されている[23)]。

とはいうものの、本章では単純化してしまって、決定論が正しいものであるかのように論じても問題は何もないだろう。

物理主義の定義の仕方はたくさんある。物理主義（や物理学の完全性）とはいったい何かというのは、ほぼ完全に「物理的」という語の意味にかかっている。私はここまで、「物理的」という語の意味を、物理学の内容によって与えられるものだとしてきた。ここで言う物理学とは、「完全な適用範囲」を目指す科学のことである。この科学の本性は、純粋にア・プリオリな内省によって確立しうるようなものではない。物理学の内容と範囲が実際のところ何であるのかというのは、経験的な問いだからだ。このことによって、物理主義と旧式の物質主義との間にあるひとつの相違点が際立ってくる。旧式の物質主義では、学説の内容は比較的ア・プリオリなやり方で決定される。たとえば、万物は物質的であり、物質は固体状で不可入的であり、量的に一定で、決定論的に相互作用し、しかもそれは接触することによってのみ相互作用するものだ、と述べることで決定されるのだ。しかし現代物理学によって、この物質理解がおそらくはあらゆる点で誤っているということが示されてきたのであるから、物質主義者は物理主義者となり、そのうえで次のようなアプローチをとるのが賢明である。「私は、物質世界がどのようなものでなければならないかをア・プリオリに述べるのではなく、物理学つまり物質の科学に、物質および物質以外の世界の部分がどのようになっているかを語らせたいのだ」と。自分自身を物質主義者ではなく、物理主義者だと呼ぶことの眼目は、主として物理学に対するこの態度を表明することにある。

これが意味するのは、物理主義という学説そのものに伴う未決の態度にほかならない[24)]。物理主義の内容を決定するのは、現在の物理学だと言うべきだろうか。それとも将来の理想的な物理学だと言うべきだろうか。両方の場合とも問題が生じる。なぜなら、一方で現在の物理学は不完全であるばかりか、ある点では間違っているかもしれないからであり、また他方、理想的な将来の物理学の内容は今後どのようなものになっていくか誰にも分からないからである。物理主義は（物理学がこんにちの物理学のことであれば）明らかに偽であるか、（将来の物理学がどうなっているか誰にも分からないので）空虚であるか、のいずれかであるかのように思われる。

これはなかなかの難問だが、物理主義はこの問題を解決することができる。物理主義はわれわれに存在論的な問題をこうやって考えるように言う。物理学が存在していると述べているものを見よ。そのうえで、その種の事物が存在するもののすべてであるということにコミットするのだ。時が経つにつれて、君のコミットメントのあり方もまた拡張していくだろう。だが、これはまさしく、何が存在するのかという問いに対する答えを導き出す基準が（物理学以外には）

君にはないという事実の反映にほかならない。

この未決の態度は、しかしながら、物理主義者が何を言ってもよいのかについては制約を課す。物理主義者はたとえば、物理主義者であれば幽霊などいないと主張しなければならない、と言うべきではない[25]。現在のところ物理学が幽霊など存在しないと述べているのはそのとおりだが、かりに、他のものには還元しえない幽霊なるものが、ある物理現象を説明するために必要だということが判明したなら、この定義では幽霊は物理的なものだということになるだろう。あるいは超心理学を考えてみよう。特定の物理的結果を説明するために超心理学的な現象——念力やテレパシーなど——が必要だという証拠が十分あるということが判明したならば、これらの現象も物理的なものの領域の一部でなければならないということになるだろう。こうした可能性はもちろんありそうもないのだが——とりわけそれは、超心理学的な現象を証明するような、明白で議論の余地のない堅固な証拠がないためだが——、次の原則がもつ眼目に影響するものではない。すなわち、「物理的」という語に、その語が「物理的な科学（＝物理学)」においてもつ意味を与えようとしても、物理学とは何であるのかをア・プリオリに言うことはできないのだから、物理的なものが何であるのかをア・プリオリに言うことはできない、という原則である。ただし、物理主義者はいま論じたようなあまり現実的でない可能性については無視しても構わないと私は主張する。

物理的なものを別様に理解する者もいることだろう。だが、そうした理解の仕方はいずれも十分なものではない。というのは、そうした理解のどれによっても、現在の議論、特にいまわれわれが考えている心的因果をめぐる議論が意味をなしえなくなるからだ。たとえば、物理的なものを空間と時間の中に存在するもののことだと言う者がいるかもしれない——しかしその場合、先に（第11節で）考察した二元論をどうやって物理主義から排除するのだろうか。あるいは、物理的なものとは因果的なもののことだと言う者がいるかもしれない——しかしこれでは、心的因果という明白な事実を考えると、定義により心的現象は物理的だということになってしまう。「物理的」という語をこのように定義すると、物理主義は事実上トリヴィアルになる。これでよいのだと思う者もいるだろうが、自身の学説が実質と内容を伴っていると考えるような物理主義者は満足しないだろう。

では物理主義者には何が言えるのだろうか。もし物理主義が真正の内容をまったく欠いた空虚な学説でないなら、物理主義者が主張してよいのは、いかなる形而上学的［＝メタ物理学的］主張なのだろうか。ここでこそ物理学の完全性が重要になる。物理学とは、現状では、そして今後も確実に、ものごと——粒子の衝突や砲弾の運動といったもの——がなぜ生起するかを説明しようとするものである。物理学者は、自分がこうした出来事を、運動方程式やわずかな概念——力・電荷・モーメント・加速度など——だけで説明することができると主張する（よく彼らは「原理的には説明できる」と言う）。これを形而上学的に一般化したのが、物理学の完全性なのである。

では、物理学の完全性を否定するとどうなるだろうか。こう主張することになるだろう。物理的な結果のあるもの——物理学が扱うのと同種の結果のあるもの——は、他の原因、つまり物理学の対象や主題ではないという意味で非物理的な原因が存在しなければ生じない、と。これは物理主義者には——物理学が唯一の存在論的・認識論的特権性をもつという見解を共有する者には——まったく信じられない主張である。それゆえ私は、物理学の完全性こそ、物理主義的な見解の本質的な構成要素、つまりトリヴィアルでない形態の物理主義にとっての必要条件でなければならない、と主張したい。

これはフォーダーの第二の論点とどう関わるだろうか。フォーダーは、心的因果がエネルギー保存則と質量保存則を破ると言う。だがフォーダーの論点は、物理学の完全性を表現したものとして見るのが望ましいであろう。心理－物理間の相互作用に際してエネルギーが保存しないのは、物理的結果がみな純粋に物理的原因を通じて生じるからである。したがって心的因果は物理的世界に「さらなるエネルギー」を持ち込まなければならないため、保存則を破ってしまうわけだ。物理的な結果からなる世界は、物理主義によれば、因果的に閉じていなければならないのである。

13　二元論者にとっての心的因果の問題

物理学の完全性は、物理主義の必要条件ではあっても十分条件ではない。なぜなら、物理学の完全性を主張しながら、同時に、心的事物や心的性質は存在しても結果をもたらすことはない、と考えることもできるからである。これは随伴現象説、すなわち心的状態や心的性質がいっさい物理的な結果をもたらさないとする学説である[26)]。だが、いまから考えようとしている二元論的な見解では、随伴現象説は否定される。その二元論とは、相互作用説的な見解である。以上により、ようやく二元論にとっての心的因果の問題を明確に提示することができる。その問題は、現在、心身問題として知られるものの一部である。

この問題は、心的因果の存在と物理学の完全性との衝突から生じる。次のように仮定しよう。

⑴心的現象は物理的世界の中で結果をもたらす。

そしてこれに物理学の完全性を付け加えよう。

⑵物理的結果にはみな当の結果をもたらすのに十分な物理的原因がある。

すると、どうやって衝突が生じるのかが大筋では容易に分かるだろう。物理的原因がそれ自体で物理的結果をもたらすのに十分であるのなら、心的原因はどうやって物理的結果をもたらしうるというのだろうか。

心的原因など単なる余剰の原因にすぎない、と言えば問題に答えられるように見えるかもしれない。余剰の原因とは、物理的原因に付け加えられるもののことである。この答えのおかしなところはどこだろうか。それを理解するには、もうひとつ以下の仮定を明確化しておく必要がある。

⑶心的原因や物理的原因は、その物理的結果を過剰決定しない。

因果的な過剰決定とは、ある結果に複数の原因があり、そうした複数の出来事の各々は、かりに他方の出来事がその結果を引き起こさなかったとしても、その結果を引き起こしたであろう、という場合のことを言う。暴君がふたりの暗殺者によって暗殺される場合を考えてみよう。暗殺者はふたりとも暴君を狙撃し、暴君の死の原因もそのふたりによる狙撃である。ただし暗殺は、ふたりの狙撃が互いに独立であるような仕方でなされる。つまり、たとえどちらか一方が失敗しても、もうひとりの狙撃によって暴君は死ぬというわけだ。暴君の死は、これらの狙撃によって過剰決定されているのである。

（この意味での過剰決定は、複数の原因をもっている出来事とは区別されねばならない。第二次世界大戦について考えてみよ。その原因のひとつはヒトラーのポーランド侵攻だが、別の原因はチェコスロバキア侵攻である。さらにさかのぼれば、ヴェルサイユ条約後にドイツ人が感じた憤りが原因である、と考えられるだろう。これらはすべて、大戦の数ある原因のひとつに数え入れられるものとして妥当ではあるのだが、そのうちのどのひとつについても、たとえそれ以外の出来事がなかったとしてもそれが戦争を引き起こしただろう、というのは正しくない。）

過剰決定の可能性は意味をなすだろうか。意味をなさないと言う者もいるだろう。因果性についての反事実的分析を受け入れている者は、次の主張が正しいと考える。

(C)A が B を引き起こしたとき、もしかりに A が実際に生起したようには生起しなかったとしたら、B は実際に生起したようには生起しなかったであろう[27]。

いまの事例に適用すると、反事実的分析から、暗殺者の狙撃はどちらも暴君の死の原因ではありえないということが帰結してしまうことが分かる！　なぜなら、どちらの狙撃についても、その狙撃がなされなかったとしたら暴君の死は生起しなかったであろう、というのは正しくないからである。われわれは、見かけに反して、暴君の死の場合のような過剰決定が生じることは現実にはありえない、と結論することもできるし、あるいは、反事実的分析(C)は偽である、と結論することもできる。

これは形而上学では重要な問題である。とはいえ、幸いにも、ここでの目的にとってはこれを解決する必要はない。なぜなら、たとえこうした非常に例外的な状況において過剰決定が可能であり、また(C)が厳密に言って偽であるとしても、それでもなお、心的原因と物理的原因とがこうやって相互に関係し合うと考えるのは、とうてい妥当と思われないからである。もしも心的原因と物理的原因とがそうやって相互作用するのであれば、物理的世界で心的状態が結果をもたらすときにはいつでも、物理学の完全性により、人の脳内には、まさにそれと同じ結果を単独でもたらしうる原因があるということが保証される。さて、私の身体がそうした別々の原因によって動いているのだとすると、私の身体が実に巧みに調和して動くことができているのは、まるで偶然の一致であるかのように見えることになる[28]。ところが、自分の身体に対する自己制御がこのように偶然的であるという見方は、行動の因果関係についてわれわれが——自分自身の経験や常識から——知っていることのことごとくと衝突してしまう。こうして、上の(3)は正当化される。

したがって、二元論にとっての心的因果の問題とは、心的因果の存在を、物理学の完全性および、心的原因と物理的原因による全般的な過剰決定の否定とどのように折り合わせるか、という問題なのである。このように問題を表現すれば、ときに見過ごされてしまう重要な点、すなわちこの問題は心的なものに関わるもののために生じるわけではない、という点に光が当たる。この問題が生じるのは、物理的世界についてのある事実、すなわち物理学の完全性のためなのである。心身問題のこの局面を生み出すのは、物理的世界がもつとされる本性にほかならない。

しかし、この問題にとりかかるに際して、実体二元論が正しいと仮定したのではなかったか。そのとおり、それがこの問題を定式化する伝統的なやり方だったから、われわれはそう仮定したのである。だがこの仮定は不可欠ではないということが分かった。なぜなら、われわれが心的なものについて実際に仮定していたのは、心的現象が物理的結果をもたらすということ、そしてこうした心的原因がそれと同じ結果をもたらす物理的原因とは別個のものだということにすぎないからである。実体二元論を斥け、性質に関する二元論のみを受け入れたとしてみよう。その場合、事物の性質を原因として考えているので（これについては以下でさらに扱う）、依然として上のように問題が生じることになる。この問題の源泉は、物理学の完全性と、物理的原因とは別個の心的原因による因果との間に生じる衝突なのである。

以下、本章の大部分でこの問題が議論の焦点となるため、実体二元論の問題は無視してよい。心的因果に関する限り、実体二元論は関係のない話なのだ。したがって、（もっと弱いとされる）性質二元論を支持して実体二元論を斥けても、この問題を解決する助けにはならない。というのも、性質二元論は、やはり心的原因と物理的原因とを別個のものとして扱うからである。明らかに助けになってくれそうなのは、それを否定すること、つまり、ここにふたつの原因があるということを否定することだ。これにより次のような、心的原因と物理的原因についての同一説を受け入れることになる。

(4)心的原因は物理的原因と同一である。

これで問題が解決できる。原因はふたつではなくひとつなのだから、過剰決定のおそれはない。心的原因は、特定の——疑いなく脳内にある——物理的原因とまさしく同一の存在者にほかならない。これが心脳同一説（または心身同一説）であり、一時期、心についての物理主義的な学説として優勢であった。私は同一説がこれまで論じてきた問題を解決するのは間違いないと考えている。では、同一説は独立して妥当な学説なのだろうか。

14　同一説

いま提示した、心的存在者が物理的存在者と同一であるという主張を擁護するには、ふたつの点での明確化が必要である。第一に、この議論がそのままでは、物理的な出来事の原因である心的存在者が脳状態と同一だとする根拠を与えるにとどまるという点だ。もしも物理的結果をもたらさない心的存在者（心的な随伴現象）があるなら、そのままでは、そうした存在者が物理的存在者と同一だとする根拠はないことになってしまう。心的な随伴現象が存在すると唱える者もいるとはいえ、物理主義者の多くは、心的現象はみな何らかの仕方で物理的結果をもたらすのだから、われわれは随伴現象説を否定するべきだ、と言うだろう。これを保証する道筋のひとつが、心的現象に対する機能主義的なアプローチである。それによれば、心的現象はその因果的役割によって個別化される——つまり互いに区別される。ここでは、心的状態の概念が因果的な概念だという見方がとられている。たとえば、知覚という概念は、ある典型的な原因（環境内の知覚可能な対象や出来事など）をもち、そしてある典型的な結果をもたらす心的状態（たとえば雪が降っているという知覚は、典型的には、雪が降っているという信念を引き起こす）の概念のことを言うのである。したがって機能主義は、ある心的状態が特定の結果をもたらすのは当然であり、それゆえ心的な随伴現象など存在しえない、と主張する。これを物理学の完全性や過剰決定の否定と結びつけると、同一説が出てくる――そして実際に機能主義者にはこのように論じる者もいた[29)]。

第二に明確化しておくべきなのは、原因を理解するやり方にはふたつあり、そのふたつのやり方がそれぞれ別種の同一説に対応する、という点である。窓に向かってレンガを投げることで窓が割れるというような、単純な因果的相互作用について考えよう。デイヴィドソンは、原因と結果は出来事であり、そして出来事は一種の個別者である、と論じてきた（第 10 節）。デイヴィドソンは、窓が割れる原因となった出来事は、レンガが窓に当たることだと言う。これは多くの仕方で記述することのできる個別的出来事である。たとえば、その出来事は、「レンガを投げること」や「ウォルサムストーで作られたレンガを投げること」、あるいは「赤レンガを投げること」として記述することができるであろう。こうした記述はどれも同じ出来事についての、そしてそれゆえ同じ原因についての記述でありうる。

しかし因果の存在論については別の見解もある。それによると、原因と結果はもっと明細に個別化されなければならない。レンガで窓が割れる事例を考えよう。どうして窓が割れたのかと問われれば、「レンガがその窓に当たったのだ」と答えることができるだろう。だが次のようにもっと細かく答えることもできるだろう。たとえば、かくかくの質量をもったレンガがしかじかの角度からある速度でその窓に当たったのだ、などと言うこともできる。後者の場合われわれは、その窓が割れることに影響した性質として、すなわちそのレンガに備わる因果的に効力のある性質として、レンガの性質つまりレンガの特徴ないし属性を引き合いに出しているのである。もちろんわれわれはなおも、その窓の破損という出来事を引き起こしたのはレンガを投げたという出来事だ、と言うことができる。そう言うことでわれわれが、この一連の流れにおいて効力をもつ特定の性質が存在した、ということを理解する限りでは。これを、性質が原因であるという見解、と呼ぶことにしたい。(次のような言い方のほうが好ましいという人もいるだろう。事実が性質を備えているとして、原因であるのは事実なのだとか、原因であるのは性質の例化なのだとか、あるいは原因／出来事はそれに備わる性質によって結果をもたらすのだ、といった言い方である。しかし私はここで、こうした定式化の間に区別を設けることはしない。) デイヴィドソンの見解との相違は、この見解では因果的に効力のある別の性質は別の原因と見なされる、という点にある。そのため、同一の出来事もしくは対象に多数の性質が備わっていても、そのすべてが同一の結果の発生に効力をもつわけではないのである。

以上の見解のどちらが正しいかをここで裁定するつもりはない。私の主張のポイントは、これらの見解にはそれぞれ別種の同一説が対応する、という点にある。原因と結果が出来事だとすると、前節の議論によって動機づけられる同一説は、心的出来事と物理的出来事と（つまり個別者）の同一説だということになる。実際これこそ、デイヴィドソンの見解にほかならない[30)]。これに対して、原因と結果が性質だとすると、到達するのは心的性質と物理的性質との同一説だということになる。これは、デイヴィド・ルイスやD・M・アームストロングの見解だ。後者の見解が性質一元論（存在するのは物理的性質だけだが、物理的性質の中には心的性質もある）に対応するのに対し、前者の見解は性質二元論と両立しうる（出来事は、心的性質と物理的性質という二種類の性質を備えている)。いま引き出した対比は、「タイプ」（性質）同一説と「トークン」（出来事）同一説との対比として描かれることもある。

というわけで、ここでの議論の文脈で、性質同一説と出来事同一説のどちらが導かれると考えるかは、原因を出来事と性質のどちらであると考えるかによって決まるのである。私自身の見解では、原因は性質である。すなわち、原因を探るとき、われわれは状況のどの側面が影響を生み出したのかを探ろうとしているのであり、そして側面とは性質もしくは質のことなのである。それゆえ私は、ヒュームが「多種多様な対象が同じ結果を生み出すとき、それは必ず、それらの対象に共通であることをわれわれが見出すある質によるのでなければならない[31)]」と述べるとき、彼に同意する。したがって私は、出来事だけが原因であるという説を斥けなければならず——もちろん出来事は原因でありうるのだが、しかしそれはその出来事がある質もしくは性質を備えているためである——、本章ではこのあと性質同一説に専心するつもりだ。（ただし簡便のため、単に「同一説」の語を使う。）なお、第10節で述べたことにより、性質について語ることと状態について語ることに大差はない。

そうすると同一説では、心的性質は特定の物理的性質と同一だということになる。同一説が心的性質の存在を否定しないことを理解するのはきわめて重要である。同一説による同一性の主張は、字義どおりに、つまり心的性質Mが物理的性質Pとまさしく同一のものだという主張として受け取らなければならない。これによってMが存在することが否定されないのは、「キケロ＝タリー」という同一性の主張によってはキケロの存在が否定されないのと同様である。（タリーもその点では同じである。）それどころか、同一性の主張「A＝B」が正しいのであれば、AとBは両方とも存在しなければならないのである。

ときとして同一説は、心的性質が「本当のところは」物理的なのであり、物理的性質「以上の何ものでもない」、という見解として描かれる。しかしこの見解が同一性を主張すると何かが取り去られるということを述べたものとして理解されると、誤解を招いてしまうかもしれない。（君は心的性質が他に依存せずそれだけで存在するものだと考えているが、そうではない！　それは、本当は別のものに依存しているのだ！　というふうに。）同様に、同一説は、非物理的な事物が本当は物理的なのである、と言うべきではない。というのもこの見方では、非物理的な事物など存在しないからである。再び事態は、別の同一性の主張と比較してみることによってはっきりする。キケロは「本当は」タリーなのか、それともタリーが「本当は」キケロなのか。キケロは、タリー「以上の何ものでもない」のか。ひょっとするとこうした問いが意味をなすようなお話を作り出すことができるかもしれない——しかし総じて、こうした問いにはいっさい触れないでおくのが賢明である。

もちろん同一説があるものの存在を否定することはある。性質二元論者の理解する心的性質や、実体二元論者の理解する心的実体がそれだ。だが、同一説の眼目は、そうしたものを否定したからといって心的なものの存在を否定することにはならない、と述べる点にある。このようにして、同一説を、別種の物理主義的学説である消去的物理主義から区別しなければならない。消去的物理主義とは、心的な事物などいっさい存在しないとする見解である。心的性質や心的実体や心的出来事といったものは存在しないというのだ。この見解の核心は、世界の中の心的分類のパターンが根本的に誤っており、それゆえこうしたやり方で事物を分類すべきではない、とする点にある[32)]。したがって、同一説と消去的物理主義は、ともに万物が物理的であるとする点では一致するものの、存在するのがどのような物理的事物なのかという点では食い違う。つまり消去主義者は、存在する物理的事物はどれも心的ではないというのである。(私は、本書ではあまり消去的物理主義に触れるつもりはない。)

同一説と消去的物理主義との相違は、還元の概念によって表現される場合もある。同一説は還元主義的であり、そして還元は消去とは別のものである。遺伝子がDNA鎖に還元されても、遺伝子の存在は否定されない。ところが他方、熱素やフロギストンが消去されると、その存在は否定される。この還元という概念についてはもっと綿密に検討しなければならない。

15　還元主義

同一説の主張は、非物理的性質が本当は同時に物理的でもあるということではなく、非物理的な事物が存在するように見える場合でも、そうした事物は物理的なのだということである。それゆえ還元とは、こうした事物が物理的であるということや、それがどのような点で物理的であるのかを示すプロセスないしは手続きのことである。還元という語を使用するのは、便利だが混乱を生み出すこともある。XのYへの還元とは、ある事物が別の事物に還元される、ということだ。だが言うまでもなく、ある事物が字義どおりに別の事物に還元される、ということはありえない。ある事物は、「他の」事物であるか、またはそうでないかのどちらかだからである。(したがって還元を、料理でソースを濃縮還元する場合と類比的に考えるべきではない。なぜならこの場合、料理人は一定量の材料から始めて、それよりも少量で完成させるからだ。)還元主義は、他の学説と同様、実際に存在するものについて説明すべきである。還元主義は、「本当は」別のものだったとあとですぐに言い直すようなものの存在を受け入れることから出発すべきではない。というのも、当たり前のことを言うことになるのだが、何ものも本当は別のものなどではないからである。

では、存在者の還元という考えはどのように理解しうるのだろうか。最善の答えは同一性の概念を用いることで得られる。すなわち、還元によって、(ヒュー・プライスの言い方では)「ある領域の存在者が別の領域の存在者の下位クラスと同一だということが明らかになる」。あるいは言い換えると、われわれは「対象とする」存在者Xから始めて、XがYと同一だとする根拠を見出す。この還元によってわれわれは、Xについて知らなかったこと、つまりXはYだということが分かるのである。この意味での還元の主張が同一性の主張だというのは、先ほど示した心の同一説が同一性の主張だというのとまさしく同じである。これこそ、同一説が還元主義的である理由にほかならない。心の同一説と類比的な事例として科学哲学でよく引き合いに出されたのが、ある気体の温度を、その気体を構成する分子の運動エネルギーの平均に還元するという事例である。すなわち温度は、運動エネルギーの平均と同一であることから、それに還元されるのだ。

すると、存在論的に言って、AのBへの還元にはA=Bという主張が必要だということになる。とはいえ、同一性で還元という考えのすべてを表現できるわけではない。同一性は対称的な関係であるが、AのBへの還元はBのAへの還元ではないからだ。そして、還元ではないような同一性の主張はいくらでもある。たとえば、ヘスペラスはフォスフォラスにほかならないという発見を指してヘスペラスのフォスフォラスへの還元だと言うのは、(せいぜい)的外れでしかないだろう。還元にはさらに、当の「還元される現象」が「還元する現象」と同一だと示されることでもっとよく理解できるようになる、ということが必要なのだ。(統計力学の言うように)熱力学的な現象が特定の種類の力学的な運動状態と同一であることが示されれば、われわれは熱力学的な現象をもっとよく理解できるようになる。そして、(同一説の言うように)心的性質が脳の物理的性質と同一であるということが示されれば、われわれは心的性質をもっとよく理解できるようになるのである。

還元のもつこのような——現象が理解できるようになるという——長所は厳密な意味では存在論的なものではない。すなわち、事物そのもののあり方に見出される長所ではなく、われわれの事物の捉え方、つまりわれわれの世界像の中に事物を組み入れるやり方に見られる長所なのだ。それゆえ、いま述べた同一性の主張――存在論的還元――は、こうした長所を実際にもつ別の見方とは区別すべきだということになる。私はこの後者の見方を説明的還元と呼びたい。説明的還元とは、理論間の関係のことである[33]。たとえば一方の理論によって、他方の理論がなぜ正しいのかが説明されるとか、還元される理論の存在者のふるまいを説明する基底的なメカニズムについての洞察がもたらされる、といった場合がそれである。

還元は説明的でも存在論的でもありうるのだが、一方なしに他方がどう可能なのかを理解するのは難しくない。説明的還元なしの存在論的還元の場合には、当該の存在者に関する理論の間に説明的関係が成立しうると主張することなく、そうした存在者についての同一説が主張されるであろう。こうしたアプローチの一例が、デイヴィドソンの非法則的一元論である。それによれば、心的出来事はみな物理的出来事であるが、心的なものについての理論と物理的なものについての理論との間に説明的な結びつきはないのである[34]。存在論的還元なき説明的還元はどうだろうか。これが何を意味しているのかは、以下で述べるいわゆる「非還元」版の物理主義を検討することで明らかにしうるだろう。ただその基本的な考え方は、X が Y と同一だということを明らかにしなくても、X についての理論と Y についての理論との間に適切な種類の説明的関係が成立しうる、というものだ。これをもっとよく理解するには、「説明的関係」という概念を理解する必要がある。この点についてあまり述べることはしないが、説明という論点については第 27 節で立ち戻ることにしたい。

現在の心の哲学では、還元と消去の区別がいったんなされたあとでさえ、還元主義は悪しきものであり、したがって反還元主義者である方が理にかなっている、という感覚が一般的である。還元を説明的還元――つまり説明の一種としての還元――として理解する限り、この感覚は間違いであるほかない。真正の説明はわれわれの知識の進歩なのだから、知識を進歩させる可能性がある場合に、単に「還元的である」という理由だけで説明的還元を斥けるのは不合理であろう。(というよりは、「還元」とは単にこの種の知識の進歩を指す名前にすぎないので、そうやって斥けるのはほとんど無意味なのである。)

16　同一説に抗して――反還元主義

同一説、すなわち心の身体への存在論的還元が、因果的相互作用の問題を解決するのは確かである。しかし、ヒラリー・パトナムの有名でしかも単純な議論によって、同一説を斥ける者も多い。パトナムの指摘したところによると、同一説では、心的状態が同じ（つまり同じ心的性質を備えている）二体の生物は、必ず物理的状態も同じでなければならない（つまり必ず同じ物理的性質を備えている）。したがって、タコと私が痛みを味わっているならば、われわれは必ず同じ物理的性質を共有していることになる。ところが、生物の多様性を、つまり生物がみな実に多種多様な物的構成をもつということを認めるならば、このことはきわめて信じがたい。なるほど、思考したり経験したり感覚したりすることのできる生物がみな、必ず共通の物理的な状態をもっていなければならない、というのはとうていありそうもないことだ。パトナムは結論する。「したがって、もしも心理学的述語で、明らかに哺乳類とタコの両方に適用できるにもかかわらず（たとえば『空腹である』）、哺乳類とタコの場合でその物理化学的な『相関物』が相違するような述語をひとつでも発見することができれば、同一説は破綻するのである[35)]」。

パトナムが主張するのは、同一説が不可能だということではなく、むしろ次のように、同一説が経験的にはありそうもないということである。「全宇宙において、並行して生じる進化が、寸分たがわぬ痛みの物理的相関物を常に生み出すに至るというのは、少なくとも可能なことではある。しかしこれが大胆な仮説であることは間違いない[36)]」。パトナムが同一説に代えて提示するのは、心的状態は物理的状態と同一なのではなく、物理的状態によって「実現される」という案である。同種の心的状態でも、その実現の仕方は生物に応じて異なりうるというのだ。パトナムのこの積極的な主張はここから、多重（あるいは多型）実現テーゼと呼ばれることもある。

この議論に対し、同一説論者はさまざまな仕方で応答することができる（し、また応答してきた）。応答のひとつはこうだ。パトナムが示しているのはなるほど大胆な仮説である。大胆すぎて信じがたいのは確かだ。しかし、同一説はこのような強いテーゼにコミットする必要はない。同一説が主張しなければならないのは、ここでの同一性が生物の種類に相対的であるということにすぎない。われわれは、痛みが物理的性質Pと同一だとするべきなのではなく、人間の痛みがPと同一であり、タコの痛みがP^*と同一である、という具合にすべきだというのである。別の応答はこうだ。心的な述語がどれもひとつの統一的な種類の心的状態を指すと考えるべきではない——なぜなら、私が心の中でウィーンのことを考えているということは、あなたが心の中でウィーンのことを考えているということとは、心的にはまったく別のことかもしれないからだ。ウィーンのことを考えると、私はシュトラウスのワルツのイメージを思い起こすだろうが、あなたはフランツ・ヨーゼフ帝のことを思い浮かべるかもしれない。したがって、心を適切な方法で還元するには、まずは心的状態についての正確な分類から出発しなければならないが、これは経験的な心理学による発見を待たねばならない、というのである[37)]。

しかしながら、以上の応答は限定的な抗弁にすぎないと見なしたくなる。なるほど痛みがタコの場合と人間の場合とで別物なのかもしれないと考えるのは理にかなってはいるが、ではそうした状態がみな痛みであるのは何が共通しているからだというのか。もしも機能主義者と同じく、共通しているのはそうした状態が痛みの機能的役割あるいは因果的役割を果たしているという事実だと言うなら、ではその場合なぜこの性質を痛みと呼ばないのだろうか。次いで二番目の応答についてはこうなる。心的状態に関する常識的な分類が、多種多様な状態をひとつの状態として分類してしまっている場合がある、というのはもしかすると正しいのかもしれない。だが、パトナムが自身の主張を通すには、こうしたことが起こらないような場合、すなわち常識的な分類が、ある性質の共有を正しく捉えているような場合がひとつでもあればよい。この状態が多重実現されるのであれば、パトナムは自分の主張を立証したことになるのである。

同一説は、こうした論点に対してさまざまな対応が可能である。しかし私はパトナムの議論を受け入れなければならないと思っているので、ここでそれらの論点について追跡するつもりはない。さて、同一説が誤っているなら、心的性質は物理的性質と同一ではない。だから、心的性質は物理的性質とは別物なのだ。それゆえ、性質二元論が結局は正しいということになる。この結論、すなわち、ある存在者とある存在者が同一でないのであれば、他にどのような仕方で関係していようとも、それらは別物なのだ、という結論を避けるすべはない。存在するものは一種類ではなく二種類である。これが、好むと好まざるとによらず、二元論というものなのだ。次節でここからただちに出てくる帰結のひとつを吟味しよう。

この文脈ではしばしば、性質二元論がデカルト的二元論ではないということ、またそれが非還元的物理主義と呼ばれる種類の還元主義と整合的であるということが強調される。非還元的物理主義では同一説が否定されるため、私が性質の存在論的還元と呼ぶものも否定される。そういうわけで非還元的物理主義は非還元的なのだが、ではそれが物理主義であるのはなぜなのだろうか。非還元的物理主義は「トークン同一説」(または「トークン物理主義」)と呼ばれることがある。すなわち、心的トークン(個別者)と物理的トークン(個別者)は、たとえタイプ(性質)が異なっていても同一だ、というのである。だが、このような言葉づかいは役に立たない。なぜなら、「トークン同一性」の主張とは、非物理的な個別者——つまり物理的性質を備えていない個別者——など本当は存在しないという主張にほかならず、しかもこの主張は、私が物理主義の必要条件であると主張してきた物理学の完全性を否定する者によって唱えられることがあるからだ。(第18節でそのような見解の一例を挙げる。)したがって物理学の完全性が物理主義の必要条件なのだとすると、トークン同一性の主張は、たとえ十分に理にかなっていようとも、物理主義そのものを表現したものではない。それは要するに一元論なだけである[38]。

物理主義の名に値する非還元的な物理主義は、物理学の完全性にコミットしなければならない。こうした物理主義がさらに言わねばならないことは何だろうか。この学説は、心的性質と物理的性質の同一性を否定するが、心的性質が脳やその他の場所における物理的性質に依存するということは否定しない。かりにそうした依存関係がないのであれば、物理的なものが万物を「決定している」という見方、つまり物理的なものこそが肝心な点で根本的であるという見方を表現することが困難になるだろう。この依存関係は、しばしば付随性(スーパーヴィーニエンス)の概念によって表現される。AがBに付随するのは、Bに相違が存在することなしにはAに相違が存在しない場合である。だからたとえば、事物の美的性質は、その事物の物理的性質に付随する、と言われたりもする。これは、ふたつの事物が、ある点で物理的性質が異ならない限りは、それらの美的性質――気品や優雅さなど――が異なることはない、ということを意味している。あるいは、別の言い方をすれば、物理的にまったく同じであれば、必ず美的にもまったく同じであるということだ。心が身体に付随するということも、これと明らかに類似したやり方で説明することができるのである。

言うまでもなく、非還元的物理主義者は、付随性が正しいと考えるべきである。とはいえこれは、付随性に物理学の完全性を加えれば、非還元的物理主義者が正しいと考えるべきものを表現するのに必要なものがすべてそろう、ということではない[39]。そのわけはこうだ。物理学の完全性を主張すると同時に、心的性質が物理的性質に付随するということや、心的性質が心的実体のもつ性質であるということを主張する随伴現象説的な実体二元論者について考えてみてほしい。この随伴現象説と非還元的物理主義との間にある第一の、そして最も明白な相違は、非還元的物理主義が典型的には心的なものの因果的効力を主張するのに対し、随伴現象説はそれを否定する、という点にある。ここでは第二の相違について深く立ち入って考えることにしたい。その相違を表現するには、非還元的物理主義者にとって、ただの付随性自体は、心的なものと物理的なものの結びつきとしては「十分に近い」ものではない、と（いくぶん曖昧に）述べておけばよいだろう。この種の物理主義が必要とするのは、ただの付随性よりは近いが、しかし同一性ほどには近くない結びつきなのである。

近さというこの概念はやや曖昧だが、そのおおよその考え方は構成という概念の検討を通じて説明することができる。われわれは、ある彫像が、その彫像を形成している大理石によって構成されている、と言うことがあるだろう。そして、構成は同一性ではないが――なぜなら同一性は対称的だが構成はそうではないから――、それでも構成が付随関係だというのは正しいように思われる。大理石に変化がなければ、その彫像は本質的に変化することがないからである。とはいえ、彫像と大理石との関係は、別個の存在の単なる相関関係なのではない。もしも大理石を取り去れば、それは彫像を取り去ることになるのだ[40]。これこそ、非還元的物理主義者が求めていた種類の、心的なものと物理的なものとの関係、つまり単なる付随性よりも近い依存関係であるように見える。ところが物理主義者は、ただ単に構成の概念を取り入れて、それを心的性質と物理的性質との関係に適用する、というわけにはいかない。われわれは、この例での構成という概念を、個別的な対象に適用されるものとしてのみ理解しているからである。すなわち、彫像の物質的部分つまり大理石が彫像を構成していると考えているわけだ。しかし、個別者に関して一方が他方を構成するということを理解しているという事実があるとしても、そこからは、性質に関しても一方が他方を構成するということを理解している、という保証は得られない。ある性質が別の性質を構成するとはどういうことか、またどういうことであるべきか。この問題をめぐって多くの提案がなされてきたものの、いまのところ一致した見解はない。そこでこの問題は、非還元的物理主義者が細部にわたって解明すべき課題として残しておくのがよいだろう。

もっとも、もし性質の構成とはどういうことかが理解できれば、また心的性質が物理的性質によって構成されていると考えるべき十分な理由があれば、心的なものの物理的なものへの付随性が説明できるようになるであろう。そして、これこそ物理主義者が求めているものの核心なのである。付随性だけでは非還元的物理主義を特徴づけるのに十分ではないが、付随性が心身間に成り立つ他の物理主義的関係の所産であるということが示されれば、付随性の物理主義的な説明が得られたことになるだろう。この種の説明は、テレンス・ホーガンが「超付随性」と呼んだものであるが、私はそれをむしろ「説明的還元」のひとつの例だと言いたい[41]。したがって、第15節で述べたように、非還元的物理主義は、存在論的非還元を説明的還元と結びつけるものとして見ることができるのである。そうだとすると、物理主義はどのような形態であれ、いずれにせよ還元的だと言ってよいことになる――たとえ非還元的な物理主義であっても[42]！

17　非還元的物理主義にとっての心的因果の問題

いま大枠を示した形態の非還元的物理主義は、ここ数十年では正統学説のようなものになっていた。しかしこの見解は、ある問題を解決することができないという反論を招きやすい。その問題とは心身の因果的相互作用の問題のことであり、同一説はそれを解決するために導入されたのである。思い出してほしいのだが、この問題は以下の三つの主張の間に生じる衝突のことであった。

⑴心的現象は物理的世界で結果をもたらす。
⑵物理的結果にはみな当の結果をもたらすのに十分な物理的原因がある（物理学の完全性）。
⑶心的原因や物理的原因は、その物理的結果を過剰決定しない。

同一説は、心的原因と物理的原因とが同一だとすることによって、この衝突を解決する。

⑷心的原因は物理的原因と同一である。

すると、出来事と性質のどちらが原因であるかに応じて、われわれが得るのは、出来事の同一説（いわゆる「トークン同一性」）と性質の同一説（「タイプ同一説」）のいずれかになる。いま焦点を当てているのは性質の方なので、その点を明確化しよう。

⑸性質が原因である。

（あるいは、もっとくどく言いたければ、「原因はそれがもつ性質によって結果をもたらす」となるだろう。）さて、非還元主義のテーゼが際立っているのは、同一説を否定する点にある。

⑹心的性質は物理的性質と同一ではない。

非還元的物理主義にとっての問題を生み出すのは、⑴〜⑶と⑸〜⑹の組み合わせである。というのも、かりに性質が原因だとすると、物理的結果の心的原因は心的性質だということになるのだが、しかし他方で物理学の完全性によって、そうした物理的結果には純粋に物理的原因が存在するということが保証されているからだ。さらにこうした結果が過剰決定されず、またその原因が同一ではないということを付け加えると、問題は明白になる。(1)〜(3)か(5)〜(6)のうちのどれかひとつ以上を捨てなければならないのである。

非還元的物理主義にこうした問題があることが明らかになっても、実際には驚くべきことではない。なぜなら同一説は、心的因果を説明する必要によって動機づけられていたからであり、同一説は心的原因と物理的原因が同一であるとしてその課題を果たしたのである。したがって、心的原因と物理的原因の同一性を否定するのであれば、同一説が解決した問題の解決方法を別に探し出さなければならなくなるというのは驚くべきことではない。それゆえ、心的因果の問題は、非還元的物理主義にとって周辺的な問題なのではない。この問題は、非還元的物理主義という立場の核心部分に生じている緊張を示しているのである。

この緊張は、物理主義的な観点から理解することができる。一方では、多重実現から同一説に反対する議論が非常にもっともらしく思われる。しかし他方、物理学の完全性により、どの物理的な出来事を引き起こすのにも物理的原因があれば十分であるという強い制約が、世界の因果的構造に関する説明に課される（思い出してほしいが、ここでは「物理的」という語は物理学上の主題となるものを指している）。物理学の完全性を否定すると、世界についての純粋に物理的なストーリーが不完全なのは、説明上の利便性という理由からではなく、事物の真の原因をいくつか取りこぼしているためだ、と主張することになってしまう。これはおよそ物理主義者であれば決して言いたくはないことだ。では代わりに何と言うべきなのか。

この衝突に応答するときにとりうる戦略はふたつある。物理主義者は、これらの主張のうちのひとつかそれ以上に曖昧さや不明確さを嗅ぎつけることもできるし、あるいは(1)〜(3)と(5)〜(6)を整合させてみるべく、仮定をさらに付け加えることもできるだろう。第一の戦略の一例は、ここでの問題は出来事についてわれわれが与える説明の種類なのであるから、本当のところ衝突は存在しない、と述べるものである[43]。その考え方は次のようなものだ。われわれは出来事についての科学的ないし物理的な説明を有しており、それは自然の中のあらかじめ理解されているパターンに出来事を適合させることを目的としている。

その一方でわれわれは、出来事についての心理主義的な理解を有しており、その目的は、人が何かをしているとき、そうしているのはなぜかを説明することである。つまり、当該の人物の視点や情報の状態などが分かっている場合に、ある状況下での行為が理にかなっていることを示すようなやり方で、人の行為を理解することを目的としているのだ。そして、ここでの主張によれば、これらふたつの説明的なストーリーが必然的に衝突すると考える理由などない。クリケットのボールがウィケットに当たるのを、物理的に説明することもできれば、試合に勝とうとしているといった投手の意図によって説明することもできる。これらふたつの説明が衝突すると考える理由はなく、そしてそのような衝突がないのであれば、こうした説明においてわれわれの依拠している心的な存在者と物理的な存在者とが同一であるとする必要はいっさいない、というわけである。

この点はまったく正しいのだが、ここでの議論には関係がない。なぜなら、もともと第13節で提起された問題では、われわれが現象についてどのような説明をするのかということや、同じ現象――クリケットのボールがウィケットに当たる――を説明する際に複数の説明を与えうるかどうかについては、何も仮定していないからである。ここでの論点は、因果についてのものであって、説明についてのものではないのだ。物理的世界の出来事や過程を説明するにはたくさんのやり方がある。他方で、物理学の完全性が正しいとすると、一種類の特別な原因しか存在しないことになる。ゆえにいまの問題を述べるには、因果と説明とを区別しなければならない。物理学の完全性は因果性についての主張だからである。もしも非還元的物理主義がこの区別を斥けるのなら、物理学の完全性も斥けなければならない――出来事についての説明には物理的な説明しか存在しないと主張するのは合理的ではないからだ。だが、物理学の完全性なしに物理主義を唱えることはできない。

第一の戦略の別形態は、この議論に必ず含まれている因果の概念を明確化するというものだ。たとえば、心的原因は物理的結果に対して因果的に効力をもたないが、しかし因果的に関連しているとか、心的原因はその結果を物理的な意味で引き起こすことなく結果を「プログラムする」とか、心的原因は「構築原因」であって物理的結果の起動原因ではない、といったことを述べる者もいる[44]。だが、こうしたアプローチの難点は、どうしてもいま考えている問題に対するその場しのぎの応答でしかないように見えるところにある。心的因果という特殊な概念が、あたかもただ単にこの問題を解決するためだけに都合よくあつらえられているかのように見えてしまうのである。

第二の戦略にはもっと希望がもてる。この戦略は心的因果をあって当然のものと見なすが、非還元的物理主義の見方を明確化するために別の主張を付け加える。追加される主張は、物理的なものは心的なものを形而上学的に必然化する、という趣旨の付随性テーゼである。フランク・ジャクソンは、可能世界を用いて付随性テーゼの見方を次のように表現している。われわれの世界の（最小限の）物理的複製はみな完全な複製である[45]。それゆえ物理的なものは、心的なものを以下の意味で必然化する。すなわち、事物が現実世界のような物理的なあり方をしているとすれば、心的な事実が別様だったということはありえない、という意味で必然化するのである。これは、物理主義が必然的真理だということではない。物理主義が偽であるような可能世界もありうるのだが、そうした世界は、事物が現実世界と同様の物理的なあり方をしているような可能世界ではないのだ。というわけで、このテーゼは、物理主義が必然的真理だとするテーゼとも、付随性が単なる偶然的関係であるとするテーゼとも異なるのである。

いまかりに、因果が出来事もしくは事実間の反事実的依存関係だと考えれば、心的因果の問題は以下のように提示することができる。心的原因 M が物理的結果 E の原因と見なされるのは、もしも M がなかったら E は生じなかったであろうとの理由による。これは反事実的基準を適用したにすぎない。だが、M と同時に存在し、M の付随する先である物理的原因 P（M の「付随性基盤」）もまた、もしも P がなかったら E は生じなかったであろうとの理由から、E の原因と見なされる。これは過剰決定ではない。なぜなら、M が存在しなかったら、その付随性基盤である P も存在しなかったであろうから。P は E を因果的に決定するとともに、M を形而上学的にも決定するのである。それゆえ、もしも M がなかったら P は存在しなかったであろうとの理由から、M がなかったら E は生じなかったであろう、ということになる。言い換えると、心的なものが物理的なものに付随するのであれば、物理的原因が結果をもたらすときにはいつでも、心的原因はその上に乗りに来るのである。ただし、心的原因は物理的原因と同じ意味での原因である。この理解のもとでは、因果とは本質的に反事実的依存関係のことなのである[46)]。

必然的な付随性もしくは形而上学的に必然的な決定というこの概念に訴えることによって、非還元的物理主義者は、同一説を必要とすることなく、心的因果の問題を解決しようとするわけである。実際、同一性と必然的付随性の両方がこの問題を解決できるというのは驚くべきことではない。両者とも必然的関係なのだから、同一説も必然的付随性も、心的なものが「自由に漂う」とか、物理的なものに依存せずに変化する、といったことを許容しないのだ（したがって、ひょっとすると必然的な付随性はホーガンの言う「超付随性」の役割を果たすかもしれない。第 16 節参照）。こうして、心的原因と物理的原因は一致して作用しうるのである。

ところが、必然的付随性説には問題がふたつあり、そのせいでこの説は疑わしいものなってしまう。第一に、われわれは同一性の概念やそれが必然的関係である理由についてはそれなりによく理解しているのに対して、ある別々の事物間に成立する単なる依存関係であるような、同一性ならざる形而上学的必然性については、まったく理解できていない。別個の現象間の特定の関係が形而上学的に必然的であるのはいったいなぜなのか。それをさらに説明するために何かを言うことができるのだろうか。もし何も言うことができないなら、形而上学的必然性は少々謎めいて見え始めることになる。

もっとも、ある見解が謎めいているという非難を評価するのはなかなか難しく、それだけにいま出された異論はあまり決定的なものではない。しかし第二の異論はもっと明確である。すなわち、心理物理的付随性に見出される形而上学的必然性は、ある人の心的性質を欠いた物理的複製（デイヴィド・チャルマーズの意味での「ゾンビ」がその例である）という可能性そのものを排除してしまう、というものだ[47)]。第 29 節で見るように、これは非常に強いコミットメントである。このようなコミットメントなしに心的因果の問題を解決するやり方があれば、その方がよい。

18 創 発

以上の理由から、私は必然的付随性を斥ける。またすでに私は、多重実現を根拠に、同一説を斥けている。では私は、心的因果の問題をどうやって解決すべきなのだろうか。

随伴現象説や全般的な過剰決定があるという見解（それぞれ(1)と(3)の否定である）は脇に置いておこう。これらは、まったくもって信じがたい。(5)を否定するのは一理ある見解である。この見解によれば、出来事が原因なので、心的性質と物理的性質が同一だとすることなく、心的出来事と物理的出来事が同一だとすることができる。実際、これがデイヴィドソンの非法則的一元論にほかならない[48)]。この見解によって問題が解決できるのは確かだが、そこで支払う代償として、出来事に備わる性質や特性ないし特徴が、その出来事によって引き起こされるものとは無関係だと言わなければならなくなる。ただしこの代償は、デイヴィドソンの形而上学においては容易に支払うことができる。というのも、事物に備わる性質について語ることは、事物の記述の仕方について語ることとして理解されるからである。出来事の記述の仕方が、その出来事が引き起こすものと関係しているなどとは、誰も言おうと思わないだろう。もっとも、ここでは深く論じることができない理由により、私はこの代償を支払うつもりはないのだが[49)]。

これまでのところでは、まだ(2)の物理学の完全性が残っている。この学説を否定することは意味をなすだろうか。まずは二点述べなければならない。第一に、物理学の完全性を否定しても、デカルトの見解である実体二元論に戻ってしまうわけではない。というのも、実体についての一元論的な見方——実体はみな物理的性質を備えているから、実体はどれも物理的である——を主張しつつも、あらゆる物理的結果が物理的原因のみによって完全に決定されているということを否定すれば、なおも物理学の完全性を否定することができるからである。物理的結果には心的原因が必要な場合もあるというわけだ。この後半の主張は、実体はどれも物理的実体であるという見方と完全に両立する。物理学の完全性を否定すると、「下方」因果と呼ばれてきたもの、つまり心的なものという「高い」レベルから物理的なものという「低い」レベルへの因果を受け入れることになる。下方因果にどのような難点があるにせよ、デカルト的二元論にコミットせざるをえなくなるというのは、そうした難点のうちのひとつではない。

第二に、こうした下方因果は、力学つまり運動の科学の法則と不整合なわけではない。ブライアン・マクローリンがその根拠を巧みに説明している。議論上、下方因果にはマクローリンが「配置的力」と呼ぶものが必要だとしよう。それは、一定の複雑さもしくはある種の構造を備えた物質によってだけ例化されうる力である。配置的力は、それゆえ、二粒子間で成立する万有引力のようなものではない。マクローリンの言おうとするところを説明するために、古典力学の法則、すなわちニュートンの運動法則の場合を考えてみよう[50)]。ある物体が別の物体に作用して加速度を生じさせる場合、物体はこの法則に必ず合致している。こうした法則は、C・D・ブロードの言葉では、「あらゆる運動が、たとえどのように生み出されたにしても必ず合致する一般的条件[51)]」である。したがって、運動がどのようにして生み出されるのか、あるいはなぜ物体が動くのかが、それによってすべて分かるようなものではない。ある対象に特定の力が働いている場合、たとえば、物体のもつ電荷によって力が働いている場合、その物体の加速度は、電荷を律する法則——たとえばクーロンの法則——および物体に作用する他の力を律する法則によって決定され、運動の一般法則に従って合成加速度が生み出されることになる。運動法則そのものは、どのような種類の力が物体に作用するかに制限を課さない。したがって、物質が一定の複雑さに達した場合にのみ生じうる力が存在するとしても、古典力学に要請されるのは、こうした力によって生み出された運動がニュートンの法則に合致する、ということだけである。というわけで、下方因果を配置的力によって理解するのであれば、下方因果が存在しても力学法則と不整合だというわけではないのである。(実際には、因果を力によって理解すべきではないと私は思うが、それは別の話である。)

われわれがいま思い描いているのは、物理学の完全性を否定しつつ一元論を擁護する立場だが、それにはかつて「創発」とか「創発主義」とか呼ばれた学説と強い親近性がある。この見方では、心的性質は創発的性質であり、創発的性質とは、物質が一定の複雑さに達した場合にその物質の性質から「創発する」性質のことである。伝統的に言えば、巨視的で複雑な物体に見出される性質がみなこの意味で創発的なわけではない。（たとえば）重さや質量のように、物体の諸部分がもつ重さや質量の直接の結果であるような性質もあるのだ。ある対象の質量は、その 10 の構成部分がそれぞれ 1 グラムであるなら、構成要素の単純和になるということが簡単に分かる。こうした性質は「合成物」と呼ばれていたものだ。巨視的対象の重さのような合成物と、対象がもつ色のような創発物との対照は、十分直観的に理解できるように思われる。だが仔細に検討すると、その対照を明確化するのはきわめて困難になる。創発は、たとえば、創発物の出現が事物の部分についての知識からは「予測する」ことができない、という考え方によって定義されることがある。しかしこう定義すると、どの性質が創発的であるかという問いに予測可能性によって答えることになり、問題はわれわれの知識の状態をめぐるものになってしまう——これは存在論的区分を基づかせる根拠としては薄弱である[52)]。

しかし、創発をこのように定義する必要はない。心的性質を創発的と言うこと対しては、ここまでの探究の途上で得られたもので十分に意味を与えることができる。すなわち、心的性質は物理的性質に付随するが物理的性質とは異なるということ、そして心的性質はそれ固有の因果的効力をもつということである。この後者の主張が何を意味しているかは、例を用いれば一番よく分かるだろう。心的因果の標準的な事例として次を考えよう。あなたは頭痛が原因で戸棚にアスピリンを取りに行く。その頭痛は、あなたが戸棚に行く他の原因である脳の性質 B とは別のものだ。頭痛がその行為の原因であるというのは、その場合少なくとも、もしも頭痛がしなかったなら、あなたは戸棚には行かなかっただろう、ということである。また、もしも B がなかったら、あなたは戸棚には行かなかっただろう、というのも正しいだろう。中心となる論点はこうだ。もしも頭痛がしなかったらあなたはその状況では戸棚には行かなかっただろう、という意味で、頭痛がすることが戸棚に行くことの必要条件なのだとすると、あなたが戸棚に行くのに純粋に物理的な原因だけで十分——純粋に物理的な状況で十分——ということがどうしてありうるのか。端的な答えは、ありえないというものだ。もう少し長い答えは、もしその状況が心的原因をも含んでいるなら、その状況で物理的原因は十分あなたを戸棚に向かわせることができるだろう、というものである。ところがそうすると、その状況が脳の性質Bをも含む場合、その状況で心的原因は十分あなたを戸棚に向かわせうることになる。（これは過剰決定ではなく、第13節で描写したような、ひとつの結果に原因が複数ある場合に見られる無害な現象である。）したがって、物理学の完全性を否定するやり方のひとつは、状況が心的原因を含む限りは、物理的原因はその状況で行為を十分引き起こしうる、ということを許容することなのである。

さらに別のやり方もある。われわれは心的因果の特定の、つまり個別的な事例を考察してきたが、この事例では、以下のような反事実的条件法が真である。

(M) もしも頭痛がしなかったら、私は戸棚にアスピリンを取りに行かなかっただろう。
(P) もしも私が脳状態Bになかったら、私は戸棚にアスピリンを取りに行かなかっただろう。

反事実的条件法に関するデイヴィド・ルイスの理論によれば、「もしもAが事実だったとしたら、Bだっただろう」という反事実的条件法が真であるのは、Aが真であるような最近接の可能世界がBも真であるような世界であるという場合だけである[53)]。反事実的条件法(M)と(P)をルイス流に理解するならば、それらの真理条件は以下のように表現できるだろう。

(M*) 頭痛がしなかった最近接の可能世界では、私は戸棚にアスピリンを取りに行かなかっただろう。
(P*) 私が脳状態Bになかった最近接の可能世界では、私は戸棚にアスピリンを取りに行かなかっただろう。

ここで、心的因果にコミットする場合に(M*)が真になるのは明らかだが、他方、(P*)が真になるのはあまり明らかではない。脳状態Bは特定の脳状態である。多重実現（第16節）を認めるなら、別の状況下では脳状態Bと少しだけ異なる別の脳状態がその頭痛を「実現する」かもしれない、という可能性を受け入れることになる。したがって(P*)と(P)が真かどうかという問いは、別の脳状態がその頭痛を実現し、しかも私がやはり戸棚に行くような世界が、頭痛を実現するものがいっさいなく、私が戸棚にも行かないような世界よりも現実世界に近接しているかどうかで決まる。つまり、私が脳状態Bにないような最近接の世界が、Bに非常によく似ていて頭痛を実現する状態に私があるような世界である場合、原因と呼ばれるにふさわしいのは（たとえBが私の行動を引き起こすのに「その状況では十分」だとしても）BよりもMの方なのである[54)]。

もしも反事実的条件法に関するこうした見解が正しいのであれば、物理学の完全性を否定する理由がもうひとつあることになるだろう。Bはその行為を引き起こすのに十分だが、しかしMを原因と見なすべきだ、というのであるから。この見解が批判されるのは間違いないが、しかし他方では妥当であるとも思われるため、ここでは読者の判断にゆだねることにしたい。私の結論はこうだ。因果的過程についてここでどのような見解をとるにせよ、創発主義が正しければ物理学の完全性は間違っている、というのは依然として真である。すなわち、結果の中には、世界に心的な事物が存在しない場合には生じなかったであろうものもある、というわけだ。そして、心的因果なるものが存在すると本当に考えているのであれば、これこそがまさしく言わなければならないことだ、と私は思う。（ある意味では、存在論的還元主義者もこのように言うことができるけれども！）

物理学の完全性を否定するなどということは、科学的知識の現状についてわきまえている合理的な人に考えうることなのだろうか。見解はさまざまである。物理学の完全性を否定するのはガリレオの望遠鏡を覗くのを拒否したベラルミーノ枢機卿の立場に立つようなものだ、という哲学者もいる。既知の科学的事実を認めるのをあからさまに拒否しているにすぎないというのである[55)]。これに対し、物理学の完全性は科学的事実なのではなく、むしろ物理学が発見してきたことを事物に関する特定の形而上学的構想に適合させるべくつくられた哲学的指針なのだ、という哲学者もいる。その場合には、われわれはいかなる科学理論も斥けることなくその形而上学的構想を斥けるべきであるとも、またこの形而上学的構想には物理学の完全性は不要であるとも論じることができるかもしれない[56)]。私の態度はこのうちの最後のものだが、ここでは、本章の主要な教訓を指摘しておけば満足である。存在論的還元主義を否定し、しかも第17節の末尾で示した非還元的物理主義に支払う代償があまりにも高いというのであれば、心的因果が存在すると考える者に残される唯一の代案は、物理学の完全性を否定することだ、というのがその教訓である。

創発主義について最後に一点述べておく必要がある。伝統的な創発主義者に特徴的な主張のひとつは、創発的性質とその「基盤」との関係がある意味で説明不可能である、あるいは少なくとも、必ずしもこの関係が説明可能だと思うべきではない、という主張である。心と脳との関係は、サミュエル・アレクサンダーの言葉で言えば、「自然な信仰心」で受け入れるべきものだ。自然な信仰心というのは、われわれが説明の終わりに達したとき自然に対してとるべき態度のことで、そのときわれわれは特定の現象を「むき出しの事実」として受け入れるのである。そうすると、創発主義と非還元的物理主義とのさらなる相違を以下のように表現することができるようになるだろう。すなわち、両者はともに心的なものが物理的なものに付随すると主張するのだが、非還元的物理主義者がこの付随性を説明しなければならないと考えるのに対し、創発主義者は付随性を自然についての事実だとして受け入れようとする。言い換えればこうだ。非還元的物理主義は説明的還元がなされなければならないと主張するが、他方、創発主義はそうした還元がなされるかどうかは完全に経験的な問題であり、探究に先立ってその問題の答えにコミットするべきではないと主張するのである。

19　心身問題の源泉としての物理主義

心身問題の概観はほぼ終わりまで来た。ここまで考察してきたのは、心身の因果的相互作用という問題であり、そしてその問題の解決法としての物理主義であった。しかし、見取り図を完成させるためには、物理主義が心身問題の解決法なのではなく、問題の源泉だという見方を手短に考察する必要がある。（当然ながら明らかにここでは複数の問題を論じている。なぜなら、同一の見解が、同じ問題の源泉であると同時に解決法でもあるということはありえないからだ。）たとえばシューメイカーは次のように書いている。

私は、現代の哲学者の多くと共通して、心身問題を、非物理的な心が物理的身体といかにして相互作用するかという問題ではなく、心が根本的には物理的である実在の一部でありうるのはいかにしてなのか、という問題だと見なしている。これは、心についてのあのよく知られたデカルト的直観がどのようにすれば解消しうるのか、つまりいかにしてそれが思い違いであったことを示しうるのか、そうでないならその直観がもつ見かけ上の二元論的な含みをどうやって取り去ることができるのか、という問題も一部に含んでいる。しかしもっと一般的に言えば、どのようにして心的なものの際立った特徴——志向性や意識や主観性など——が、心を生物進化の産物として、また他の生物現象とまさしく同じ仕方で物理化学的な基礎をもつものとして見る自然主義的な世界像の中に位置しうるのか、という問題なのである[57]。

ここで問われているのは、多くの物理主義的な哲学者が丹念に追究してきた問題である。われわれは、万物が物理的であるということ、そして人間の心的な生が何百もの脳細胞にもとづいているということには納得がいくかもしれない。だが、どうやって意識という現象がこのストーリーの中に収まるのかと、なおも考えあぐねるかもしれない。どうしたら脳が意識的でありうるのか。いかにして単なる灰色の物質が私の意識的な生に備わる豊かさの原因でありうるのか（と哲学者は、自分の意識的な生の豊かさを誇らしげにひけらかしながら言うのだが）。これが、物理主義にとっての越えがたい障害を示しているのは間違いない。その障害とは、われわれには物理的なものがいかにして意識的でありうるのかが理解できないという事実である。

なるほど、単なる物質が意識的な経験を支えることができるという事実に驚くのはたやすい。しかしいま示されたような論点自体にはあまり哲学的な意義はない。（意識が非物理的なものに本来的に備わっていると述べても、この種の懸念に対する答えにはほとんどならないという事実によって、われわれの疑念はただちに生じるのだった！）意識をめぐる問題をこうやって提起することの真の誤りの所在は、ウィトゲンシュタインにまつわる有名な話と比べてみれば分かるだろう[58]。ウィトゲンシュタインは自分の学生たちに、太陽が地球の周りを回っているとかつて人々が考えていたのはなぜかと尋ねた、と言われている。ひとりの学生が「太陽が地球の周りを回っているように見えるからだ」と答えた。これに対してウィトゲンシュタインは「では地球が太陽の周りを回っていたら、どう見えるだろうか」と応じたと言われている。それに対する明白な答え——「まったく同じだ！」——は、心と脳についての同様の問い、すなわち、なぜかつて人々は心が脳ではないと考えていたのか、心が脳ではないように見えるからか、では心が脳だとしたらどう見えるだろうか、という問いに対しても与えられるのである。

というわけで、たとえば、痛みのような心的状態が脳状態だとする理論に応答するとき、「だがしかし、どうやったら痛みが脳状態でありうるのか。これでは、痛みの主観的な特徴、つまり痛みがどう感じるかを取りこぼしてしまうのではないか」と問うことはできない。なぜなら、これに対して厳格な物理主義は、この問いそのものが論点先取を犯している、と答えるからである。ルイスが言うように、

> 痛みとは感じることである。痛みがあるというのは、痛みを感じるということと同一である。同様に、ある状態が痛みであることと、その状態が苦痛を感じることだということもまた同一である。ある状態が痛みであるとはいかなることか、ということについての理論が、その状態にあるとはどのようなことか、それはどのように感じられるのか、その現象的な性格は何か……といったことについての理論であるのは避けようがない。しかし、因果的な役割や物理的実現について考察したところで、ある状態がどう感じるのかということとは無関係だ、と言ってよいのは、そうした考察は、その状態が痛みであるかどうかとは関係ない、と独立した根拠にもとづいて信じているときに限られるのである[59)]。

だが多くの哲学者の考えでは、意識的な状態にあるとはどのようなことかについてではなく、そのような状態にあるとはどのようなことかをわれわれはどうやって知るのか、という問いを検討すれば、独立した根拠が得られるという。これこそ、フランク・ジャクソンらによって有名になった「知識論法」にほか

ならない[60)]。私は、この論法の大枠を手短に示し、これが物理主義に対する論点先取にはならない理由を説明したうえでいったん脇におき、第28節で再び扱うことにしたい。

知識論法は思考実験から始まる。メアリーという次のような人物について考えてほしい。彼女は白黒の部屋でずっと生活してきたため、白と黒以外の色を見たことがないものとする。ここで、メアリーが色彩の科学をあらゆる点——物理学や生理学や心理学など——から徹底的に勉強したと想像しよう。要するに、彼女は色彩に関するあらゆる物理的な事実を知っているものと考えるのである。さてここで、ある日メアリーが白黒の部屋を出たとして、そこで最初に見たものが赤いトマトだったと想定しよう。そのときメアリーが、白黒の部屋では知らなかった新しい何か、つまり赤を見るとはどのようなことかを知った、と言いたくなるだろう。ところが、白黒の部屋であらゆる物理的事実を学んだという仮定により、いま彼女の知ったこのことは物理的事実ではない。したがって、知識の対象が事実なのだとすれば、メアリーは白黒の部屋にはない新しい事実を学んだことになる、というのである。

知識論法は物理主義に対する論点先取を犯してはいない。このことは、この論法の前提と結論を以下のように記せば明らかになる。

(1)メアリーはその部屋にいながら、色彩についての物理的事実をすべて知っている。
(2)部屋を出たあと、メアリーは色彩について新しいことを学ぶ。
(3)それゆえ、事実がみな物理的事実だというわけではない。

これが、知識論法の核心である——ただし、遺漏のない完全な論法にするには、さらに仮定をいくつか付け加える必要があるかもしれない。だが明らかに、前提(1)と前提(2)のいずれも、物理主義に対する論点先取をあからさまには犯していないのである。物理主義者であれば、ある人が物理的事実をすべて学ぶという(1)にほぼ異論はないだろうし、(2)は上述のこのストーリーについて単純かつ直観的に述べたものにすぎない。ひょっとすると、これらの前提を詳しく吟味すると、深い矛盾が明らかになるのかもしれないし、重大な論点先取を犯していることが分かるかもしれない。とはいえ、それはひと目で分かるものではない。この論法については第 28 節で再び扱おう。

知識論法が示唆するのは、意識的な経験についての知識——それがどのようなものかを知ること——をすべて説明するためには物理主義を斥けねばならない、という結論である。したがって知識論法が正しいのであれば、シューメイカーの表明した、意識が「根本的には物理的である実在」の一部であるということが示されるようになるだろうとの希望は、叶わぬ希望となるのである。したがって要するに現代の心身問題とは、一方で、心が物理的でないならどうやって物理的世界で結果をもたらしうるのか、他方で、心が物理的であるならいかにして意識を説明することが可能なのか、というジレンマのことなのである。

20　心身問題を解決すると心について何が分かるのか

主要テーマに戻ろう。物理的世界における心の因果的位置——上で述べたジレンマの第一の角——を説明するために出てきた主な戦略は三つあった。第一に同一説ないし存在論的還元主義、第二に非還元的物理主義、第三に創発主義である。このうちのどれを選べばよいのだろうか。

ここでの緊張は、心的因果を扱いがたくしてしまうように思われる物理学の完全性と、心身の同一性を不可能にしてしまうように思われる心的状態の多重実現との間に存在している。ところがある意味では、この緊張が解かれてもほとんど何も解決しない。この問題に次のように答えてみればそのわけが分かる。われわれには、物理学が因果的に完全であるということが疑いようもなく分かっており、またそのうえで、心的状態が同一説に反するような仕方では多重実現されないということを確信している、と。さて、これで心についてどれほどのことが分かるのだろうか。なるほど、心的性質が物理的だということは分かるだろう。だが、心的性質が物理的だと分かっても、それはどの物理的性質なのか、そしてその性質の特徴は何なのか、ということが分かるわけではない。他方でわれわれは、物理学の完全性が誤っており、しかも多重実現には歴然とした証拠がある、と説得されるかもしれない。すると、これによって、われわれは非還元的物理主義か創発主義に傾くことになるだろう。だが、これで心についてどれほどのことが分かるのだろうか。心的性質が非物理的性質である、あるいは創発的性質であるということが分かったとしても、それがどのような種類の非物理的性質あるいは創発的性質なのか、そしてそれ固有の特性は何なのか、ということが分かるわけではないのである。

というわけで、心的性質が物理的（もしくは非物理的あるいは創発的）性質だということが分かれば心身問題の最初の部分は解決できるかもしれないが、心の理解とは心身問題に尽きるものではないのである。次のような類比をしてみよう。物質はみな同一の基本的な構成要素からなるとする[61)]。またイザヤ書にあるように、肉なる者はみな草に等しいものとする。ところが、菜食主義者は、物質のうちのあるものついては食べるべきではないと考えている。したがって、肉なる者はみな草に等しいと主張しても、なぜ菜食主義者もいればそうでない者もいるのかを説明するにはまったく不十分なのだ。同様に、心が物理的（または創発的）であると言っても、心がたくさんある物理的（または創発的）なもののうちのどれなのかについて、たいしたことは分からないのである。このあと本書では、心的性質の本性について探究していこうと思う――それが物理的であるにせよないにせよ。

第三章 意　識

21　意識的なものと無意識的なもの

第一章では、心についてわれわれがどう理解しているかの核心部分を、主体のパースペクティブもしくは視点という点から語ることで表現することができると述べた。主体の視点とは、知覚や思考、想像などにおいて主体が世界についてもつ意識的な気づきのことだと考えられるだろう。これはもちろん私の言おうとしていることの一部ではある。しかしわれわれは、無意識的な心的諸現象や、それらの間にあるいくつかの重要な区別、そしてそうした現象がどう意識にもたらされうるのかということもまた理解しなければならない。今まさに「心に抱いている」——つまり意識して心に抱いている——のではない信念ないしは知的コミットメントをもっているということと、特別な技法や療法によってのみ意識にのぼらせうるような、深く無意識的な欲求や衝動や動因をもっているということとを区別する必要がある。一種類目の無意識的な心的状態は、われわれが自分は何を思い、何を欲するかを自問することで探ろうとするものであり、よくフロイトが発見したと言われているのが、二種類目の無意識的な心的状態である[1)]。フロイトの主張の真偽はどうあれ、精神分析の理論と実践によって、無意識的な思考や欲求や精神性といった観念を全般的に、日常的な心の理解の中に収める手立てがそれ以前よりも増えたというのは、紛れもなく明らかなことである。

意識というテーマは、心の哲学における他の分野のほとんどと接点をもっている。思考や、思考が意識や無意識と取り結ぶ関係については次章で、知覚およびその意識との関係については第五章で論じよう。本章で扱うのは、意識そのものの本質、すなわち、意識の本性や意識についての説明、そして本書の主要テーマである志向性と意識との関係である。ある形態の意識が、志向説的な心の理論にとって問題になると考えられてきた。とりわけ、感覚のもついわゆる質的な意識的性質、つまりクオリアが非志向的であると考えている者は多い。したがって、志向性が心的なもののしるしであるというのが正しいなら、志向説は意識を説明しなければならないということになる。本章ではまず、伝統的に志向説にとって最大の問題であると考えられてきた、意識のそうした側面について志向説的に説明することを試みる。そのうえで、第19節で物理主義に突きつけられた意識の問題に立ち戻ることにしたい。

私がここで追求するのは、意識を無意識から区別するという意味での意識の定義ではない。もしわれわれがここで何を論じているのか困惑する人がいても、定義によって光明が与えられることなどありそうもないからだ。とはいえ以下で重要になってくるのは、論じる現象を正確に特徴づけることである。そこでわれわれには、意識状態の種類、あるいは意識の中で生じる出来事の種類についての、当座の分類法のようなものが必要となる。

はじめに、世界について単に気づいていることに伴う意識と、人が世界について気づいているときに自分自身について何となく気づいていることに伴う自己意識とを区別しなければならない。たとえば、人は窓の外で世界が過ぎゆくのを見ている場合があるが、そこからさらに自分が世界を見ているということにも気づくことができる。これが正確に言ってどういうことなのか、そして一種類目の意識が二種類目の意識にどのくらい依存するのかについては、多くの議論がある。カントは、意識一般の可能性が自己意識（あるいはカントが呼んだように「統覚」）に依存すると考えた。現代ではこれとは対照的に、生物は自己意識を必要とせずに第一の意味で意識的でありうる、と考える論者もいる。事実これが、ある種の動物がもつ意識の実際のありようなのだ、と考えるわけである。本章では、この点については中立を保ちたい。

ここでの私の関心にもっと関係するのは、意識があることと、何かを意識している（もしくは何かがしかじかだということを意識している）こととの区別である。意識的状態には、主体が何を意識しているかという点から記述されるものがある。たとえば、ドアのノックを意識していることもあれば、急激な気温の低下を意識していることもある。同様に、部屋が暗くなったということを意識しているなどということもある。これと対照をなすのが、端的に意識があるとか、意識されるという概念である。これは、あるときには（「その患者には意識がある」のように）生物について述べ、またあるときには（「痛みは必然的に意識的である」のように）状態について述べるものである。何かを意識しているというのがこれよりも根元的な概念であると主張する哲学者がいる一方――たとえばサルトルによれば、「フッサールが示した通り、意識はつねに何かを意識していることなのである[2)]」――、根元的なのは端的に意識があるという概念の方だと考える哲学者もいる。この区別は、「他動詞的な」意識と「非他動詞的な」意識の区別と呼ばれることもある。その理由は明らかで、「X は〜を意識している」が目的語をとるのに対し、「X には意識がある」は目的語をとらないからである[3)]。

もっと理論的な区別が、ネッド・ブロックによるアクセス意識と現象的意識との区別である。ブロックによれば、現象的意識とは「経験のことであり、そして、ある状態を現象的に意識的たらしめるのは、その状態にあるということが『何かのようである』ような、その何かが存在することなのである[4)]」。引用した語句では、「生物が意識的な心的状態をもつのは、その生物であるということが何かのようであるような、その何かが存在しているときであり、またそのときに限る[5)]」というネーゲルのよく知られた主張が引き合いに出されている。私の考えでは、ヤギであるということが何かのようであるような、その何かは存在するし、コウモリであるということが何かのようであるような、その何かも存在するのだが、しかし、一塊の岩石であるとか水仙であるということが何かのようであるような、そうした何かは存在しない。ある生物であるということが何かのようであるような、その何かが存在しているのであれば、その生物の意識的状態は現象的意識の状態なのである。ブロックは現象的意識（またはＰ意識）の概念を説明するために例を用いている。

われわれは、見たり、聞いたり、においを嗅いだり、味わったり、痛みがあったりするときに、P 意識的な状態にある。P 意識的な性質には、感覚や印象や知覚の経験的性質が含まれるが、私は思考や欲求や情動をも含めることにしたい。（中略）志向的内容における相違からは、しばしば P 意識的な相違が生じる[6]。

したがって、志向的状態には P 意識的な状態もあるというのだ。これは、P 意識が「経験である」と言う場合、ブロックは「経験」という語を、感覚経験だけでなく思考や欲求や情動をも含む広い意味で使用している、ということである。そうだとすると、われわれが手にしているのは、経験、現象的意識、どのようであるか、という緊密に結びついた一群の同義語だということになる。この点で心配する理由はまずない。というのも、これらの語のうちのどれかひとつでも理解できれば、三つすべてが理解できるからである（もっとも次節ではさらに、これらよりも意味がよく理解されない語――「質的」と「クオリア」――を導入するのだが）。

ブロックが「現象的 phenomenal」という語を幅広く適用しているのは適切である。なぜなら、英単語の ‘phenomenon’ は現れを意味するギリシア語に由来しており、思考や意図や欲求が心に現れるものの一部であるのは間違いないからだ[7]（第 1 節・第 2 節）。現象界というカントの概念は、ある仕方で現れるものとしての世界という概念であり、それ自体としての世界とは対比される。志向的状態に現象的な側面が見出されないと主張するのは、（よくても）語法を紛らわしく変えてしまうだろう――実際、第一章では志向性の概念を、主体にとっての事物の見え方とか世界に対する主体のパースペクティブといった考えによって導入したのであった。しかもこうした言い方は、感覚経験だけではなく思考をも取り出すことを意図していたのである。本章で問うべきなのは、むしろ非志向的な現象的状態も存在するのかどうかである。

ブロックは、次のように P 意識をアクセス意識（または A 意識）から区別している。「ある表象が A 意識的であるのは、推論において自由に使用したり、行為や発話を直接的に『合理的』に制御したりするための態勢が整っているときである。（中略）A 状態とは、A 表象をもつことを本質とする状態のことなのである[8]。ここでの基本的な見方は、現象が主体ないし認知システムによって使用されるべくアクセスされている（またはアクセス可能である）場合に、その現象はアクセス意識的（A 意識的）だ、というものである。したがって、たとえばロンドンが英国の首都だという私の信念は、私がその信念について報告することができ、またそれが私の行動を律しうるがゆえに、A 意識的なのである。同じ状態でも使用可能な場合と使用可能ではない場合とがあるので、A 意識的であるというのは、状態そのものに備わる性質なのではなく、アクセスするメカニズムとその状態とが取り結ぶ関係に依存している。P 意識の場合はそうではない。P 意識的な状態もあれば、P 意識的ではない状態もある。そしてブロックが明確化しているように、P 意識的な状態の多く（たとえば知覚）は、主体が何かを意識しているという状態なのだから、A／P という区別は、他動詞的／非他動詞的という区別と同じではないのである。

ブロックは、A 意識と P 意識が分離可能だと論じる。アクセス意識的ではない現象的状態と、現象的に意識的ではない状態のアクセス意識とに分離できるというのである。本章での私の主たる関心は現象的意識にあるので、私はあまりこれにかかずらうつもりはない。私が現象的意識に関心をもつのにはふたつの理由がある。第一に、ブロックが記しているように、意識についての伝統的な問題をめぐる議論で焦点となっていたのが他ならぬ現象的意識だからである（以下の第 26 節～第 29 節で論じる）。第二の理由は、本書の主要テーマに関わる。志向説を擁護するには、意識的状態はみな志向的でなければならないからである。ブロックは、典型的なアクセス意識的な状態は、信念や欲求のような命題的態度であると主張している[9)]。すると定義によりこれらの状態は志向的だということになる。A 意識的であるような非志向状態なるものは存在しうるのだろうか。ブロックは A 状態を「A 表象をもつことを本質とする」状態として定義しているので、そうした状態がどうやって存在しうるのかは理解しがたい。それゆえ、A 意識的状態はみな定義により表象的だということになる。というわけで、志向説論者が関心を抱くべきなのは、現象的に意識的ではあるが非志向的であるとされるような状態なのである。

ただし私は、ブロックによる区別を本章を通じてずっと尊重しようというつもりはない。それは、この区別を否定するからではない。実際には、私はこの区別が、およそ意識の理論であれば説明しなければならないある直観的現象に立脚していると考えている。それは、いま意識のうちにあるものに気づくようになるという現象である。何らかの意味で自分の気づきの中にあったものを捉えてみようとするのは、われわれみなにおなじみのことだが、それは（よく言うように）しばらく経ってからそれを「意識するようになった」にすぎない。ブロックのA意識はさらに、最も基本的な（あるいはただ単に基本的な）意識の形態として哲学者が用いてきた、高階の思考（HOT）という概念とは区別されなければならない。この概念によると、ある状態が意識的であるのはそれが高階の思考の対象である場合である。たとえば、ある思考が意識的であるのはその思考についての思考がなされている場合であり、ある感覚が意識的であるのはその感覚についての思考がなされている場合である、などという具合である。ある状態が高階の心的状態の対象であっても、それがA意識的であるということは出てこない。それは単純に、その状態が推論に利用できる態勢にあることにはならないからである。（たとえば、どうやったら感覚が推論過程の一部となりうるだろうか。）だが、人が自分の感覚や知覚を意識していると言うことで意味しうることのひとつは、自分の感覚や知覚について考えているということだ。したがって、それは「意識」という語を申し分のない仕方で使っているのである。

本節では多くの概念を手にした——現象的意識、アクセス意識、自己意識、他動詞的意識と非他動詞的意識、高階の思考である。以上の概念どうしの関係が重要であることは、以下に進むに従って明らかになるだろう。しかし、本章の前半で私が焦点を当てるのは志向説であり、そしてまた特定の現象的に意識的な心的状態が志向説に問題を突きつけるという考え方である。それゆえわれわれは、主として現象的意識そのものに関心を向けなければならない。

22　志向的なものと質的なものの区別

心的状態や心的性質は、基本的な種類として、志向的なものと質的なもののふたつに分けられるとよく言われる。たとえば身体感覚は本来的に質的なものであり、質的な心的状態は志向的なものではない。これは、私が非志向説と呼ぶ学説、つまり心的状態がみな志向的であるわけではないとする学説を述べるやり方のひとつである。たとえばデイヴィド・ローゼンソールは次のように言う。

> 心的カテゴリーには大きなカテゴリーがふたつある。思考や欲求のようなもっぱら命題的態度と呼ばれる心的状態は、「that」節によって記述することができる内容をもっている。たとえば、人は雨が降るだろう（that it will rain）と思考したり欲求したりすることができる。こうした状態には志向的性質ないし志向性があると言われる。痛みや感覚印象のような感覚は志向的内容を欠いているが、代わりに多種多様な質的性質をもっているのである[10]。

ここでは、志向的状態は命題的内容をもつ状態として、また質的性質は、感覚という命題的内容を欠いた心的状態に特徴的な性質として述べられている。さて、心的状態に命題的内容をもつものとそうでないものとがあることは誰も否定しないだろう。しかしこのことは、志向説が間違っているということを含意しない。志向説の誤りは、志向的であることが命題的内容をもっていることと同じであってはじめて含意されることだ。だが、第8節で論じたようにそれは成り立たない。志向的内容がみな命題的内容であるわけではないので、命題的態度ではない心的状態があるという事実によっては、志向説は否定されない。志向説は心的状態がみな命題的であるとするテーゼでなくてもよいのである。

では、「質的な」心的状態とか心的性質といったものはどういうものだと考えられているのだろうか。ジェグォン・キムは、非志向説の正統的見解を代表する一節で、質的状態を以下のようなものだと言っている。

> 質的状態には感覚が伴っている。痛み、かゆみ、残像、緑色の丸い斑点が見えること、舗装した道路の上で自動車のタイヤが立てるキーッという音が聞こえること、吐き気を覚えること、などである。こうした心的状態には、「現象的」もしくは「質的」側面――それをどう感じるか、あるいは事物がどう見えるか――があると考えられている。たとえば、痛みには際立った痛み特有の質的な感じ――痛いこと――があると考えられているのである。君に緑の斑点が見える場合には、その斑点は特有の見え方をする。すなわち、

その斑点が緑に見えて、君の視覚経験には緑に見えるというそのことが伴っている。（中略）こうした感覚のどれにも、それ特有の感じがある。（中略）「生の感じ」や「クオリア」という表現もまた、こうした質的な心的状態を指示するのに使用される[11]。

ローゼンソールと同様、キムは知覚状態（ローゼンソールの「感覚印象」）を、質的な特徴を備えた状態のひとつに分類している。そのわけは、思うに、感覚があるということが何かのようであるような、その何かが存在するのとちょうど同じように、あるものが見えたり聞こえたり、そのにおいがしたり、それに触れたりする、ということが何かのようであるような、その何かが存在するからである。だが、知覚経験が命題的内容を備えているということも同じく明らかである。たとえば、バスが来るのが見えたり、ある人がグーラーシュを作っているというのがにおいで分かったり、ガラスが割れたのが聞こえたりするという具合である[12]。したがって、知覚経験は、質的特徴をも備えた命題的態度であるように思われる。それゆえ、質的なものと志向的なものとは排他的ではない。質的特徴を備えた命題的態度も存在するのである。

もっともこのように言ったところで、質的な特徴がどのようなものであるのかは依然として明らかではない。知覚や感覚がある仕方で「感じる」ものだと言いうるのは確かだ。だが少し考えてみれば、視覚経験の「感じる」仕方と身体感覚の「感じる」仕方は異なるということ（これは第25節でさらに擁護するつもりである）が分かる。したがって、質的特徴がどのようなものであれ、それが知覚の場合と身体感覚の場合とで同じだと考えるべきではない[13]。さらに言えば、五感による知覚に質的特徴が備わっていると述べてみても、そうした知覚が意識的であるという主張に何が付け加えられるのかを見極めるのは、かなり難しい。だから、ひょっとするとわれわれは「質的」という語を以下のように解釈すべきなのかもしれない。すなわち、質的な心的状態とは意識的な心的状態のことであり、かつ意識は多くの形態をとるのだ、と。

しかしこのように言うならば、（ブロックが指摘したように）命題的態度の多くが現象的に意識的でありうるのだから、知覚のみならず多くの命題的態度が質的特徴をもちうることになるように思われる。そのため、質的であるというのが単に意識的であることなのだとすると、質的であるような命題的態度が数多く存在することになる。そして、意識的ではない命題的態度があるという事実によって、ただちに、意識的な心的状態と意識的ではない心的状態とを区別しなければならないことになる。もっとも、「質的」という概念に訴えねばならなくなる前から、すでにこのことは分かっていたのだが。

というわけで、「質的」という語は、ただ単にブロックの意味での「現象的に意識的」を意味するかしないかのどちらかになるのである。もしそれが「現象的に意識的」を意味するのであれば、感覚や知覚やその他の命題的態度は質的だということになる。しかしその場合、心的状態どうしの区別で肝心なのは、意識的か否かであり、質的か志向的かではない。では「質的」という語がただ単に「現象的に意識的」を意味するのではないとすると、何を意味しているのだろうか。かりにキムの導きに従うなら、われわれは、心的状態が「質的」なのは、その心的状態が、感覚に見出されるような質か、あるいは知覚的な質（知覚を感覚から区別する際に述べたように、これは同じものではない）をもつ場合だ、と言うことになるだろう。だが、「質的」という語をこの意味で使うと、多くの意識的な命題的態度や出来事が質的ではないことになってしまう。上で見たように、意識的な思考は知覚的な特徴をもっていないからだ。したがって、質的状態は意識的状態の一種ではあるが、質的ではない意識的状態もある、ということになる。それゆえ、意識を理解するには、質的なものを理解するだけでは不十分なのである。そこで再び、意識的なものと意識的ではないものとの区別が重要であると思われてくる。

以上の混乱した言葉づかいを明確にすべく、私はこの二番目の意味で「質的」という語を用いることにしたい。意識的な特徴が知覚的であるような、あるいはそれが身体感覚の意識的特徴に似ているような心的状態を記述するためである。また、ブロックに従い、「現象的」の語を——志向的であってもなくても——以下の状態を記述するのに用いることにする。すなわち、その状態にあるということが何かのようであるような、その何かが存在する状態である。このように、現象的特徴とは幅の広い概念なのである。意識的な思考、知覚、その他の命題的態度、さらに感覚や情動。これらはみな現象的特徴を備えている。心的状態に見出される現象的特徴とは、その意識的特徴のことであり、心的状態の現象的特徴を説明することは、その心的状態にあるとはどのようなことかを説明することなのである。

23　クオリア

キムが言うように、質的な心的状態は「クオリア qualia」（単数形は ‘quale’）とも呼ばれる。ただし「質的」や「現象的」と同様、「クオリア」という語はさまざまな仕方で用いられている。私なら「現象的」の語を用いるときに「クオリア」の語を用いる論者もいる。要するに、ある状態がクオリアをもつのは、その状態にあることが何かのようであるようなその何かが存在するとき、またそのときに限る、となるわけだ。この意味のクオリアの存在について議論する余地はない。他方、クオリアの語を、志向的性質と対比される経験の「内在的な」性質を指し示すために用いる者もいる。たとえばブロックは、「クオリアの実在論とは（中略）われわれの経験には内在的な心的特徴が見出される、とする見解のことだ[14)]」と述べている。混乱を避けるため、私はこの後者の用法、すなわちクオリアを非志向的な意識的性質のことだとする用法を採用したい。

「クオリア」という語をこのように使うと、クオリアが質的な性質だというキムの主張からは離れることになる。というのも、私は「質的」という語を、志向的性質かどうかによらず、知覚的な、あるいは身体感覚に特徴的な性質を表すために用いているからである。私は「クオリア」の語を非志向的な意識的性質を表すのに用いる。ここで、現象的なもの・質的なもの・クオリアという概念の間に成り立つ関係を示せば、以下のようになる。

- 現象的状態＝現象的に意識的な状態／作用／性質のすべて。
- 質的状態＝知覚的な状態。知覚的な現象的特徴を備えた現象的状態／作用／性質。
- クオリア＝非志向的な性質。その性質が例化することによって、質的状態の現象的特徴を説明（もしくは部分的に説明）することができる。

するとこの語法を用いれば、クオリアによって質的性質や質的状態を説明することができると言っても同義反復にはならないし、また、志向性によって質的性質や質的状態を説明することができると言っても矛盾することにはならなくなる。両者はともに実質を備えたテーゼなのである。第24節と第25節で、両者の間に生じる衝突――質的なものについての志向説的説明と非志向説的説明との論争――を扱うことにしたい。だが、まずはもう少しクオリアについて述べなければならない。

クオリアとは、非志向的で意識的な心的状態のことである。では非志向的な心的状態とは何か。第8節で私が与えた志向性の定義を受け入れるのであれば、非志向的状態とは、志向的構造をもたない状態だということになる。すなわち、何にも向けられておらず、志向的対象もアスペクト形態もなく、様式的なものと内容的なものとを区別することのできない状態のことである。ではクオリアは何がもつ性質なのか。ここで重要な区別を設けなければならない。一方で、クオリアとは経験主体がもつ性質のことであり、それゆえそれは（第10節で心的状態という語を導入したときの意味での）心的状態なのだと考える哲学者がいる。他方、クオリアとは心的状態や心的出来事がもつ性質のことであり、したがって高階の性質（性質の性質）なのだと考える哲学者もいる。だから、第一の見解をとれば特定の歯痛がクオリアと呼ばれるであろうし、第二の見解をとれば歯痛の苦しさがクオリアと呼ばれることになるだろう。

この区別は重要である。というのも、志向説では第一の意味でのクオリアを斥けなければならないが――志向説とは心的状態がみな志向的であるとする見解のことだからこれは明らかである――、第二の意味でのクオリアは斥けなくてもよいからである。ある形態の志向説――弱い志向説――によれば、心的状態はみな志向性を備えているが、その中にはクオリア－性質をもつ状態もある。この見方では、たとえば歯痛の経験は志向性をもっている（歯に対する有向性をもっている）が、さらにその特有の感じにあたる固有のクオリアをも備えているだろう。これに対し、強い形態の志向説によれば、いかなる心的状態も非志向的な心的性質をもつことなどない。この区別については第25節で戻ってくることにしよう。

クオリアの例化という観点からは、質的状態の現象的特徴を説明（もしくは部分的に説明）することができると考えられる。ただすでに触れた理由により、あらゆる意識的状態の現象的特徴がクオリアの例化という観点から説明できる、とは誰も考えていない。いまこそ母親に手紙を書くべきときだということをはっきり認識する際、その認識に備わる現象的特徴をクオリアによって説明することはできないのである。意識的な思考や命題的態度に見出される現象的特徴については、次章で論じることにしたい[15]。ここでは質的状態、すなわち身体感覚や知覚経験を扱うことにしよう。クオリアを備えた状態の例として知覚経験——見えたり聞こえたり触れたりすること——を挙げるのは、もしかすると異論の多い方を挙げることになるかもしれない。そこでこうしよう。私の関心はクオリアなるものによって志向説が論駁されるかどうかにあるのだから、まずは、非志向説を支持する最良の根拠が得られるような、異論の少ない方のクオリアの事例を扱いたい。すなわち身体感覚——痛みやかゆみなど——である。かりに知覚経験がクオリアをもたなかったとしても、志向説をとるならなおも身体感覚の質的特徴を説明しなければならない。したがって志向説論者は、身体感覚におけるクオリアだとされている事例を検討し、それが誤って非志向的なものとして分類されてきたということを示さなければならない。これが以下の数節での課題である。

24　身体感覚の志向性

痛みや他の感覚について語る際、痛みがあるという状態と、その状態にあるときに感じている痛みとを区別することができる。たとえば、ウラジミルには痛みがあると私が言う場合、「x には痛みがある」は、ウラジミルがもつ性質について述べる 1 項述語である。それに対し、ウラジミルはつまさきに痛みを感じていると言う場合、私は「x は y を z に感じている」という 3 項述語を用いることによって、ウラジミルと対象である痛みとを関係づけているように思われる。この「x は y を z に感じている」という 3 項述語では、y 項には他の感覚語を入れることもできるだろうし、z 項にはつまさき以外の身体の部分を表す語を入れることもできるだろう。このふたつの語り方のどちらなのかで曖昧になるおそれのある場合には、痛みがあるという状態を表すのに「痛み－状態」という語を用い、痛みの主体が痛みを感じていたり、痛みに気づいていたり、それを意識しているときに主体に関係づけられている（ように見える）対象のことを表すのに「痛み－対象」という語を用いることにしたい。

さて、上で述べた二種類目の事例において、痛みに伴う意識を、足の痛みを意識する場合のような他動詞的な意識の一種として記述しうるという事実に、感覚の志向性が現れていると考えたくなる。一見したところでは、他動詞的な意識は志向性の一形態であるように見える。バスが近づいてくるのを意識している場合、近づいてくるそのバスが意識の志向的対象である、というように。「X は Y を意識している」という形式の主張をするのは意識的状態の志向性について語るやり方であるから、「X は痛みを意識している」という形式の主張は、X と痛み－対象との志向的関係を表わしている、と結論したくなるわけだ。

残念ながらこれでは拙速にすぎる。たとえばサールは、他動詞的な「～を意識している」が常に志向性を表わしているわけではないと主張している。

> 「～を意識している」の「～を」が常に志向性の「～を」であるわけではない。私がドアのノックを意識している場合、私の意識的状態は志向的である。なぜなら、私の意識的状態は、それ自身を超えるもの、つまりドアのノックを指示しているからだ。だが、痛みを意識している場合には、痛みはそれ自身を超えるものを何も表わしてはいないので、志向的ではないのである[16)]。

しかし「私は痛みを意識している」の意味するものには少なくとも三つの可能性があるため、サールの異論は決定的なものではない。第一に、痛みを意識しているということが、痛み－状態にあることに気づいているということを意味している可能性だ。その場合、それは別の心的状態についての「高階の」気づきであり、それ以外の高階の心的状態と同じくらい志向的である。というのも、高階の心的状態は、低階の状態を志向的対象としてもつからだ。たとえば、自分が p ということを信じているという信念は、p という信念を対象としてもっているのである。

第二に、痛みを意識しているということが痛み－対象に気づいているということであれば、ドアのノックとの類比が成り立つ。すなわち、痛み－状態がドアのノックを意識しているのと同様に志向的であるという類比である。なぜなら、ノックのもつ非志向的な性質が、ノックへの意識に備わる志向性には関係ないのと同様に、痛み－対象そのものが（そういうものがあるとしてだが）志向的ではないという事実は、痛み－対象への気づきに備わる志向性には無関係だからである。この痛み－対象の問題については、本節の末尾で戻ってくることにしよう。

最後に三番目として、痛みを意識しているということが単に痛いということを意味している可能性がある。しかしいま問題になっているのは、まさにその痛いということの志向性にほかならない。したがって、「私は痛みを意識している」が単に「私は痛い」を意味しているのだと述べても、サールは志向説論者のテーゼに反論したことにはならない。サールには別の理由が必要なのだが、そこで彼が挙げているのは、痛みはそれ自身を超えるものを何も表わしていないので志向的ではないという理由である。だが実際には、このことは自明ではない。多くの哲学者が、痛みは身体の損傷を表わしているというテーゼを擁護してきたからだ[17]。それどころか、たとえこのテーゼを受け入れなくとも、もっとよいやり方で感覚の志向性を擁護することができる。

感覚が感じられる場所について正しく理解すれば、感覚の志向性をもっとうまく擁護することができるようになる。われわれがふつう経験するように、身体感覚にとって不可欠なのは、それが身体に位置するように感じられるということだ。痛みやその他の感覚は、身体のある部分ないし領域に位置しているように感じられるのである。感覚に注意を向けることは、その感覚があると感じられる、身体の（見かけの）部分や領域に注意を向けることである。身体感覚の位置は、はっきりと感じられなくてもよいし、また全身を含む場合もありうる。吐き気が身体の真ん中を覆い尽くすこともあれば、肉体疲労の感じが全身の隅々まで行きわたることもあるだろう。ここでのポイントは、感覚が必ず、それなりに境界の定まった曖昧でない位置を占めているように感じられるという点ではなく、それが身体の中のどこかにあるように感じられるという点にある。これが必然的であることから、自分自身の感覚が（たとえば）自分の左の肩から十インチ外側に位置しているというのが、なぜあまりにも理解しがたいと思われるのかを説明することができるだろう。ただし、幻肢はそうした理解しがたいケースではない。なぜなら、幻肢痛で主体が感じるのは、腕や足が切断されたところから少し離れた場所に痛みがあるということではないからだ。彼らは、自分の身体が実際よりも広がっていると感じるのである[18)]。

身体感覚に見かけの位置があるということに異論はないだろう。これに対して、その位置が感じられるということには異論があるかもしれない。非志向説論者は、「感じられる」位置は、実際にはふたつのものを含んでいる、と言うかもしれない。すなわち、感覚（クオリア）とその感覚が身体の特定の場所に位置しているという信念である。この見方によれば、感覚の位置は、感覚を感じることの一部ではなく、むしろ感覚の位置する場所についての信念の内容である。しかしこれは完全に間違っている。信念とは、他の信念や証拠に基づいて改訂することができる心的状態のことである。合理的な主体は、ある信念に対して決定的に不利に働く理由をもつに至った場合には、その信念を改訂する。したがって、感覚の見かけの位置がその位置についての信念によって説明されるのであれば、その感覚がそこにはないと考えるべき理由をもつに至った場合には、主体はその信念を改訂すると考えられるだろう。だがそうはならない。感覚が脳状態と同一だとする物理主義の議論に説得された者なら、感覚が実際には脳内に位置していると信じるようになることもあるかもしれない。しかし、この信念を抱いていても、身体におけるその感覚の見かけの位置は変化しない。さらに言えば、感覚は脳内にあるものの足に位置しているように見えると主張しても、この人は不合理ではない——つまり、矛盾した信念を抱いているわけではない。ある感覚が特定の場所に位置していると感じることは、その場所に位置している感覚があるということを信じることと同じではないのである。

ではなぜ感覚の感じられる位置が、感覚が志向的であるということを意味するのだろうか。私は第５節・第６節で、有向性とアスペクト形態という、志向性に見出されるふたつの本質的特徴の概略を示した。これらの特徴は、私が志向性の関係的構造と呼ぶものから生じている。志向的状態が志向様式（信念など）によって志向的内容（命題など）と関係を取り結ぶ、という構造がそれだ。志向的状態の本性は、その志向様式と志向的内容を与えることによって明らかになる。あらゆる志向的状態は、それがあるものに向けられているという意味で、志向的対象を有しているのである。対象と内容の関係については、第

8節で説明した。

そうだとすると、痛みやその他の感覚が本当に志向的なのであれば、その志向的対象や志向様式、その志向的内容を区別することが可能であるはずだ。足首にある痛みを例に取り上げよう。まずはじめに述べるべきは、これが気づきの一形態だということである。これは「端的な」気づき、つまり「裸の」気づきではない。それは、自分の足首に気づいているという他動詞的な形態の気づきなのだ。足首がその状態の対象だと言いたくなるのは、ほかならぬこの理由のためである。この痛みの状態にあるというのは、その足首が主体に特定の仕方で提示されているということだ。思い出してほしいのだが、一般に、ある状態Sの志向的対象は、「状態Sにあるとき、君の心は何に向けられているのか」という問いへの答えにおいて与えられる。たとえば、「君は何について考えているんだい」という問いに正しく答えることで、あなたの思考の志向的対象が分かるのである。さて、痛みが「〜について」のものだと言うのは不自然である。そこでそう言う代わりに、「どこが痛むんだい」と尋ね、それに対して、足や腕など痛みの志向的対象を答えるのである。ここに関係的構造があるということは、痛みの経験主体と痛む対象や領域とが区別されるということから分かる。そして、志向的対象があるということも、主体の心がその対象に向けられているということから分かる。また他の志向的対象と同様、感覚の志向的対象が実際には存在しない事例もある。たとえば、幻肢がそうした事例である。

この痛みの志向的対象——感覚によって知覚されるものとしての足首——は、痛みの主体に特定の仕方で提示されている。足首は足の一部であり、骨と筋肉からできているが、主体が痛みの状態にあるときには、そのようなものとしては提示されていないだろう。肝臓に痛みがあっても、肝臓が痛みのある場所だ、と考えることなどないかもしれない——自分が肝臓をもっているということを知ることすらなく、「まさにここ」にあるものとして特定することしかできない痛みもあることだろう。このように身体感覚はアスペクト形態を示す。すなわち、身体感覚の対象は特定の仕方で提示され、他の提示の仕方を排除するのである。ふたつの感覚状態が、ふたつの別の仕方で提示された同一の対象に、言わば収斂する場合もあるだろう。感覚状態の内容は、その内容が提示する、身体の部分のありようである。たとえば足「における」幻肢痛の内容は、私の足が痛む、というものかもしれない。

志向様式についてはどうだろうか。足首に痛みがある場合の志向様式は、感じるという様式、つまり足首の感じ方である。志向的内容はその感じの内容である。だからたとえば、痛みの場合には、足首が痛むということを必ず感じるのである。外的な知覚と類比して言えば、ちょうど見えることが知覚することの一種であるように、痛みは感じることの一種である、と言えるだろう。もちろん身体的な感じには他にもたくさんの種類があるが、自分の身体を感じうるこうした感じ方のどれもが、身体の部分を志向的対象としてもつ志向様式なのである。これでは不必要に様式が増えてしまう、と反論されるかもしれない。しかし、同種の反論が、クオリアにおける相違だけから意識の相違を説明する理論にも突きつけられるだろう。身体感覚のタイプがいろいろあるのと同じくらい、クオリアにもいろいろあるだろう、というわけだ。そしてなぜこれがクオリア説よりも志向説的な見解にとって大きな問題となるのかは、明らかではないのである。

いま概略を示したアプローチのもとでは、痛み－状態の志向的対象は、痛み－対象ではなく、身体の部分や領域である。実在の身体部分は、言うまでもなく実在的な事物である――われわれはその本性を、つまり他からどう区別すればよいかをよく知っている。これに比べて、痛み－対象とはよく分からない存在者である。かりにそれをまともに受け取るのであれば、個別的な対象に少し似ていて（なぜなら「位置を変え」たり再び生じたりすることがあるから）、また出来事に少し似た（なぜなら時間がかかるから）あり方をした存在者だと解釈しなければならないだろう。しかしそれはいったいどういう種類の存在者なのだろうか。さらに言えば、痛み－対象についてまともに語り出そうとすると、パラドクスが生じてしまう。ブロックは、以下の論証が妥当ではないということを指摘している。

1　痛みが私の手にある。
2　私の手は私のポケットの中にある。
3　それゆえ、痛みが私のポケットの中にある。

さてもしも痛みが対象であるなら、この結論のどこがおかしいのだろうか。一定の空間に存在する対象がその空間を含む空間内にも存在すると考えて何がおかしいというのだろうか。

それでもブロックの事例は妙なのである。推論 1〜3 は、x は y の中にあるという関係の推移性のみに依拠しているように見えるし、しかもこれはごく自然な想定であるように見えるにもかかわらず、この事例はおかしいのだ。ブロック自身は、問題を「〜に」という語がもつ曖昧さに由来するものだと診断している。マイケル・タイはそれに同意せず、この問題が生じるのは、「私の手に痛みがある」が内包的文脈だからである、と主張する（内包的文脈という概念については第 4 節を参照[19]）。タイは、心理的動詞を含む他の内包的文脈が、以下のように同様の見かけの非妥当な推論を生み出すことを示すことによって、対応関係を引き出している。

4　私は市役所にいたい。
5　市役所はゲットーの中にある。
6　それゆえ、私はゲットーの中にいたい。

だが、タイの説明は説得的ではない。4〜6 が妥当でないのは、明らかに、自分の欲求の対象を、それについての事実すべてを表わすことなくひとつのやり方で表すことができる、という事実のためである。4〜6 の推論の非妥当性はこうしてはっきりと説明することができる。それゆえこのケースで「〜に」が曖昧だと言う必要はない、とタイが言うのは正しい。では、1〜3 の非妥当性についてタイの対応関係からはどう説明できるのか。このケースでは、市役所の場合のように、あるあり方をしているものとしては提示されているが、別のあり方をしているものとしては提示されていないような対象は、存在していない。1〜3 における内包性がどのように生み出されているかを説明することができないなら、4〜6 のように「〜に」が曖昧ではない内包的文脈のケースが存在するということを指摘するだけではだめなのである。

実際、内包性では 1〜3 が妥当ではない理由を説明しえないということは、ロベルト・カサティの例で示されている。

7　私のズボンに穴があいている。

8　私のズボンは押し入れにある。

9　それゆえ、その穴は押し入れにある。

これは妥当でないのがただちに分かるし、また1〜3と同種の論証であるように見えるが、ここに内包的文脈はない[20)]。カサティは次のように提案している。「私のズボンに穴があいている」の「〜に」は、その穴がズボンに因果的ないし存在論的に依存しているということを表わしている。それに対し、「私のズボンは押し入れにある」の「〜に」はそのような依存関係を表わしてはいない、と。これがもしそうなら、この場合についてはブロックの説明が正しいということになるだろう。つまり7〜9における「〜に」は曖昧なのだ、というわけである。

1〜3の場合にも同じ説明が成り立つだろうか。すなわち、「痛みが私の手にある」の「〜に」は、その痛みが私の手に因果的ないし存在論的に依存しているということを表わしているのだろうか。そして、この事実および、私の手が私のポケットにそうやって依存してはいないという事実から、1〜3が曖昧である理由を説明することができるだろうか。これは正しい道筋に沿ってはいるものの、そのままで正しいということはありえない。なぜなら、手に幻肢痛が生じうるなら、痛みが存在論的に（いわんや因果的に）現実の手に依存しているということはありえないからだ。幻肢痛患者は、自分に手があると誤解して、1〜3の論証の前提を繰り返すかもしれない。

私の考えるところ、ここで言うべきなのは、上でいま述べた理由により、痛みは因果的にも存在論的にも手には依存していないが、これに対して痛み－状態は手によって志向的に個別化されている、ということである。すなわち、どの痛み－状態も、それを「完成させる」対象、つまり痛みをまさにそのような状態たらしめる対象が必要なのだ。ナポレオンについての私の思考はナポレオンによって個別化される。ナポレオンは私の思考をまさにそのような思考たらしめるものの一部なのである。そしてちょうどこれと同じく、私の手にある痛みは、私の手によって個別化される。手は痛みをまさにそのような痛みたらしめるものの一部なのである。また、たとえ現実にはペガサスなど存在していなくても、私がペガサスについて考えることができるのとちょうど同じく、たとえ私に手がなくても、私の手には痛みが生じうるのである。（もしもあなたが、この用法を正しい日本語ではないと思うのであれば、「手に痛みが生じる」を「手に痛みがあるかのようだ」とか「私の手のように思われるものに痛みがある」などと置き換えてもよい。同じことだ。）「～に」は志向的な個別化を表現しているのである。

因果的ないし存在論的な依存関係とは異なり、志向的な個別化は関係的ではない。たとえXが現実に存在しない場合でも、XはYを志向的に個別化することができるからだ。それゆえ、「感覚言明が、本質的に人をその身体の部分と関係づけるのであれば、それにふさわしい身体の部分が存在しないときには真ではありえない。だが、幻肢という現象は、その場合でも感覚言明が真でありうることを示している[21)]」と言う点では、フランク・ジャクソンは正しい。しかし、このことが、身体への単なる気づきによって心的対象への見かけの指示を分析し尽くせるとする見解にとって不利に働く、という結論を引き出してしまう点ではジャクソンは誤っている。なぜなら、ここまでのところで示されたのは、そうした気づきが身体部分との関係ではないということにすぎないからだ。したがって、気づきが志向性の一形態だとしても、それはこの意味で関係的だということにはならない（第８節）。

この説明の強みは、痛み－対象について字義どおりに語ることなく、身体の部分「に」ある痛みについて語ることができるようになる、という点だ。なぜなら、痛みが身体の部分にあるということが、その身体部分によってその痛み－状態が個別化されるということであるなら、痛み－対象が現実に存在するということを受け入れることなく身体に痛みがあるということに同意しうるからである。（痛み－対象にまつわるもうひとつの疑念は、あらゆる言語が痛みを対象であるかのように語るわけではない、というところにある。痛みを対象として語るのは、英語のイディオムから出てくる人為的な間違いだろう。とはいえ、この点をここで追跡することはできないが。）

以上が、痛みやその他の身体感覚が志向的状態だと考える私の理由である。感覚は身体への気づきを含む。つまり、感覚は志向様式によって身体の部分や領域を提示するのであり、また特定のアスペクト形態を備えているのである。

25　強い志向説と弱い志向説

身体感覚についての以上の点が受け入れられたとしよう。また、議論を進めるうえで、他の心的状態がみな——知覚や情動を含めて——志向的だということも受け入れられたとしよう。しかしそれでもなお、特定の心的状態が志向的性質だけでなくクオリアをも備えている、ということを受け入れることはできるだろう。これが、弱い志向説と私の呼ぶ見解である。すなわち、心的状態はみな志向的であるが、しかしその中には非志向的な意識的性質、つまりクオリアをもつものもある、との見解である。弱い志向説によれば、クオリアとは心的状態の高階の性質のことだ。したがって、クオリアは性質の性質なのである。弱い志向説を別の言い方で表現するにはこう述べればよい。ある心的状態の現象的な特徴は、その志向的な特性に尽きるものではない。なぜなら、ふたつの経験が志向的な特性を共有しながらも、現象的特徴では異なっているということがありうるのだから、と。さらに別の言い方で弱い志向説を表現すれば、心的状態の現象的に意識的な相違のすべてが志向的な相違であるわけではない、というものになる。人は、知覚について、または情動について、あるいは感覚について、さらにはこの三者すべてについて、弱い志向説論者になりうるだろう。私がここで扱いたいのは、感覚についてである[22)]。

私は以下のようなものとして、痛みについての弱い志向説的な見解を考えたい。それによると、痛みがあるというのは志向的状態である。それは、自分の身体の一部分ないし一領域で生じている何かに気づいていることなのである。しかしこれは、痛みの現象的特徴についての全ストーリーではない。というのも、痛みがどう感じられるかということの一因となるクオリアもまた存在しているからだ。したがって、感覚経験の意識的な特性は、その経験が対象として提示する身体の部分とそのクオリア、というふたつのものによって決定されることになる。このことは、ふたつの痛みについて考察してみれば説明できるだろう。ひとつは右足首の痛み、もうひとつは左足首の痛みである。このふたつは、別の場所にあると感じられるが、しかしある意味で同じに感じる。ふたつが同じに感じるということの意味は、それらの痛み－状態が共有するクオリアによって理解することができる。これに対し、ふたつが異なって感じられるということの意味は、それらの志向的対象（それらの位置）によって理解することができる、というわけである。

こうした非志向的なクオリアは、何がもつ性質なのだろうか。痛みのある身体部分がもつ見かけの性質だ、と答えたくなる。だがこれは、弱い志向説論者にとって正解ではありえない。なぜなら、痛み－クオリアは心的状態のもつ性質のことだと考えられているからだ。歯痛の耐えがたさが歯痛のもつ性質である一方で、歯痛そのものは意識的な主体のもつ（部分的に志向的な）状態なのである。これに対して非志向説論者は、特定の意識的な心的状態（「純粋クオリア」と呼ぼう）には志向性はまったくないと主張する。したがって、弱い志向説論者が自らを非志向説論者と区別するのであれば、純粋クオリアが存在することを否定しなければならない。すなわち、クオリアが性質の性質つまり志向的状態のタイプ以外のものとして例化されることなどありえない、と主張しなければならないのだ。もしもクオリアが身体の部分のもつ性質なのであれば、クオリアは性質の性質ではないだろう。しかし、クオリアは性質の性質でなければならない。なぜなら、そうでないと純粋クオリアが例化しうることになってしまうからだ。そこでこう想定したい。感覚についての弱い志向説的な理論では、痛みに含まれるクオリアは、痛みがあるという志向的状態の性質のことである、と。これは、視覚経験についての弱い志向説的な理論の主張に対応している。それによれば、視覚的なクオリアは、視覚経験の性質すなわち心的状態のもつ性質なのである。

しかし、痛みに気づいているということが、自分の心的状態のもつ性質に気づいているということを必要とする、というのは果たして本当なのだろうか。私の足首の痛みは、私の一部に生じているように思われる。それゆえ、私が痛いのはまさにこの足首にほかならないように思われるのである。まさか、私が自分の足首の位置に気づいていて、さらに（このことに加えて）、私がそのように気づいているということにクオリアが備わっていると私が感じている、というわけではあるまい。そうやって足首の痛みの志向性と質的特徴とを分離することはできないように思われる。したがって、足首に痛みがある場合、ふたつのこと――足首に志向的に気づいていることと、痛み－クオリアに気づいていること――が生じているようには思われない。そうではなくむしろ、足首への気づき自体がまさしく足首が痛むことへの気づきにほかならないように思われるのだ。痛みは足首にあるように見える。足首がどう感じられるかは、足首の性質であるように思われる。それは足首に対する志向的な気づきがもつ内在的な性質であるようには思われないのである[23]。

視覚的知覚におけるクオリアという考えに突きつけられる標準的な異論は、自分の経験に注意を向けるとき、「人が見出すのは世界のみである」――J・J・ヴァルバーグの言い方――というものだ[24]。一杯のワインの赤さを見るとき、経験の非志向的な性質を探し求めても、人が見出すのはそのワインの見かけの性質、つまりワインの赤さでしかない。経験にまつわるこの事実は、経験の「透明性」と呼ばれるようになったものである（第43節参照）。感覚についての弱い志向説的な見方に対する私の異論もこれと同様である。自分の痛みに注意を向けるとき、人は自分の痛みの対象に注意を向けるのであって、その経験の特徴に注意を向けるのではない。人は足首と足首が痛むことに注意を向けるのである。これらはいずれも見たところでは経験の高階の特徴ではない。したがって、感覚についての弱い志向説は棄却されなければならない。感覚について志向説を受け入れるなら、強い志向説を受け入れなければならないのである。

感覚についての強い志向説では、感覚の現象的な特徴は純粋にその状態の志向性に存する。これは三つのやり方で理解することができる。まず、心的状態の意識的な特徴をその状態の志向的内容に見出される特徴に求めるものとして理解することができる。つまり、意識的な特徴が相違すれば必ず内容も相違する、というわけだ。第二に、強い志向説では、心的状態の意識的な特徴はその志向様式――主体がその内容と取り結ぶ関係――に求められている、と理解することができるだろう。そして第三に、意識的特徴の相違が、内容の相違と様式の相違との組み合わせでありうる、と考えるやり方である。この三区分はまさに、志向的状態は、その様式や内容もしくはその両方が異なりうるという（第8節で概略を示した）事実から生じるものである。

近年タイは、一種類目の説を唱道してきた。これは、私がタイの表象説と呼ぶものである[25]。タイの主張によれば、（たとえば）痛みは、身体への損傷や身体の乱れの表象である。意識状態は特定の事態の表象であり、また意識は表象された事態の中に位置しているというのだ。しかしながら、この説の痛みの扱い方はあまり説得的ではない。明らかに多種多様な痛みがあるように思われるし、主体がそうした痛みすべてに、身体への損傷を表象するものとして気づくとは限らないだろう[26)]。

タイの説は、感覚の現象的もしくは意識的特徴における相違を、その状態の表象内容にのみ求める。これに対し、別の強い志向説的な見解によれば、ある状態の現象的特徴は、単にその内容によってのみ定まるのではなく、内容とその志向様式によって定まる。これは、上で述べた第三の見解であり、私が擁護しようと思うのはこの見解である。（第二の見解、つまり心的状態の現象的特徴が完全にその志向様式によってのみ決まるとする見解は、ほとんど擁護しえない。というのも、妥当と思われる志向説的見解であれば、志向的内容が現象的特徴に寄与するということを受け入れなければならないのは自明だからだ。）

この説は、身体感覚を知覚の一形態として、すなわち身体内部で生じていることについての知覚と見なしているため、私はこの説を「知覚説」と呼ぶ[27)]。知覚との結びつきを明らかにするために、まずは強い志向説的な知覚理論を、そしてその理論で（たとえば）視覚経験の現象的特徴についてどのような主張がなされるのかを検討しよう。航空機が頭上高くを飛ぶという視覚経験の現象的特徴は、その内容――航空機やその形態や大きさなど――を与えること、そして見えるというその経験の志向様式を与えることによって得られる。頭上高くに航空機が見えることと、それが聞こえることとの間に現象的な相違があるのは、ひとつにはその内容――何が経験されるか――に関わっているが、この内容の了解の様式、つまりサールの意味での志向様式にも関わっている。対象に備わる特定の性質（たとえば色）は特定の様式においてのみ了解されるため、他の様式の内容に現れることはない（色のにおいがするということはない）。ただし様式特異的ではない性質もある。たとえば、形が見えることと形を感じることとの相違は、部分的にはそこでの志向様式に関わっている。強い志向説的な知覚理論によれば、知覚の現象的特徴は、様式と内容というふたつのものによって定まるのである。

私は、身体感覚についても同じことを言いたい。身体感覚に含まれる意識は、その感覚の志向的内容と志向様式というふたつのものから生まれる。足首の痛みを考えてみよう。私は、足首がその痛み－状態の志向的対象であると述べた。多くの外的知覚の対象（例：航空機）と同様、足首そのものが意識的なものである必要はない。知覚や感覚において、気づきの状態が意識的であるためには、意識が気づきの志向的対象になくてもよいのである[28]。

しかし、志向的状態や志向的作用に見出される現象的特徴を探究しているとき、われわれは、気づきの対象、すなわち多くの志向的状態もしくは志向的作用の対象でありうるような対象だけではなく、志向的内容にも関心がある。足首だけではなく、その足首をめぐる状況がどうなっているのかということもまた、現象的特徴を定めているのである。ある痛みの志向的内容は、私の足首が痛む、というようなものだろう。（便宜上こう述べることにより内容が命題的になっているが、内容がみな命題的であることに私はコミットしていないということを思い出してほしい。）さらに、この状態がどのような志向様式において提示されているかを述べてはじめて、その現象的特徴を十分に特定したことになる。以下と比較してほしい——航空機が見えたのかそれとも聞こえたのかを述べてはじめて、頭上高くの航空機の知覚に見出される現象的特徴を十分に特定したことになるのである。

知覚説は、痛みやその他の身体感覚を、志向様式を含んだものとして提示する。では知覚説では、痛みが身体の一部にあるように見えるという事実、つまり痛みが身体の性質であるように見えるという事実を、どうやって説明するのだろうか。これは、弱い志向説に突きつけられた問題であった。痛みに注意を向けるとき、われわれはその痛みを感じる身体の一部に注意を向ける、と先に私は述べた。だが私は、痛みとは自分の足首に気づくやり方のひとつであり、それゆえそれは性質ではなくもっと関係に似たものだ、と言ったのではなかったか。

この問いに答えるためには、われわれが感覚について論じたり考えたりする際に適用している概念の特殊な性格を理解しなければならない。足首にある痛みの内容は、「私の足首が痛い」と表現するのが自然だろう。一見したところこの文は、私の足首に痛みという性質が存在しているということを言おうとしているように見える。しかしよく考えてみると、痛むという概念に主体との関係がひそんでいることは明らかである。あるものが痛むには、誰かが痛くなければならない。ゆえに人の身体の一部が痛むには、その人自身が痛くなければならない。われわれは、ある人自身が痛いということなしにその人の身体の一部が痛むということをよく理解できないのである。したがって痛むというのは、単に人の身体の一部が、ある内在的な性質をもっているということではなく、身体の一部やその性質が見かけ上その人自身に影響しているということなのだ。それゆえ、痛むということは関係的構造をもつ。すなわち、その感覚の内容は足首が痛むということであり、その様式は感じることである。このことは、ある人の身体の痛む部分がその人自身に何かをしているという点、つまりその身体にはその人がそうやって感じていることの一因となっている何かがある、という点を捉えているのである[29)]。

痛みに注意を向けるというのは、痛む場所に注意を向けることである。とはいえ、痛むことに注意を向けることなく痛む場所に注意を向けることはできないのであり、この痛むというのは、私の主張したところでは、身体の部分や場所が、(言わば) 自身を痛みの主体に押し付けているというあり方なのである。それゆえ主体は、自分の足首が痛むということに気づいているときには、その痛みが自分自身に痛みをもたらしているということに気がついている。これこそ、知覚説では、痛みの備えている現象的特徴が、その経験の内容と志向様式のふたつのものによって得られることになる、と私が述べる理由である。

最後に次の問いに立ち戻る必要がある。たとえ足首がなくとも足首が痛むということが、知覚説の見方のもとでどのようにして可能なのだろうか。志向性の関係的構造について第 8 節で述べた説明によれば、志向性は現実に存在する対象との関係ではなく、志向的内容との関係だということになる。内容概念のポイントは、ひとつには、志向的状態の対象が提示されるアスペクトを表現ないし把握することにある。別のポイントは、様式が同一のさまざまな状態を区別することにある。しかもそうした状態は、たとえその志向的対象が現実には存在していない場合ですら、区別することができるのである。これが、志向的状態は志向的対象との関係であると一般的には言えない理由にほかならない。第 24 節で述べたように、幻肢が示しているのは、ある人の身体の一部が現実には存在していなくても、その人はその箇所に痛みを感じることがある、ということである。したがって、志向説論者は、痛みが身体の一部との関係であると言うことはできないのである。志向的内容が、主体にとって事物がどのようであると思われるかということだとすると、痛みとはむしろ志向的内容との関係のことである。主体にとっては手や足があるように思われる。そしてこのことは、手や足が現実には存在しないことをその主体が知っているということと両立可能なのである。

これに対して、痛みは常に現実に存在している志向的対象との関係なのだが、その志向的対象とは身体ないしは脳におけるその痛みの原因のことである、と言われるかもしれない。だが、その原因に主体はまったく気づかないかもしれないのだから、それによって、志向的対象という概念と、現象のありよう、すなわち事物が主体にとってどのようであると思われるのか、ということとの結びつきが損なわれてしまうだろう。知覚説が捉えようとするのは、事物がどのようであると思われるか、ということなのである。身体における感覚の原因はまた別問題であろう。

こうして、人は足がないときですら足に痛みを感じる場合がある、ということが成り立ちうる。またこのことは、その人に「痛むのは君の足ではない。そんなものなどない。それは切断の影響だ」と言いうるということと両立可能なのである。以下と比較してほしい。ある人が、運命が自分に味方していないと考えるということがありうる。そしてこのことは、その人に対して「運命ではない。そんなものなどない。ただついていないだけだ」と言いうるということと両立可能なのである。これらの事例は、重要な点で対応している。

この見解の革新的なところのひとつは、状態の現象的特徴を一部その志向様式に位置づけている点である。だが、クレインは現象的なものが存在すると単に取り決めているだけだ、と反論されるかもしれない。つまり、志向様式には意識的なものもあればそうではないものもあると想定することによって、現象的なものが存在していると約定しているにすぎない、というのである。しかしこの反論は混乱している。もちろん私は、心的状態には現象的特徴をもつものともたないものとがあると想定している。しかし、クオリア説論者も同様である。彼らは、特定の志向的状態がその本性によって意識的なのだと想定する代わりに、その本性によって意識的であるような特定の非志向的性質が存在するのだ、と想定している。私が意識なるものが存在すると取り決めるときには、同様に反論者も意識なるものが存在すると取り決めているわけだ。だが、別のやり方で意識の定義のようなものが得られる見込みなどないのであるから、他にとりうる道はないのである。

意識的感覚に関するおおよその説明材料が整ったので、ここでわれわれは第19節で終わらせないでおいた論点に戻らなければならない。物理主義で意識を説明することができるか、というのがそれである。

26　物理主義・意識・クオリア

心身問題のハードな部分を生み出すのは意識的経験のクオリアである、とよく言われる。意識的状態と志向的状態を区別する者の多くにとって、志向性を物理主義的に説明するという問題は、クオリアを物理主義的に説明するという問題よりもずっとやさしいと思われている。実際、最近ではしばしば心身問題全体が次のように提起される。どうやったら物理主義者はクオリアを説明することができるだろうか、と。したがって、意識についての志向説的説明が正しく、またクオリアを持ち出すことなく意識が理解可能であるなら、心身問題のこの側面がもつ力は消え去るように見えることだろう。クオリアなどというものがなければ、物理主義はそれを説明する必要もないからだ。残る唯一の問題は志向性の物理主義的説明だけであり、この問題はクオリアの説明よりも深刻な問題ではない、というのである。

この線での考察では以下のふたつが前提されている。第一に、クオリアがないのであれば、物理主義にとって意識をめぐる問題など存在しない（あるいはたいした問題ではない）ということ、第二に、志向性を物理主義的に説明するのは、クオリアを物理主義的に説明するよりも困難ではないということである。だがこれらはともに誤っている。第二の前提は、次の事実によって切り崩されている。すなわち、近年の声明に見られる楽観主義にもかかわらず、志向性の物理主義的還元にしつこくつきまとってきた、誤表象や錯誤という根本的な問題の扱いをめぐってほとんど進展がなかった、という事実である[30]。

第一の前提が誤っているのは、物理主義にとっての意識の問題に限って言えば、その問題が上で論じた意味でのクオリアの存在には左右されないということが明らかになったためである。意識が何であるにせよ、またどのような種類の志向説が正しいにせよ、意識に関する真の問題が残る。さらに言えば、物理主義にとっての真の問題とは、物理主義のみにとっての問題なのではなく、何らかの仕方で意識を説明しようと試みるあらゆる理論にとっての問題なのである。以下では、こうした主張を擁護していきたい。

物理主義にとっての意識の問題とはどういうものだと考えられているのだろうか。第 19 節で論じたように、脳内の湿った物質が意識を生み出すことができるのはなぜだろうという驚異の念だけから、哲学的問題を生み出すことはできない。なるほどこれは驚くべき事実ではあるが、しかし驚くべき事実などいくらでもあり、またそうとしか言えない場合もある。第 19 節で私は、ジャクソンが「知識論法」と呼ぶものによって別の問題が突きつけられる、と述べた。意識的状態にあるとはどのようなことかをわれわれが知っている場合でも、物理主義ではそのときにわれわれが知っていることを説明できないように思われる、というのがそれである。この知識論法は、意識の問題を明確に表現するために用いられてきた——「ゾンビ論法」と「説明ギャップ論法」を含む——三大論法のひとつである[31]。

ゾンビ論法は、われわれにゾンビの存在を想像してみるように問うことから始まる。ゾンビとは、物理的な点ではわれわれとそっくりであるにもかかわらず、現象的意識を欠いた生物のことである[32]。ゾンビは、あなたの望む数だけ心的状態をもつであろうが、しかしそのいずれも現象的に意識的なものではない。ここでなされる主張はこうだ。想像可能ないしは思考可能なものは、形而上学的に可能である。したがって、ゾンビは形而上学的に可能だ、というのである。この主張をゾンビ仮説と呼ぼう。思い出してほしいのだが、物理主義は、心的状態が脳状態と同一である、もしくはそれが脳状態によって形而上学的に決定されている（必然的に脳状態に付随する）と力説する。同一性と形而上学的決定はいずれも必然的な関係であるから、心と脳との関係は形而上学的に必然的な関係でなければならない。そのため、物理主義によれば、私の心的状態とそっくり同じである心的状態が存在しないのに、私の脳とそっくり同じである脳が存在する、ということは不可能なのだ。ところが、そうした脳の存在こそゾンビ仮説が示していると考えられているものにほかならない。というわけで、もしゾンビ仮説が正しいなら、物理主義は間違っていることになる。

ゾンビ論法が、物理主義が心身の関係に関して唱える形而上学的な主張に問題を突きつけるのに対し、説明ギャップ論法は、意識に関する物理主義の理解に問題を突きつける[33]。この論法によると、物理主義では、原理的に言ってあらゆる現象が物理主義的に説明可能でなければならない[34]。物理的世界の中には、巨視的対象の性質が微視的対象の性質によって説明されるという具合に、われわれの見出してきた一般的な説明パターンというものがある。たとえば、ある結晶のもろさは、その結晶を構成する分子の格子状構造によって説明することができる。しかも、いったん下位レベルの構造を理解すれば、それが高位レベルの構造をどうやって生み出すのかということをも理解することができるのである。だが、現象的意識と脳との関係にこうした説明がどう適用可能なのかについては、われわれにはほとんど何も分かっていない。そこで必要になるのはこの関係についての説明である、という主張がなされる。そうした説明によってわれわれは、レヴァインが言うところの「なぜわれわれは、特定の物理－機能的状態に自分があるときに、まさしくわれわれが経験するような質的特徴を経験するのか」が理解できるようになる[35]。さて、意識の場合と命題的態度の場合とでは状況が異なるように思われる。そのわけはこうである。機能主義によると、信念などの命題的態度は、脳の物理的素材において実現されている機能的状態である。脳に、まさにそれが実現している命題的態度を実現させているのは、その因果的構造をほかならぬ当の脳がもつということなのだ。それゆえ、脳の因果的構造が十分に理解できれば、脳がどうやって命題的態度を支えているかが理解できるだろう。要するに、脳の構造を十分に理解することと、命題的態度の因果的構造を理解することとの間には、ギャップなどないのである。いったんこうした脳状態が因果的役割を果たしているということが理解できれば、機能主義的な見解に立つ限り、そうした脳状態を、命題的態度を実現しているものだと見なすほかない。機能主義的な学説を受け入れるにせよそうでないにせよ、こうした説明が少なくとも有意味だということは必ず理解できるだろう。ところが赤が見えることに伴う現象的意識の場合、こうした説明の可能性は見当たらない。なぜなら、赤が見えることの機能分析がないからだ

(逆転スペクトル仮説が、この主張を支持するのに引き合いに出されることもある。第44節を参照)。したがって、物理主義は意識を適切に説明することができず、それゆえ不適格だというのである。

最後に、知識論法を手短に振り返っておきたい。思い出してもらうと、知識論法の考え方はこうだった。ある人が色の視覚に関する物理学・生理学・心理学の完全な知識をもっていても、赤が見えるとはどのようなことかは知らないかもしれない。それゆえ、初めて赤を見るとき、この人物は何か新しいことを知ることになるのであるから、物理的事実ではないような知識の対象があることになる。したがって、事実がみな物理的事実であるわけではない。だから、特定の意識的状態にあるとはどのようなことかの事実は物理的事実ではない、というものである。

注意してほしいのは、以上の論法がいかなる点でも、私が使用している意味でのクオリアの概念を使用してはいないということだ。私はクオリアについて語ることなく、三大論法すべてを説明した。私が前提していたのは、現象的意識だけでしかない。ゾンビ論法は、物理的に同一だが現象的意識を欠いた生物を想像するようにわれわれに求めるものであり、説明ギャップ論法は、脳状態と現象的意識との説明的関係についてわれわれに問うものであり、そして知識論法は、特定の種類の現象的意識の状態にあるとはどのようなことかの知識があるとするものなのである。上で斥けた意味でのクオリアに言及する必要はないのだ。したがって志向説論者がクオリアを放逐しても、これらの論法を検討するにはまったく役に立たない。志向説は、物理主義にとって慰めとなるような余得ではないのである。(もしも「クオリア」という語によって現象的意識だけを意味するのであれば、それは結構である。もっとも、この意味でのクオリアを否定するものは誰もいないのだから、そうしても無意味である。)

さてわれわれは、三つの論法を手にした。三者とも、どのようにして意識が物理主義にとっての問題の源泉となるのかを示そうとする。これらの論法は互いに類似しているにもかかわらず、非常に異なる主張や前提を含んでいる。私は、以下の三節でこれらの論法について、妥当性が高くなっていくと思われる順番で検討したい。

27　説明ギャップ

どうやって脳が意識なる状態を引き起こし、成立させ、形作るのか。その仕組みについては、現在のところあまり多くのことは分かっていない。その意味で説明ギャップなるものがあるというのは分かりきったことである。これはほぼ共通の前提である。だが、説明ギャップ論法ではさらに、意識という状態にまつわる因果についてわれわれが何を見出すにしても、それによって説明ギャップは埋まらないだろうとの主張がなされる。実際、心的性質がみな物理的性質だというのは正しいかもしれないが、それでもなお物理主義は立証されないかもしれない。なぜだろうか。それは、物理主義が――レヴァインの言葉では――「心的状態や心的性質の物理的な記述をもたらすだけでなく、そうした状態や性質に関する説明（中略）をも与え」なければならないからである。これは、物理学の説明的十全性という教義の一形態に見える――私は第 12 節で、野心的にすぎるので物理主義者はこれを斥けるべきだと主張したのだが。存在者がみな物理的である、もしくは完全に物理的な存在者によって決定されているということ、またあらゆる出来事にはその出来事を引き起こすのに十分な物理的原因があるということを――物理的なやり方で現象的意識を説明することが（原理的にでも）できると主張することなく――主張することは可能であるように思われる。これは現にコリン・マッギンが擁護している立場である[36)]。マッギンは、ネーゲルの信念に触発されている。われわれは物理主義が正しいと信じなければならないが、それがいかにして正しいのかを理解することはできない、というのがそれである。レヴァインや他の説明ギャップ論法の賛同者たちは、これは憩いの場としてはよくないと考えている。彼らによれば、物理主義は現象的意識の説明を果たすほどには成功していない。失敗した理論が真なる理論であることなどまずありえないとすると、物理主義は意識を説明することができないなら真ではありえない、という結論が出てくる。

第 12 節で言ったように、私は、物理主義に課されるこの要求は（非物理主義者の立場から言う場合でさえ）強すぎると思う。そのわけを明らかにすべく、物理主義を動機づけている心的因果の問題（第 13 節）に立ちかえることにしよう。私の主張では、この問題に対する最も明確で単純な物理主義的解決は、心的原因と物理的原因とを同じものだとすることである。そうやって心的性質Mと物理的性質Pとが同一であると、つまりM＝Pであると同定されたとしよう。この同一性の主張には説明が要るだろうか。そもそもどのようにして同一性の主張を説明することができるのか。いかにしてキケロ＝タリーという主張を説明することができるのだろうか。ひとりの人物がどのようにしてふたつの名前をもつに至ったかを説明することはできるだろうが、そうしてしまえば、なすべきことは何も残されていない。同様にして、心的性質Mがいかにして「M」と呼ばれるようになり、またPが「P」と呼ばれるようになったかを説明することは、もしかするとできるのかもしれない。だが、Mが実際にPと同一の存在者であるとき、さらに何を説明しなければならないというのだろうか[37)]。

もっとも、かりに物理学が（存在論的・因果的に十全であるだけでなく）説明的に十全でなければならないとしても、意識についての物理的説明の可能性が――「説明」なる語を標準的な意味で受け取る場合に――レヴァインの考えるほどに低くならざるをえないというのは明らかではない。というのも、説明という語の標準的な意味では、たとえばある感覚の原因の所在を自分の身体や脳に特定すれば、その感覚の現れを説明したことになるからである。しかも説明ギャップ論法では、われわれには意識現象の原因を見出しえないなどとはいっさい主張されていないのだ。ところが、彼らが考えている説明はこういう意味ではない。レヴァインにとって「説明とは、説明項と被説明項との間の演繹的な関係を含むものと考えられている[38)]」。Pの説明を手にしているのは、説明項に関する言明からPを演繹的に導き出すことができる場合だというのである。因果的説明は――因果的説明がみな法則的で（つまり法則を引き合いに出すもので）しかも決定論が真だということがない限りは――この意味での説明ではない。しかし明らかに、因果的説明がみな法則的であるわけではないので、因果的説明はレヴァインが念頭に置いている種類の説明ではないのである。

ここで求められているのは、説明項に関する情報から被説明項の特性を演繹的に導き出すことができるような説明である――水の分子構造についての情報から水が液体であるという知識をおそらく演繹的に導き出すことができる、という場合のように[39]。かりにふたつの命題が演繹的に関係していれば、それは必然的な関係である。しかし脳についての真なる命題と現象的意識についての真なる命題との間には、このような必然的関係がない。なぜないことが分かるかというと、ある生物に関する任意の物理的な命題の集合が真であっても、その生物に現象的意識が存在しないということと両立するからである。ではなぜそのことは分かるのか。そのわけは、本質的にはわれわれがそれを想像することができるからだ。したがって、説明ギャップ論法のこの部分は、ゾンビ仮説にきわめてよく似たものに依存しているのである。

このように、説明ギャップ論法を下支えしている前提は三つ存在する。第一に、物理主義から、物理学が単に存在論的・因果的に十全であるだけでなく、説明的にも十全でなければならないことが帰結するということ。第二に、適切な意味での説明は演繹的でなければならず、それゆえ必然的関係でなければならないということ。そして第三に、ゾンビが形而上学的に可能だということである[40]。最初のふたつの前提はともに非常に強い主張であるか、さもなければ「物理主義」や「説明」という語の意味についての面白くもない取り決めである。私が第 12 節で描き、また動機づけた見解として物理主義を捉えるのであれば、私には物理主義者がこうした取り決めを受け入れるべき理由などないように思われる。ゾンビ仮説については、悪名高い知識論法に取り組んだあと、続く第 29 節で検討することにしよう。

28　知識論法の検討

知識論法は、他のふたつの論法に比べるとずっと異論の少ない考えに立脚している。以下が知識論法の前提と結論である。

(1)メアリーは、赤を見る経験を一度もすることなしに、赤を見ることに関する物理的事実をすべて知っている。(これが白黒の部屋の思考実験。)
(2)生まれて初めて赤を見たとき、メアリーは新しい何かを学ぶ。
(3)それゆえ、事実がみな物理的事実だというわけではない。

いま示した論法は、物理的事実という概念に依拠している。「物理的」と「事実」は両方とも明確化が必要である。

まずは「物理的」から明確化しよう。われわれが想像するように言われているのは、ジャクソンの白黒の部屋の中で獲得される色彩についての知識が、物理学の言語で述べられているということだ。ただし、メアリーが部屋の中で学んだことが心理学や生理学の言語で述べられていたとしても、赤を見るとはどのようなことかをメアリーが知る手助けにはやはりならないだろう。あるいは、かりにメアリーが十分に発達した二元論的心理学（そんなものがあったとしてだが）を、つまり意識がもつ完全に非物理的な本性を明確に認めつつ意識という状態について語る心理学を学んだとしても、それもまたメアリーを手助けしないだろう。これらの理論はどれも、赤を見るとはどのようなことかをメアリーが知るには役に立たないのだ。重要なのは、彼女が白黒の部屋で得る知識の種類が物理的知識だという点ではない。むしろそれが何らかの形で述べることができるような知識だという点である。（つまり「本で学べる知識」である。）デイヴィド・ルイスが表現したように、「直観的な開始点は、単に物理学の学習が、経験のない者に赤を見るとはどのようなことかを知る手助けになりえない、ということなのではない。それは、およそ学習なるものはその手助けになりえない、ということなのである[41]」。

したがって、物理主義——事実がみな物理的事実だとする見解——は知識論法の標的のひとつではあるものの、それは実際にはもっと一般的な標的の一事例にすぎない。その標的とは、世界についての知識はみな、いかなる種類の経験をも前提とすることなく学習によって授けることのできる種類の知識である、との見解である。たとえば創発主義（第 18 節）が、知識に関するこの見解にコミットするのであれば、それもまた知識論法の射程圏内に入ることになるだろう。デカルト的二元論についても同様である——知識論法によれば、たとえ心に関するデカルト的な理論を完全に学んだとしても、赤を見るとはどのようなことかは知りえないのである。だから、以下の議論で私が「物理的」と言うとき、こうした物理的知識以外の種類の知識もみな含めているということを念頭に置いていただきたい。

次に「事実」を明確化しよう。哲学者たちの見解は、事実の本性ばかりか、果たしてそんなものがあるのかどうかという点をめぐっても一致していない。事実とは真なる命題のことだと述べる哲学者もいれば、事実は真なる命題と一対一に対応すると述べる哲学者もおり、あるいは事実とは真なる命題を真にするもののことだ（事実とは「真理にするもの truth-maker」のことである）と述べる哲学者もいる[42]。ここではこうした議論に深入りするつもりはない。知識論法では、「事実」の語はそれが命題知の対象だということさえ意味していればよい――ここで、命題知なる状態は、X を知識の主体、「p」を文で置き換えられるものだとして、「X が p ということを知っている」という形式の主張で表現される状態のことを言う。そうすると、何かが新しい事実であるというのは、それが新しく知識の対象になるということである。つまり、知識の進歩であり、以前は知らなかった知識である。これはごく常識的な見方であるように思われるかもしれない。だが、以下で見ていくように、この見方には難点があると考えられてきた。

知識論法に対しては、前提の正しさだけでなく、その論証の妥当性についても異議が申し立てられている[43]。通常、知識論法の論証の妥当性に異議を唱える者は、知識論法には「知る」にまつわる曖昧さが含まれていると主張する。第一の前提では「知る」は命題知を表すのに用いられているが、第二の前提では（彼らに言わせると）技能知ないしは能力知を表すために用いられている。われわれは、メアリーが何か新しいことを学ぶということには同意できるだろう。だが、彼女が生まれて初めて赤を見たときに学ぶのは、どのようにして赤を再認し、赤を想像し、赤いものの経験を思い出すか、ということである[44]。赤いものを見たことにより、いまや彼女は消防車の色を再認することもできるし、自分の寝室をペンキで赤く塗りたいかどうかよく考えることもできるし、トマトとの運命的な出会いを思い出すこともできるのである。これらは命題知ではなく認知的な能力であり、そして能力知を命題知に還元することはできないとの見方は広く受け入れられている。赤を見るとはどのようなことかを知っているというのは、技能知なのだ。というわけで、ふたつの前提中、「知る」は違うことを意味しており、そうした曖昧性の誤謬を犯しているがゆえに、知識論法は妥当ではない。知識の対象が事実なのは命題知の場合に限られる――私が自転車の乗り方を知っているとしても自転車の乗り方は事実ではない――

ため、メアリーは新しい事実を知るのではないという結論が導かれ、かくして物理主義は救われる、とされるのである。

「能力説」として知られるこの応答は、次のふたつを前提している。第一に、技能知ないしは能力知が命題知とは完全に異なり、したがって命題知には還元不可能だということ、そして第二に、メアリーは能力を獲得するが、にもかかわらず何らかの新しい命題を知るようにはならないということである。第一の主張は、技能知と命題知の関係についての一般的な理論的主張である。第二の主張は、メアリーとその部屋という特殊な状況に関わるものである。だがどちらの主張も疑わしい。

第一の主張が疑わしいのは、たびたび引き合いに出される命題知と技能知の区別が、いまだかつて十分に明確化されたことがないからである。確かに、能力なるものはあるし、命題知なる状態もある。だがどうして、能力があるということが命題知という状態ではありえないと、あるいは命題知をもつということが能力などではありえないと考えるのだろうか。われわれがふだん知識を帰属させるやり方に、その理由を見出すことはできない。人があることのやり方を知っているとわれわれが言うにしても、命題的なやり方でも——言わば余すところなく——その知識を表現することができるという事例はいくらでもある。パディントン駅からアルバート・ホールへの行き方を知っている人は、たとえば、アルバート・ホールが地下鉄のケンジントン・ハイ・ストリート駅から歩いて10分であるとか、この駅がパディントン駅と同じ地下鉄の沿線にあるといったことを知っているだろう。その人物が知っている全命題を挙げてもまだ何かが取り残されている、と考える理由は何もないのである。

繰り返しになるが、私は能力知なるものの存在を否定しようとしているのではない。だがもし能力知が、ある人が何かのやり方を知っていると言うことで表現されるものであるなら、それが命題知でもあるということを妨げるものなど何もない。A・W・ムーアの言うように、

> 単に人々がものごとのやり方を知っているという事実に訴えるだけでは、非表象的な知識もあるということを証明することはできない。たとえば'comma'の綴り方の知識が非表象的なものだと、さらに言えば、それが、'c'、

‘o’、‘m’ を二回、‘a’ と綴られるということの知識以外の何かだと考えるのはばかげている[45]。

これは次のように知識論法に関わる。能力が命題知の状態ではありえないということが証明できてはじめて能力説は成功する。というのは、もしもそれが証明できなければ、能力説の主張がどうあれ、たとえば赤を再認・想像・想起するメアリーの能力は、命題知の状態でもあるかもしれないからだ。

しかし（もっと重要なことだが）、たとえ能力知の状態が命題知の状態ではありえない――たとえば自転車の乗り方の知識が命題知ではない――ということを証明しうるとしても、上で述べたストーリーの中でメアリーが新しい命題知を何も学ばないというのは、依然として明らかではない。上述の第二の主張もまた疑わしいのだ。この主張が疑わしいのは、赤を見るとはどのようなことかについての知識を、メアリーは「そうか、赤はこのように見えるのか！」と、ごく自然なやり方で表現することができるからだ。（メアリーはトマトが赤いことは知っており、また自分がいまトマトを見ているということも知っているものとしよう。これは無害な想定である。）ここで、「赤はこのように見える」は指標的な文である。すなわち、当該の文脈でその文は確かに命題を表現しており、その命題は述べられている文脈において真なのである。（その文が偽であることもあるだろう。メアリーが、冗談で青く塗られたトマトを見せられたとする。この場合、「赤はこのように見える」という文によって表現される命題は偽であろう。赤はそんな風には見えないからだ。）そしてそれは、メアリーが以前には知らなかった命題である。したがって、メアリーが多くの技能知を身につけたとしても、また技能知が命題知とは本質的に異なるものだとしても、彼女が知るのはやはり、以前には知りえなかったことなのだ。そして知識論法が成功するにはこれで十分である。

メアリーが知る新しい命題があるとの見解をさらに支持するのが、「赤はこのように見える」という文を用いて推論することができるというブライアン・ロアの観察である。たとえば、「赤がこのように見えるなら、犬にとって赤はこのように見えるか見えないかのどちらかだ」と言うことができるだろう。見たところこれは、「PならばQ」という形式の条件文であり、またここでPや

Qに代入されるのは真理値の担い手であるから、命題知の対象となりうる[46]。能力説が、命題的なものは何も知られないというその結論を支えるために解消しなければならないことは多い。

以上によって、私は能力説を斥ける。知識論法の論証は妥当なのだ。だが、その前提についてはどうだろうか。語られているストーリーの中で、メアリーが色覚についての物理的事実をすべて知っているという第一の前提を斥けようと考える哲学者はほとんどいない（ただし「物理的」や「事実」は上述のように理解するものとする[47]）。それは、物理主義者が第一の前提を否定するとどうなるかを考えてみれば分かる。物理主義者はその場合、特定の経験なしには原理的に知りえない物理的な事実が存在するということを認めなければならなくなってしまう。知識をもつことが一般にある種の経験をもつことを要請する、というのは正しいだろう。だが、どうやって物理主義は、物理学に基づいてその認識論的見解を築き上げているにもかかわらず、科学がわれわれに特定の経験をもつことを必ず要請するなどということを許容しうるのだろうか。この方向で考えてもうまくいく見込みはほとんどない。

知識論法に対する反応のほとんどは、第一の前提ではなく第二の前提に異議を唱え、メアリーは新しい事実を学ばないとするものであった。むしろメアリーに起こっているのは、新しい仕方で既知のものを了解したりそれに出会ったりすることだ、というのである。この反応を理解するやり方のひとつは、「新しい仕方」を、既知の対象や性質の新しいフレーゲ的提示様式として解釈することである。この解釈によれば、知識論法にまつわるパズルは、志向性をめぐる他のパズルと同じ性格をもっている（第４節）。ウラジミルは、ヘスペラスが宵に輝くことは知っていても、フォスフォラスが宵に輝くことは知らないかもしれない。周知のとおり、「Ｘはｐということを知っている」は外延的文脈ではないので、ここからヘスペラスはフォスフォラスではないという結論を導くことはできない。（有名な「覆面男」の誤謬と比較せよ。「私は父を知っている。が、この覆面男は知らない。ゆえにこの覆面男は私の父ではない」。）この見方では、ヘスペラスが宵に輝くという事実は、フォスフォラスが宵に輝くという事実と同じ事実なのである――要するに両者は同じ宵に同じ輝きをもつ同じ星なのだ！　というわけで、メアリーは赤がこのように見えることを知ったのだが、これは彼女が新たに学んだ新事実なのではなく、類比的に言えば、彼女が以前から知っていた事実の新しい提示様式なのである。

でもそれはどの事実だろう。われわれは、複数のやり方で指示されうるもの、つまり白黒の部屋で学ばれうる事実を特定する必要がある。それを述べるひとつのやり方は以下のようなものかもしれない。白黒の部屋を出たときに、赤を見るとはこのようなことだ、とメアリーは判断する。物理主義者に言わせると赤を見るとは脳状態Ｂにあるということだから、このことをメアリーは白黒の部屋で学んだものとしよう。それゆえにメアリーは、脳状態Ｂにあるというのはこのようなことだ、と推論することができる。したがってわれわれは、同一のものを選び出す「赤を見るということ」と「脳状態Ｂにあるということ」というふたつの語と、主体がその経験をしている場合にのみ十分に理解されうる「このようなことだ」という述語を手にしている。しかしそれでもその経験は脳状態Ｂなのだ、というわけである。

さらに別の独立した根拠から、赤はこのように見えるという命題に対応する事実があるかどうかについて懐疑的になるかもしれない。指標的言明や直示的言明を真にするようなものに加えて、指標的事実や直示的事実が存在するわけではない、というのがその理由だ。たとえば、ウラジミルが森で道に迷ったとしよう。彼はコンパスや地図を確認し、地図上のある場所を指さしながら「私はここにいるんだ！」と安堵の声を発する。ここでウラジミルの表現している事実が、川の湾曲部にかかる橋の上に彼がいるという事実と同じであるということは、たとえこの事実を別の言葉で表現するとしても、間違いないことだろう。ウラジミルが川の湾曲部にかかる橋の上にいるというのに、どうしてそのこと以外にさらに、「ここ」の事実なるものが存在しうるのだろうか[48)]。指標的事実などというものはなく、単に非指標的な事実によって真となる指標的な文があるだけなのだ。それゆえ、赤がこのように見えるというメアリーの知識についても、ひょっとすると同じことが言えるかもしれない、というのである。

この論点には重要な真理が含まれている。私はそれを手短に扱うことにしたい。ただし、知識論法が実質のある事実概念に何ら基づくことなく組み立てられているという点を繰り返し述べておくのは大切である。「事実」とは端的に知識の対象のことを意味しているにすぎない。そうだとすると、ウラジミルが森で何か新しいことを学べば、定義により、彼は新しい事実を学んだことになるのだ。この事実概念は物理主義と無関係だと言いたくなるかもしれないが、その場合には事実ならびに事実についての知識とは何かを説明する必要がある。実際には、いまから説明していくように、この線での応答は全体として欠点があるため、その必要はないのだが。

同一の事物の提示様式をさまざまに区別できるということから、知識論法の二番目の前提の誤り、つまりメアリーは何も新しいことを学ばないということが示されていると考えられている。だがそうはなっていない。そのわけはこうである。メアリーのケースをこう解釈することには、ヘスペラスとフォスフォラスの場合との真の対応関係があるとしよう。その場合、ヘスペラスがフォスフォラスであるという信念によってフォスフォラスが宵に輝くと信じるに至る者は、新しいことを学ぶのではなく、既知の事実を新しい提示様式のもとで了解するようになるにすぎないことになる。だがこれは完全に間違っている。というのも、意義と意味とを区別する本来の眼目は、ヘスペラスがフォスフォラスであるという発見が、その人のもつ知識の大きな進歩でありうる、という事実を適切に扱うことにあったからだ。ヘスペラスがフォスフォラスであるというのは、天界についての発見だったのであり、古代人が手にする新しい知識なのであった。そうだとすると、同じく、フォスフォラスが宵に輝くという知識もまた新しい知識なのである。知識論法での「事実」という語の意味が端的に知識の対象のことだとすると、この区別に対する標準的なアプローチをとるなら、ヘスペラスがフォスフォラスであるということを学んだとき、古代の天文学者が学んだのは新しい事実なのだ、と言わなければならない。

言うまでもなく、この発見の前後で同じままである何かは存在している。世界における事物のありようや語の指示対象（意味）や存在者がそうだ。誰もこれに異論はない。「事実」の語に、「ヘスペラスが宵に輝く」と「フォスフォラスが宵に輝く」が同一の事実を表現していることになるような意味があるのは間違いない。だがここで重要なのは、ヘスペラスがフォスフォラスであるということを学んだときに学ばれるようなことがあるかどうか、つまりそもそも新しい知識が得られるのかどうか、という問いである。これはきわめて否定しがたい――最低でも、ふたつの提示様式が同一の事物の提示様式だという新しい知識は得られるからである。

何らかの原則にのっとって、物理主義者がメアリーの場合とヘスペラスおよびフォスフォラスの場合とを区別しようとしても無駄だろう（何と言っても、彼らがその対応関係を言い出したのだ！）。したがって物理主義では、どちらの場合にも新しいことは何も学ばれえない――これは望みのないことを言うわけだが――か、あるいはどちらの場合にも何か新しいことが学ばれるか、のどちらかになる。もっともらしいのは後者だけである。ところがそうすると、メアリーは何か新しいことを学ぶのであるから、知識論法の前提が正しいことになる。しかもこの論法は論証としても妥当であるとすでに結論している。そうだとすると、物理主義は論駁されたということだろうか。

知識論法の物理主義理解のもとでは、答えはイエスでなければならない。この論法では、物理主義を事実がみな物理的なものであるという見解として見なしていることを思い出そう。「事実」の意味からして、これは命題知がみな物理的なものだということである。そして「物理的」の意味により、知識はみな白黒の部屋のようなシナリオの中で学びうるような――つまり特別な種類の経験をもつ必要のない――知識だということになるのである。

だが、なぜ物理主義はこの意味で知識がみな物理的なものだと言わなければならないのだろうか。そもそもいったいなぜ物理主義が知識についてのテーゼなのだろうか。第 12 節で導入したように、物理主義とは何があるのかについての見解であり、その擁護として最も強力なのは、物理主義によって心的因果を説明することができるという事実に訴えることである。物理主義という見解がこうしたことを十分に果たしうるには、私の主張では、少なくとも物理学の因果的な完全性にコミットしなければならない。だが物理主義をとっても、物理学の説明的な完全性にはコミットする必要はない。また、知識というものがみな、それを表現する人が特定の経験をもつ必要なしに表現可能なものでなければならない、との見解にコミットする必要もない。物理主義をとっても、物理学があらゆる事実について説明しなければならないと言う必要もない。（物理学が説明しなければならないという観念は、世界という書物、というイメージに由来するものだろう。そこには究極の真理が、実在についての真なるひとつのストーリーの中に書き記されているのである。だがこのイメージは誤解を生みやすい。私がここで述べることが正しいとすると、そんな本は決してありえないだろう。)

上で導入した指標的知識との類比によって、この点を明確化することができる。ウラジミルが地図を指さして「私はここにいるんだ！」と叫ぶとき、それは彼が新たに学んだことである。彼はいま自分がどこにいるかを知っているのだが、その前には知らなかったのだ。ジョン・ペリーはよく知られた論文の中で、ペリー自身がスーパーマーケットの周囲の砂糖の跡をたどり、その砂糖をこぼしている買い物客に、君が散らかしているんだと言うつもりでいるところを描写している[49]。散らかしているのは自分だと気づいたとき、ペリーは何ごとかを、つまり「私だ！　私が散らかしていたんだ！」と言って表現するようなことを学んだ。そしてこの知識は、ペリーが「穴のあいた砂糖の袋をもっている買い物客が散らかしている」と言うことで表現するであろう知識とは別物なのである。

新しい知識をめぐるこのふたつの事例では、ともに人が世界の中で特定の場所に位置することが必要となる。ウラジミルやペリーは、ある位置を占めてはじめて、あるいは彼らがこうした事例のような人物であることによってはじめて、自分が学ぶものを現に学ぶことができるのである。だがこれは、こうしたストーリーに出てくる対象や性質がみな第 12 節での意味で物理的であるということと両立しうる。これらの知識が特定のパースペクティブからしか利用できないという事実からは、非物理的な存在者がそこにさらに含まれているということは導かれない。この点を理解するには、事実の本性をめぐる論争に深入りする必要もなければ、「命題を個別化する」ためのやり方を定める必要もない[50]。われわれに必要なのは、特定の観点からしかもちえない知識があるということを理解することだけである。この知識は、知識論法の意味での物理的な知識ではないだろう。そうすると、驚くべきことであるように見えるかもしれないが、知識がみな物理的知識であるわけではないと物理主義者が述べるのにも十分な理由があることになるのである[51]。

こうして、知識論法は、論証としては妥当でも、説明ギャップ論法と同じ弱点をもっていることが明らかになる。これらの論法は両方とも、根本的には認識論的な点から物理主義を定義しているのだ。説明ギャップ論法は、物理主義では万物が物理主義的に説明できなければならないとし、知識論法は、物理主義では知識がみな物理的なものであると主張しなければならないとしているのである。多くの論者が、以上の論法に見出されるこの特徴に注意を喚起してきた[52)]。だが彼らは、問題の所在を物理主義の定義には求めなかった。そうすれば、なぜ物理主義者がこれらの論法を懸念する必要がないのかが分かるのだが。知識がみな物理的なものであるとか、物理学が説明的に十全でなければならないなどと物理主義者が主張しない限りは、これらの論法は何の問題も突きつけてこないのである。

29　ゾンビたち

しかしゾンビ論法は話が別である。この論法では認識論的な前提——何が可能であるかをわれわれはどう知るのかということについての前提——を用いるが、物理主義そのものは純粋に形而上学的に定義されている。ゾンビ論法にとっては、物理主義とは、単に物理的なものが心的なものを形而上学的に決定する——なぜなら心的現象は物理的であるから、あるいは心的なものは必然的に物理的なものに付随するから——との主張でしかない。これは完全に形而上学的な物理主義理解であり、さらに言えば、最近では最も広く受け入れられている理解である[53)]。

ゾンビ論法の構造は単純なので、前提にだけ関心を向ければよい。

⑴ゾンビは思考可能である。
⑵ゾンビが思考可能であれば、ゾンビは形而上学的に可能である。
⑶ゾンビが形而上学的に可能であれば、物理主義は誤りである。
⑷それゆえ、物理主義は誤りである。

この論法が論証として妥当なのは明らかだ。では、前提はどうだろうか。ここでは前提⑶も特別扱いせずに検討しておこう。まず、第二章で概略を示した最も明確な形態の物理主義は同一説であった。そして同一性は必然的関係である。次に、決定や付随性という点から物理主義を考える場合でも、それらを用いて物理主義を定式化するなら、そうした関係は形而上学的に必然的でなければならないだろう。ゾンビの存在は、この形而上学的決定の明白な反例となるだろう。したがって、前提(3)が成立する。

前提(1)もまた、ある仕方で明確化を施せば、まったく問題のないものとなる。われわれがゾンビの心に欠けていると考えているのは、現象的意識だけである。ときに、ゾンビには一連の正常な志向的状態はあってもクオリアがないと言われることがある。弱い志向説的な観点から見てさえ、これは理解しがたい。これではまるで、まず世界についての知覚的な気づきを想像し、そこから何かを引くと、世界についての志向的な表象は損なわれないままだが、しかし意識はなくなる、とでも言うようなものである。純粋に志向的な状態が現象的意識でありうるという先の主張に同意するのであれば、この意味でのゾンビを想像することはできないだろう。これは、ゾンビ仮説が整合的ではないということなのだろうか。

そうではない。なぜなら、ゾンビ仮説が訴えなければならないのは、現象的意識の欠如だけだからである。現象的意識が何に存するかということについては諸説があるが――クオリアへの気づきが必要だと考える者もいれば、志向的であることが必要だと考える者もいる――、それは別の問題である。現象的意識の正しい説明がどのようなものかはさておき、前提(1)が要請するのは、現象的意識をもった生物の、現象的意識を欠いた物理的な複製を思考することができる、ということでしかない。これは明らかに思考可能である。

したがってゾンビ論法の争点は、思考可能なものは形而上学的に可能であるという前提(2)にしかないことになる。この主張には確かに異論が多い。それはひとつには、思考可能性についての問いが、われわれの概念がどんなア・プリオリな可能性を許容するのかという問いであるのに対し、形而上学的可能性についての問いは様相的実在についての問い――存在するのはどの可能世界なのか――であるということが広く支持されているからである。それゆえ、ある意味で思考可能ではあるが真に可能なわけではない、という状況がありうることになる。(そしてこれとは逆に、真に可能なのだが思考可能ではないという状況もありうる。だが、ここでそれを扱う必要はない。)たとえば、水が H_2O ではない状況は思考可能だが、しかし水は必然的に H_2O であるため、そこで思考しているものは形而上学的には不可能だ、という主張がなされるだろう。ゾンビ論法の場合に対しても同様に、次のような主張がなされるかもしれない。ゾンビは思考可能だが、心身の関係は見かけに反して必然的であるため、ゾンビが形而上学的に可能だということにはならない、というのである。

しかし、ゾンビ論法にこう対応するのは十分ではない。それにはクリプキが明らかにしたことで知られている理由がある。水がH_2Oではないということを思考しているとき、ただ水のように見えるだけで実は水ではないものを思考しているのだと言うことで、自分が何を思考しているかを説明することができる。これに対しゾンビのことを想像している場合、（たとえば）痛みの感じが欠如しているように見えるだけで実際には痛みがあるものを想像しているということはありえない。実際に痛みのあるものが痛みの感じを欠いているように見える、ということはありえないからである[54]！　これは、痛みであるものは実際に痛みを感じるからであり、したがってわれわれは、実際には痛みであるにもかかわらず痛みを感じないものを想像したり思考したりすることはできない。ところがわれわれは、痛みがない状態のゾンビを思考することができる。このことは、そのゾンビが痛みの感じを欠いているように見えるということではありえない。しかしゾンビは、痛みの状態にある場合の私と物理的には同一なのである。というわけで、物理主義は誤っている。

この論法はおなじみであり、多くの哲学者が非常に詳しく議論してきた[55]。これに対する反応は数多くあるのだが、私にはどれも十分ではないように思われる。物理主義は意識の理論としては失敗している。すでに物理主義を心的因果の理論としては斥けているのだから（第18節・第19節）、これはあまり驚くべきことではないだろう。私の好む創発主義に意識をどうやって適合させるかについて少々述べて、本章を終えることにしたい。

30　意識を説明する見通し

以上の反物理主義の三大論法に共通するのは、意識の概念と、意識が説明／還元されているときに用いられている物理的／非心的概念との間には、概念的あるいは分析的な結びつきがない、という前提である[56]。もしもそうした結びつきがあるなら、既婚の独身者を想像することができないのと同じく、現象的ゾンビを想像することはできないだろう。また、脳の機能的状態と適当な意識的状態との間に概念的な結びつきがあるのなら――たとえば赤を見ることをその機能的役割によって説明することができる場合には――説明ギャップが存在しないであろうことは明らかだ。そして、物理的な真理と心的な真理との間に概念的な結びつきがあるのなら、ジャクソンの白黒の部屋でも人はあらゆる物理的事実を学び、心的事実とはどのようなものであるかについての知識をそこから苦もなく推論することができるだろう。以上のような概念的な結びつきの欠如こそ、これまで述べてきたすべての思考実験を勢いづかせているものにほかならない。概念的結びつきの存在を主張すると苦闘を強いられることになる。こうした思考実験すべてを論駁しなければならなくなるのである[57)]。

意識と脳の結びつきが概念的な必然性ではなく、クリプキの言うア・ポステリオリな必然性でもないのだとすると、その結びつきの本性は何だろうか。創発主義が示唆するのは、それが自然的で法則的な結びつきであるという答えである。意識は（そして心的なもの一般が）脳の物理的状態に付随する。この付随性は偶然的である。心的なものは物理的なものとは異なるが、物理的なものに付随するのである。これ以外の見解によれば、この付随性は形而上学的に必然的な事実として成立するという。しかしゾンビ論法が正しいなら、こうした見解は斥けなければならないのである。

第四章　思　考

31　思考と信念

「思考」という語は、考えるという個々の作用、もしくはそうした作用の志向的内容を表すのに用いることができる。したがって、ふたりの人間が、同一の志向的性質を例化しているとか、同一の心的作用（様式に内容を加えたもの）を行っているといった意味で「同一の思考をもつ」こともできるし、また同一の内容（たとえば命題）に対してある志向的関係（様式）を取り結んでいるという意味で「同一の思考をもつ」こともできる。例を挙げよう。ふたりの人間が雨が降るかどうか考えあぐねている場合、その意味でそのふたりは同一の思考をもっていると言うことができる。あるいは、そのふたりが考えあぐねている命題を、雨が降るという思考と言うこともできるだろう。この二番目の言い方で思考について語るのは、おそらくかなり哲学的な言葉づかいであろう——フレーゲは判断の内容を Gedanke と呼んだがこの Gedanke は「思考（思想）」と訳される[1)]。これに対し、思考の語には、「他の人間よりも生まれつき賢い人間がいるとの思考が、歴史を通じてずっと論じられてきた」のような文にある、至って自然な日常的用法もある。この後者の用法は、「見方」という語の普通の用法に対応する。人は、思考をもつのとまさしく同じように、見方をもつことができる。ふたりの人間は、あるものについて同一のやり方で考えるという意味で、または同一の内容に対して同一の態度をとるという意味で、同一の見方をもつことができるのである。

以上の諸概念を混同しないようにするには、言葉づかいを明確化する必要がある。そこで私は以下のようにしたい。「見方」という語を、もっぱら志向的状態ないし志向的作用の内容の意味で用いることにする。ただし例によって、これが命題（つまり真偽の評価の候補となるもの）である必要はないということを念頭に置いておこう。そして、「内容」という語は、考えるという作用において考えられているものを表すためにとっておいたので（他の志向的状態についても準用する）、考えるという作用を表わすためにはもっぱら「思考」の語を用いることにしよう（「作用」は第 10 節で述べた専門的な意味で用いている）。

近年の哲学では、このようなものとしての思考の概念にはあまり注意が向けられてこなかった。それよりも、信念や欲求や希望などの命題的態度に注意が向けられてきた。本章の一部ではこの命題的態度について扱うが、私の考えでは、命題的態度のみに焦点を当てても志向的状態の目録を完成させることはできない。だから私は、命題的態度テーゼと私が呼ぶもの、すなわちあらゆる志向的状態は命題的態度であるというテーゼを斥ける。このテーゼを斥ける理由のひとつは第三章で出てきた。意識的な感覚は志向的ではあっても命題的態度ではない、というのがその理由である。そして思考なるカテゴリーもまたわれわれの目録に含める必要がある。これから見ていくように、思考がみな命題的態度だというわけではないからである。

第 10 節で導入した言葉づかいでは、思考は心的作用だが常に同一の志向様式でなくてもよい。考えあぐねることは思考することの一種であり、想像することや何かを熟考することもまた同様である。したがって、あるものについて思考することの一例は、それを熟考することやじっくり考えること、あるいはそれを想像することの一例であるだろう。それゆえ、思考するという概念は確定可能な determinable 概念であり、また熟考するとか考えあぐねるといった概念は、それに対して確定的 determinate であるように思われる[2)]。確定可能な概念の典型例は色があるという概念である。あるものに色があるなら必ず特定の色でなければならず、しかもその特定の色は必ず特定の色調でなければならない。とはいうものの、正方形であることが長方形であることに加えて等辺で等角であることであると分析可能であるのと同じようには、赤いことを、色があることにさらに他の何かを加えたものとして分析することはできない。むしろ赤いことは、色があることのひとつのあり方なのだ。そうだとすると、思考という概念が確定可能な概念であるならば、考えあぐねることやじっくり考えることなども、思考することの一種だと言うべきである。

われわれは、思考と信念を区別する必要がある。「私は……だと考える」という表現が自分の信じていることを表現するのに使われる場合もあるが、これは「思考」が単に信念を表わす別の語だということではない。考えあぐねるのは信じることの一例ではないし、想像することやじっくり考えることもそうではない。人はｐが真であるかどうかを考えあぐねることがあるが、これはｐを信じるべきかどうか決心がついていないということだ。だがさらに根深い相違が存在している。思考と信念は別の形而上学的カテゴリーに属しているのだ。思考が心的作用（したがって出来事）であるのに対して、信念は傾向性であり、それゆえ状態なのである。この存在論的相違は、ここで私が擁護したいと思う信念についての重要なテーゼ、すなわち、厳密に言えば意識的な信念などというものは存在しないというテーゼの手がかりとなる[3)]。このテーゼは、意識的な信念もあればそうではない信念もあるとする、正統的な信念観と真っ向から対立する。しかし、いったん適切な区別を設ければ、このテーゼはまったく普通のものになるはずだ。まずは信念についてのごく当り前のことから始めよう。

信念は状態である。すなわち、信じる者によって例化される性質のことである。信念は出来事ではない。信念は、生起するものでもなければ時間的部分をもつものでもないのである（この区別については第 10 節を参照)。信念は典型的な命題的態度である。ｐを文、Ｓを信じる者を表す語とすると、信念は通常、「Ｓはｐということを信じている（S believes that p)」という形式の文において帰属させられる。補文標識「ということ（that)」によって、いわゆる「that 節」を形成する文は、通常、真または偽として評価可能である。言い換えれば、そうした文は命題を表わしているのである。信念という志向的状態（態度）の際立った特徴は、その命題が真だということに対する、主体のある種のコミットメントにある。このコミットメントは、ときに「真だと確信すること」とも呼ばれる。あるものを信じることは、それが真だと確信したり、それが真だと見なしたりすることなのだ。これはほとんど「信念」の同義語以上のものではないが、それでも以下に見ていくように、信念が真理と取り結ぶ関係が、信念の本性を理解するための鍵となるということが分かる。

信念と密接な関係にあるふたつの心的作用が、判断と主張である。判断とは信念を形成することである[4)]。ただし信念がみな判断の産物であるとは限らない――知覚によってかなり自動的に生み出される信念もあれば、無意識的な推論の産物もあるだろうし、生得的な信念もあるだろう。こうした判断なき信念はみなありうるものとして考えてよい。信念に対する判断の位置は、意図に対する決心の位置と同様であるとも言えるだろう。決心は、意図を形成する心的作用だからである。主張は信念の言語的表現であり、これもまた心的作用である。

以上の信念・主張・真理間の関係を背景として、「ムーアのパラドクス[5)]」として知られる現象が生じる。G・E・ムーアは、「私はｐということを信じているが、しかしｐではない」という形式の文に関心を寄せていた。これは、厳密な意味でのパラドクス（つまり、明らかに正しい前提から明らかに妥当な推論によって導き出されているが、しかし受け入れることのできない結論）ではない。また、これが表わしているのが必ずしも矛盾であるわけでもない。なぜなら、私の信じているある命題ｐが偽であるなら――そうした命題があるのは間違いない――、ｐということを信じているのだがしかし（実際には）ｐは成り立っていない、ということが私について成り立つからだ。だが興味深いことに、私が合理的であれば、私は決してこういう形式のものを口にしたりはしないだろう。そうした文は真ではありうるのだが、私が合理的でありながらそれを主張するということは決してないのである。この現象が根本的にはどう説明されるにせよ、その説明では少なくとも主張が信念の表現であるという事実を引き合いに出さなければならない。ｐではないということを主張する際、私は、ｐではないという自分の信念を表現しているのであり、そしてこのことが、自分がｐということを信じているという主張と衝突するのである。

注意してほしいのだが、これは信念以外の態度については成り立たない。「ｐになって欲しいと思っているが、ｐではない」と述べるのはどこもおかしくない。それどころか欲求に関しては、およそ合理的な人であれば、欲しているものが実際には成り立っていないと判断するであろう、ということが必然的に成り立つと言いうるかもしれない。これに対し、信念が際立っているのは、人の抱いている信念の正しさが、その人にとって独立——つまりその人がそれを信じているかどうかとは独立——の問題ではありえないという意味で、信念が真理を「狙っている」という点にある。自分の抱いている特定の信念が正しいかどうか考えあぐねている人は、そのこと自体によって、当の信念を手離すべきか否かを考えあぐねているのである[6)]。

さて、主張は専門的な意味では心的作用の一種だが、それは——意志の制御下に置かれているという非専門的な意味では——行為でもある。そして信念は、主張に限らず、あらゆる合理的な行為と密接な関係をもっている。行為者がなすのは、部分的に、自分が信じていることや欲することや意図することの所産である。人は行為するとき、どんなにささやかな目標であっても、ある目標を果たそうとしているのだ。ただしそうするためには、世界のありようについての前提を立てなければならない。合理的な者であれば、世界のありようのせいで自身の目標を果たすことができそうもないと思うとき、その目標を果たそうと試みたりはしなくなる。このように、行為者の信念は、自分がどの目標の達成を試みるかということに影響し、さらに自分が何を目標とするかということにも影響を及ぼすのである。

私はこのなじみの考え方を、信念は現実的帰結と潜在的帰結とをもつ、と言うことで表現したい。現実的帰結も潜在的帰結ももたぬものは、信念ではありえないのである。ただし次の点がまだはっきりしていないなら、そのことを強調しておくのは重要である。私がこれによって言おうとしているのは、当該の信念があるひとつの特定の帰結と結びついている、ということではない。そんな帰結など存在しえない。ある信念がもつ帰結とは、それ以外の心的状態、とりわけ欲求が与えられた場合の、その諸帰結のことなのである[7)]。

信念が欲求や行為とこのような関係にあるというのは、心についての機能主義的な理論と関連する見方である。心についての機能主義的な理論によれば、ある心的状態は、その因果的な役割、つまりそれ以外の心的状態や行為との固有の因果的連関のパターンという点から個別化される[8)]。だがすでに述べたように、以下のふたつの理由から、ここでの見方は機能主義のテーゼとは独立している。第一に、機能主義は、典型的には、心的概念の還元的定義を試みるものである。そして第二に、機能主義では、心を因果的メカニズムと見なす。いずれの見方も、人々のなすことが信じていることと欲していることの結果であるという見方に不可欠なものとして含まれているわけではないのだ。

さて、信念が現にもっているような現実的帰結と潜在的帰結とをもつために、自分の信じていることのすべてが必ず意識的な心の中に、つまり意識の流れのうちになければばならないというわけではない。これは言うまでもないことだ。事実、自分の信じていることのすべて――真だと見なしていることのすべて――が自分の意識の流れのうちにありうる、という考えはほとんど意味をなさない。さらに、自分の行為をいままさに導いている信念が、その瞬間に自分の意識の流れのうちになければばならない、との考えもまた意味をなさない。このことは、信念がこうした行為指導的な役割を果たすためには、その信念が意識的である必要はまったくない、ということを示唆している。だが、「傾向的な信念」と「現在生起している信念」との区別はあると言われることがある。ここで言う現在生起している信念とは、ある瞬間に自分の意識に浮かんでいる信念のことである。生起は出来事であるから、これは、信念には心的作用ないし心的出来事もあれば（現在生起している意識的な信念）、心的状態もある（非意識的な信念）、ということを示唆することになるだろう。したがって信念には、状態的な信念と出来事的な信念との二種類があることになる。状態的な信念があることは疑いえない。では、意識的な信念－出来事なるものがあるというのはどうだろうか。

32　意識と信念

そうしたものがあることは明らかだと思われるかもしれない。推論という意識的な過程のことを考えてみよう。推論において人は自分の信じている前提から結論を導き出す。結論に達するというのは、ひとつの出来事――判断――だと考えてよいだろう。そして結論に達すると、その結論があなたの意識的な心の中に浮かぶようになる。これはあなたの信じているものであり、意識の中での出来事である――したがって、これが意識的な信念－出来事であると思われるかもしれない。ところがもう少しよく考えてみると、これは正しくないことが分かる。というのは、自分の信じていることを意識しているということと、何かを意識的に信じているということとを区別する必要があるからだ。われわれの探し求めているのは後者だと考えられるが、これまでのところでは、われわれが前者以外のものを発見したというのはまだ明らかではない。

このことを理解するために、状態でも出来事でもありうると思われる志向的現象について考察しよう。心配がその例である。あなたが自分の懐具合について心配しているとしよう。これは、常にあなたがその状態にありうるようなものであり、次のようなさまざまな行為や反応において顕在化する。すなわち、お金を使うときの用心、買い物のときの不満や失望、金遣いの荒い友人が一緒でいらだっているとき、などである。この意味で、自分の懐具合についてのあなたの心配は、あなたがそのうちにあるような状態であり、そこからさまざまな顕在化や帰結が生じるわけだ。だが、自分の懐具合を意識的に心配する、という現象もまた存在する——あなたの心的な生活の中のエピソード、つまり出来事である。それは、時間がかかるものであり、あなたが行うと言ってよいものである。すなわち、この意味での心配は、「君は何をやっているのか」とか「君は何を考えているのか」といった問いに対する答えの中で述べうるものなのである。あなたは、「ここ三十分間、懐具合について心配していたんだ」と答えることができるだろう。したがって「懐具合について心配する」というのは、ある状態の名前でもあるが、意識的な出来事の名前でもありうるのである。

信念と比較してみよう。ある推論の結論を導き出したり、特定の主題について自分が何を信じているかを理解しようとしたりする場合、人はｐということを信じていることに意識的である、つまり自分がｐということを信じていることを意識している。これは、何かについて意識的に心配しているのと同じく意識的にｐということを信じているのとは異なっている。なぜなら、意識的に心配しているというのは、自分が心配しているということを意識しているのとは同じではないからである。たとえば自分のふるまいについて何ごとかを見出すことによって、自分が懐具合を意識しているということを意識するようになる、という場合がありうるだろう。しかも、意識的な心配を構成するような内的な出来事を経ることなく、そうなることもあるだろう。だとすれば同様に、あることを意識的に信じることなく、自分がそれを信じているということを意識するようになる、ということもありうるだろう。こうしてわれわれは、意識的な信念－出来事を引き合いに出さなくとも、人は自分が何かを信じていることを意識しているという見方を理解できるのである。

よく考えてみれば、そのような出来事の概念は実際にはかなり理解しがたい。思い出してほしいのだが、心配が出来事であることのしるしのひとつは、「ここ三十分間、X について心配していたんだ」とか「昨夜は数時間 X について心配していたけど、そのあとはテレビを見ることにした」などと述べることができるということだった。これに対し、「朝はずっと p ということを信じていたんだ」とか「昨夜は数時間 p ということを信じていたけど、そのあとはテレビを見ることにした」などと述べてもほとんど意味をなさない。以上はいま検討している現象に見出される特質をよく示している。それはこういうことである。何かを信じていることに伴う帰結について先に述べたことによれば、あるものが信念であればもつはずの帰結を、ある単一の出来事がもつことはありえないとしても、それは特に驚くべきことではない。だがある出来事は、たとえしばらくののちに消え去るのだとしても、それは心配するという出来事でありうるのだ。心配は短命で、理由なく消え去ることもある。これに対し、信念にはそのようなことはない。

この点は、信念には「現象的性質がない」という広く行きわたった見方と結びついている。つまり、あることを信じることが何かのようであるような、その何かなど存在しない、ということである。信念の現象的性質についての懐疑論はときに、かりに信念に現象的な特徴が備わっているとしても、信念はその現象的特徴によっては個別化されえない、という妥当と思われる考えから生じる。よくあることだが、知覚的にであれ非知覚的にであれ、事物が特定のあり方をしているように見えるというだけでは、事物が実際にそういうあり方をしているということを信じるには不十分だからだ。また、無意識に、つまり事物がある仕方で見えるということ一切なしに何かを信じる、ということもありうる。

このことは、現象的性質は志向性一般と無関係であると考えるべき理由として提示されることもある。そこでの見方は、たとえ志向的状態が現象的特徴を備えているにしても、その特徴は志向的状態の個別化とは無関係である、というものだ。たとえばブラッドン－ミッチェルとジャクソンは、欲求について次のように主張している。「何かを食べなければ死んでしまうという信念にもとづく食欲は、空腹の苦痛にもとづく食欲とまさしく同じ欲求である。欲求それ自体には何ら特別な感覚も現象的性質も備わってはいない[9]」。しかし、信念に関して何が正しいにせよ、現象的性質が志向性一般と無関係であるという結論を導き出すのは早計だろう。なぜなら以上の考察は、信念・欲求状態に現象的な特徴がないということを示すにとどまっており、いかなる志向的状態・志向的作用にも現象的特徴がないということまでは示していないからだ。そして、この結論が一般に真であることはないというのも明らかである。それはすでに見たように、知覚経験に現象的特徴があることは否定しようがないからだ（知覚経験の志向性については第五章でさらに論じる）。したがって、これまでの考察から、現象的特徴をもつ別種の志向的な心的出来事もしくは心的状態——とりわけ別種の思考——が存在するかもしれないということになる。思考には現象的特徴が欠けていると結論するのは早計なのである。

私は、自分が信じていることを意識しているということと、何かを意識的に信じているということとを区別すべきだと述べた。では、自分の信念を意識しているとはどういうことなのか。その信念の命題的内容を意識していなければならないのはもちろんだが、それでは十分ではない。というのはほとんどの場合、人はある命題を信じているかどうかにかかわらず、その命題を意識的に検討したり「心に抱いたり」することができるからである。例外は、たとえば「私は存在している」とか「私はいまここにいる」のように、単にその命題について少々考えてみるだけで、十分その命題を信じることができるような場合である。だが、それ以外のすべての場合にはこう問うことができる。ある人が自分の信念を意識していると申し立てるには、その信念の内容を意識しているということに加えてさらに何が必要なのか。自分がその命題を信じているということをも意識していなければならないのだろうか。むろん人は自分自身の信念に関して「私は本当にｐということを信じているのか」と自問することはある。しかし、ギャレス・エヴァンズが論じたように、この問いに答える手順は、通常は、「ｐ」が真であるかどうかを自問することで実行されるであろう手順と同じである。

信念の自己帰属を行う際、人の目は言ってみれば、あるいはときに文字どおり、外に――世界に――向けられている。誰かに「君は第三次世界大戦が起こると思うかい」と尋ねられたら、私はそれに答えるとき、「第三次世界大戦は起こるだろうか」という問いに答えようとする場合とまったく同じように、外的な現象に注意を向けなければならない。私は、pかどうかという問いに答えるべく行う手順を何であれ実行することで、自分がpということを信じているかどうかという問いに答えられるようにするのである[10)]。

もし自分がpということを信じているかどうか確かめたいのであれば、pかどうか、という問いに答えてみようとしさえすればよい。換言すれば、自分がpということを信じている、ということを意識しているためには、pということを意識しているだけでよいのである。だがそうだとすると、pということを意識しているのとpを意識しているのとは異なる、と結論せざるをえない。pかどうか検討したり考えあぐねたりしている場合には、pを意識しているということもあるだろう。しかし、単にpについて思考しているだけのときには、pということを意識してはいないかもしれないのである。

私が導き出す結論はこうである。自分の信念を意識しているという現象は存在するのだが、それは意識的に何かを信じているという現象の存在を意味するわけではないのである。「現在生起している信念」などというものは神話にすぎない。ただし、現在生起している思考といったものはある。あるいは別の言い方をすれば、思考することは生起もしくは出来事である。では、どういう種類の出来事なのだろうか。とりわけ、思考するという出来事はみな命題的態度なのだろうか。こうした問いに答えるには、命題的態度という概念をもっと丹念に見る必要がある。

33　命題的態度

バートランド・ラッセルは、「Sはpということをϕしている」という形式の文において帰属させることのできる状態を表す、「命題的態度」という語を生み出した[11)]。ここで、Sは主体、ϕは心理的な動詞、pは文のことである。

私の言葉づかいでは、命題的態度とは、志向的内容が真または偽として評価可能な志向的状態もしくは志向的出来事のことを言う。(命題的態度のうち、あるものは状態で、またあるものは出来事である。p という信念が状態であるのに対し、p ということに気づくのは出来事、という具合である。) 次節で私は、命題的態度テーゼ、すなわち志向的状態がみな命題的態度であるとするテーゼを吟味しようと思う。だがこのテーゼを吟味する前に、命題的態度という概念を明確化しておくべきである。

まずは命題について少々述べておきたい。ここからわれわれは、第 4 節で論じた、志向性という難解な領域に引き戻されることになる。「命題」は専門用語ないし術語であり、その主たる理論的役割は次の点にある。すなわち命題とは、言明や、陳述的つまり事実を述べる文の発話によって表現されうるもののことであり、真だと信じられていたり主張されていたりするもののことである。ふたりの人が同一の言明を述べているとか、同じことを信じているなどと言う場合、そこでの命題とは、述べられていることや信じられていることを言う。そして、信念や言明が真または偽であるとき、そうなるのは、信じられている命題や言明の中で表現されている命題が真または偽であるためである。これが、命題が真または偽として「非派生的に」分類可能である、すなわち、命題が真理値をもつことは、他のものが真理値をもつことから派生するものではない、と言うときの意味にほかならない[12)]。

さて、哲学者の中には、特定の言語的文脈が「真理値ギャップ」を作り出すと論じてきた者もいる。真理値ギャップとは、一見したところでは文が命題を適切に表現しているものの、しかしその文が述べているのは真でも偽でもないという場合のことである。たとえば指示対象をもたない名前を含む言明は真理値ギャップを作り出すと言われてきた。曖昧な語を境界線上で使用する場合もそうである。このテーゼを受け入れるとしてみよう。こうした文は、命題を表現するのに失敗しているのだろうか、それとも、命題がみな真または偽であるわけではない、ということなのだろうか。かりに前者を主張したければ、真理値ギャップを作り出す文を述べる者が何ごとかを言っている、ということを表現するために、命題以外の別の概念が必要となる——すなわち、人がある言葉を発し、またそうすることで世界について何ごとかを主張しているとして、しかしその主張は真偽いずれでもない、ということを表現するための概念である。その人は、何も言わなかったわけではないし、無意味なことをしゃべったわけでもない。こうして、そうした場合にその人が言ったようなことを記述する「命題のような」概念が必要となってしまう。もし真理値ギャップを受け入れるつもりなら、それよりも二番目の見方をとったほうが分かりやすい。つまり、その人物は命題を表現していたのだが、命題がみな真理値をもつわけではない、という見方である。かりにこの見方をとるなら、命題的態度の内容すべてに共通しているものを述べるための、しかし命題がみな真か偽のどちらかであるということにはならないような、別のやり方が必要になるだろう。命題とは完全な平叙文で表現されるもののことだ、と述べるのがとりうるひとつのアプローチである。このアプローチでは、文がどうやって平叙文になるかについて、真偽の（もしくは真か偽であるものを表現するという）概念に依存しない説明が必要になってしまう。他にはもっと形而上学的なアプローチとして、命題をみな事実もしくは事態を表すとされるものだとするやり方がある。ここで言う事態とは、ある時点において（またはある期間を通じて）、ある性質（ないしは諸性質）を備えているもの（ないしは事物）のことである。この場合には、命題が真または偽であるという見方とは独立に、事態というものを説明しなければならなくなる[13]。

命題という基礎的な概念を、それがみな真偽いずれかであるとの見方にコミットすることなく理解できさえすれば、ここで真理値ギャップなどというものにかかずらう必要はない。私は真理値ギャップのことは脇に置いておくことにしたい。それよりもここでの目的にとって重要なのは、命題に見出される構成的構造である。これは、前に第 4 節で論じた志向性に関する議論と結びついている。

命題的態度文 propositional attitude sentences（「S は p ということを述べる」という形式の文を含む）の標準的な意味論上の取扱いでは、文の論理形式を、その命題的態度の主体と命題との関係を表現するものとして捉える[14]。しかし、命題の個別化については根本的な見解の相違が存在している。個別化は、命題の真偽を左右する対象と性質のみによってなされるべきなのか、それとも、そうした対象と性質が態度の主体によってどのような仕方で表象されているかということをも考慮に入れるべきなのだろうか。第一のアプローチはしばしばラッセル流アプローチ（または新ラッセル流アプローチ）と呼ばれ、第二のアプローチはフレーゲ流アプローチとして知られている。第6節で述べたように、フレーゲは、正しい意味論においては、（語が意味（指示対象）をもつ場合）語には意味に加えてさらに意義をも帰属させるべきだと考えていた。フレーゲ流では、「ウラジミルは、法王は誤りえないということを信じている」のような命題的態度の帰属によって、ウラジミルは、意義すなわち世界の中の意味（指示対象）の提示様式を構成要素とする命題と関係づけられる。それゆえ、「法王」と「ヨハネ二十三世」の意義が異なる場合には、法王は誤りえないという命題（フレーゲの言い方では *Gedanke*／「思考（思想）」）とヨハネ二十三世は誤りえないという命題は、異なる命題なのである。これは、意義が認識価値にもとづいて区別されるためである。「A」という語と「B」という語を理解している合理的な思考者にとって、A＝B ということを学ぶのが新しい情報を得ることなのであれば、あるいは、そうした合理的な思考者が A＝B ということを疑いうるのであれば、「A」と「B」は異なる意義をもっているのである。

これに対しラッセル流アプローチでは、A＝B であれば、「A は F だ」という形式の文と「B は F だ」という形式の文は、同一の命題を表現していることになる。こうしたラッセル的な理論の背後にある駆動力は、ふたつのきわめて妥当だと思われる（否定しがたいとさえ言える）見方にもとづいている。ひとつ目は、文の表現するものが真であるかどうかは、事物がその文の述べる通りのあり方をしているか否かによる、という見方である。「A は F だ」という文が真であるかどうかは、端的に A が実際に F であるかどうかで決まるというわけだ。もうひとつは、ある語が複文の真理条件に対してなす寄与は、その複文内に含まれる単文の真理条件に対してなす寄与と同じでなければならない、という見方である。この見方によれば、A＝B の場合、「A」が「A は F だ」の真理条件に対してなす寄与は、「B」が「B は F だ」の真理条件に対してなす寄与と同じであるため、複文「ウラジミルは A が F だということを信じている」と「ウラジミルは B が F だということを信じている」における「A」と「B」が真理条件に対してなす寄与は同じでなければならないのである。

これはフレーゲ流アプローチでは成立しない。フレーゲ流アプローチでは、命題的態度動詞を含む文の真理値に対して文の部分がなす寄与は、その文の当該箇所がもつ意義に左右される。したがって、「法王」の語と「ヨハネ二十三世」の語の意義が異なるのであれば、「ウラジミルは、法王は誤りえないということを信じている」と「ウラジミルは、ヨハネ二十三世は誤りえないということを信じている」の真理値は異なるだろう。フレーゲ流アプローチにとって、命題的態度文の真理値を決定するのは、(たとえば単純な非命題的態度文に現れるときのように)語の通常の意味だけではないのだ。これは、フレーゲ流アプローチには、命題的態度文の合成性、つまりそうした文の真理条件が、その構成要素の意味することや意義にどのように依存するのかを説明するという、もっと困難な課題が控えているということである。

(ラッセル流アプローチの別形態では、命題を可能世界の集合として捉える。文「S」が表現する命題は、「S」が真であるようなすべての可能世界の集合である。AはFだがBがFではないような可能世界があれば、「AはFだ」と「BはFだ」の二文は別の命題を表現していることになるのに対し、そのような可能世界がなければ、別の命題を表現してはいないとする。ただし、これによって議論状況は大して変化しないのだが。)

ラッセル流では合成性の要請から命題の理解を引き出すが、その場合、命題的態度に関するわれわれの直観を説明するのが難しくなる。このことで私が言おうとしているのは次のことだ。ラッセル流では、A=BでしかもウラジミルがAはFだということを信じているのであれば、ウラジミルはBがFだということを信じていることになってしまう。たとえウラジミルが心からそれを否定するとしてもそうなるのである。ここでフレーゲの有名な事例に当てはめるならば、古代の天文学者たちは、ヘスペラスが朝に輝くということを認める気などとうていなかったにもかかわらず、実際にはそのことを信じていた、ということになってしまう——ヘスペラスはフォスフォラスにほかならず、そして天文学者たちは、フォスフォラスが朝に輝くと信じていたからである[15]。

特定の態度の帰属に見られる意味論的構造を示すのに、ラッセル的な理論にどのような強みがあるにしても、命題の概念をいま私が提案しているような志向性の理論において用いようとすると、ラッセル的な理論が根本的理論でありえないことはまったく明らかである。それは志向的状態がアスペクト形態を有しているからである（第6節）。意義の理論では、アスペクト形態がいかにして命題的態度に含まれるのかを示そうと試みる。これは、ラッセル的な命題がある種の態度帰属に有用であるだろうことを否定するものではない（態度帰属についてはさらに第35節で論じる）。ある文脈では、ラッセル的な命題を引き合いに出すことによって心的状態の間にある異同を首尾よく表現しうるだろう。だがこれが一般によい方法だということはありえない。なぜなら、ラッセル的な命題が外延的であるのに対し、フレーゲ的な命題は内包的であり、そして第6節で主張したように、心的状態の帰属が内包的である場合、このことはその心的状態の志向性の反映または表現だからである。というわけで、主体の視点を捉えようと試みるような命題的態度の帰属は、フレーゲ的な内容を備えた態度帰属でなければならないのである。

本書のアプローチでは、志向性の本質的な側面を捉えようとするのであれば、命題はフレーゲ流に個別化されなければならないということが要請される。命題に対する態度についてはどうだろうか。「Sはpということをϕする」という図式のϕの位置に挿入して有意味となるようなものはみな命題に対する態度である。それゆえ、たとえば「考える」「望む」「信じる」「願う」などはみな命題に対する態度である。それ以外でも、自然な図式はやや異なるものの、言わば出所の同じ事例がある。「pかどうか考えあぐねる」「pかどうか思索する」「pかどうか検討する」がそうした例である。これらは実際、根底では同じ事例なのかもしれない——どの命題的態度が他の命題的態度に還元可能か（あるいは他の命題的態度によって言い換えることができるか）という問題について、私はここでは特定の立場をとらないことにする[16)]。

命題的態度をめぐる議論は「信念と欲求」をめぐる議論に集約されることがある。だがよく考えてみると、欲求をここでの図式に収めるのは少し難しいことが分かる。「ウラジミルは、自分が英国海峡を泳いで渡るということを欲求している」は完璧に文法にかなっているが、「ウラジミルは英国海峡を泳いで渡りたい」の方が慣用的である。しかし「英国海峡を泳いで渡る to swim the Channel」は命題を表現しておらず、「ウラジミルはひと瓶のワインが欲しい」や「彼は世界平和を欲している」のように、欲求の動詞の前に置いてもごく自然だと思えるような目的語の多くもまた命題を表現していない。英国海峡を泳いで渡るのは出来事であり、ひと瓶のワインは対象であり、世界平和はたぶん事態である。ウラジミルが望むこれらの事物のそれぞれに対応する命題を定式化するのは比較的容易である。「彼が英国海峡を泳いで渡るということ」「彼にはワインがひと瓶あるということ」「世界平和が実現しているということ」とやればよい。さしあたってはこうした言い換えが適切であり、しかも常に可能であるとしよう。こうした言い換えが存在するなら、欲求は命題的態度なのである。(あるいはもう少し悲観的な言い方をすればこうなる。こうした言い換えが可能である度合に応じて、欲求を命題的態度として考えるべきだ、と。)

態度はどうやって相互に区別されるべきだろうか。ここでお勧めしたいのは、その相違はおおむね機能的もしくは傾向的なものだとするおなじみの提案である。つまり態度は、態度が相互に取り結ぶさまざまな関係ないしは潜在的(傾向的)な結びつきの点で相違する、というわけだ。信念と欲求が行為と特別な関係にあるということはすでに見た。人は、自分が何を欲し、世界のありようをどう捉えているかによって、まさに自分のなすことをなす。したがって、あなたが目の前にあるこれをひと瓶のワインだと信じ、そしてひと瓶のワインを欲し、さらにこのワインの瓶に手を伸ばすのに何の妨げもないと信じるのであれば、以上によりあなたはこのワインの瓶に自分で手を伸ばすように導かれるだろう。(機能主義者なら、「あなたは導かれる」は「あなたは引き起こされる」ということを意味するのでなければならない、と言うだろう。私はそれに同意する——ただし上で述べたように、態度の間にこうした関係があるという見方だけでは、そこからさらに機能主義者の言うテーゼは帰結しない。)それゆえ態度のそれぞれは、pということを望んでいるのなら、pということを欲求していることになり、またその瞬間はpではないということを信じていることになるというように、どのように相互に関係し依存しているかという点から個別化されることになるだろう。

34　命題的態度テーゼ

命題的態度テーゼによれば、あらゆる志向的状態(もしくは志向的態度)が命題的態度である。第6節で私は、志向的内容の概念にとっては、それが命題的であることは本質的ではないと論じた。これは、志向的態度がみな事実として命題的態度であるということとは両立する。しかし第 24 節で、われわれはこのテーゼに対する反例に出会った。第 24 節で私は、身体感覚が、命題的態度であることなく対象に対する有向性を含んでいる、と論じたのである。だが感覚の志向性には異論も多い。そこで、感覚の志向性を前提せずに、命題的態度テーゼに反対する強力な主張を提示することは可能だろうか。もっと異論の少ない根拠にもとづいてこのテーゼを切り崩すことはできないものだろうか。

命題的態度テーゼに対する、議論の余地のない紛れもない反例は、明白に対象有向的な感情から生じる。最も分かりやすいのは愛憎である。(他にも尊敬のような分かりやすい例はあるが、ここでは愛憎に焦点を絞ることにしたい。) 場所や人や物を愛することは、愛する者と愛される事物との関係としてごく当たり前に理解される。憎しみも同様である。こうした心的状態が志向的であるのははっきりしている。志向的対象があり、志向様式をもつからである。しかし、その内容は命題的ではないし、また「S は p ということを ϕ している」式の報告もなされない。

命題的態度テーゼを擁護する者は、こうした事例についてどう言うべきだろうか。もちろん、やろうと思えば愛憎という現象の存在を否定することもできなくはない。もっとも、これが見込みのない道筋であることは疑いようもなく、ただ単に哲学上のテーゼを擁護するためのものにすぎない。愛と憎しみ(そして愛着や愛好、嫌悪やいらだち――みな対象に向けられている)は、普通の心的な生を形作る根本的な要素であるように思われる。こうした明白な現象の存在を単に理論を守るために否定するような理論に、いったいどんな利点がありうるだろうか。

そこで命題的態度テーゼの擁護者は、愛憎の概念が曖昧であるとか、その同一性の条件が明確ではないということを根拠にして、愛憎の存在を否定するかもしれない。しかしその根拠がかりに正しいとしても、なぜそれが、そうした対象有向的な状態ばかりに不利に働き、あらゆる志向的状態に対して、とりわけ命題的態度に対しては不利に働かないのかがはっきりしない。人が誰かを愛しているかどうかが曖昧であるのとまさしく同じように、人が本当に何かを欲しているかどうかが曖昧であるように見える、というのはよくあることだ。したがってここでの問題は、愛憎ではなく、曖昧な概念にあるように思われる。さらに、命題的態度の存在を信じている者にとっては、さまざまな信念や欲求どうしをどのように区別してひとつとして数えるのか、あるいは存在している信念の数はいくつか、という問題が突きつけられることになる。愛憎という状態の同一性条件に問題があるのなら、たぶん同様の問題を信念や欲求についても突きつけることができるだろう。(だからもしあなたにとって愛が「本当は存在し」ないというのがはっきりしているのなら、欲求が「本当に存在する」ことがそれほどはっきりしているかどうか自問してみるべきである。)思うに適切なのは、クワインに従ってこうした態度の実在性をも否定してしまうのではなく、そうした現象を、われわれが捉えているとおりに、最も明確に記述してみるように試みるアプローチである。

別のアプローチでは愛憎を還元する。「AはBを愛している」や「AはBを憎んでいる」という形式の真理すべてについて、「Aはpということをϕする」式の命題的態度を帰属させることにより、もとの真理の内容を保存しつつ、その必要十分条件が得られるような説明を行おう、というわけである。とはいえ、こうした試みが成功したことはなく、その試みをどこから始めるべきなのかを見極めるのも簡単ではない。ただし、ひょっとすると還元的置換は必要ではないかもしれない。これよりも弱いアプローチによれば、愛憎についての言明は命題的態度の形式には置き換えられないものの、命題的態度の存在によって真となる。したがって、AがBを愛しているというのは文字どおり真でありうるが、それが真になるために必要な事実は、Bを愛している者の信念と欲求についての事実だけだ、というのである。

この主張はもしかすると、愛憎帰属の正しさが信念帰属の正しさに付随するという見方になるのかもしれない。だがこれだけでは、愛憎がまさしく命題的態度にほかならないということは示されない。それは、心的なものの物理的なものへの付随性だけでは、心的なものがまさしく物理的なものにほかならないということは示されない、というのと同じである(第18節を参照)。いま、愛憎という現象があるとすると、それは信念と欲求に付随するかしないかのいずれかであろう。しかし、これによって命題的態度について何が分かるのだろうか。他方、かりに愛憎などという現象はないのだとすると、ここでのアプローチは、私が棄却したばかりの消去的アプローチの単なる一変種でしかないということになる。というわけで、付随性に訴えてみたところで、無関係か、愛憎についての消去主義の一形態でしかないかのいずれかになってしまうのである。

われわれは、明白に対象有向的な感情に対して、命題的態度テーゼの擁護者がとるであろうアプローチを三つ検討してきた。すなわち、消去・還元・付随性である。まず、対象有向的な感情を消去するのが妥当と思われないのは、そうした感情以外の志向的状態を消去するのが妥当と思われないのと同様である。次に、妥当と思われるような還元のやり方が提起されたことなど一度もない。そして、付随性アプローチは、消去の一形態であるか、あるいは正しいにしても命題的態度テーゼと無関係であるかのいずれかである。このテーゼを擁護する試みの失敗と明白な現象学的事実とにより、そもそもいったいなぜ命題的態度テーゼなどというものを正しいと考えてしまったのか、という問いが生じることになる。

ひとつの可能性は、このテーゼの擁護者が、志向性というものを、ふるまいを説明したり合理化したりする際の志向的状態の役割という点だけで考えていた、というものである。ふるまいの一部を説明するためには、そのふるまいの主体の信念と欲求のみを引き合いに出せばよい。また、志向的状態の唯一の機能的ないし因果的役割は、ふるまいを合理化したり引き起こしたりするという点にある。したがって、引き合いに出す必要がある志向的状態は、主体の信念と欲求だけなのである。それ以外は、解消されてしまうか、信念と欲求（および、もしかすると他の命題的態度）に還元されるだろう、というわけである。

だが、この議論のふたつの前提は誤っている。第一に、ふるまいの説明という点だけで志向性を考えるのは適切ではない。われわれは主体の視点をも理解しなければならないし、たいていその理解は、主体の視点がそのふるまいの理解の中にどう現れるかということだけでは形成されないのである。第二に、ふるまいを説明する際に引き合いに出す必要のある状態が命題的態度だけだというのは正しくない。命題的態度テーゼの枠組みからいったん解き放たれれば、誰かがある人に向かって特定の仕方でふるまったのは憎み合っていたからだと説明されても、難なく理解できるだろう。愛や憎しみといった対象有向的な態度は、ふるまいを説明するにあたって命題的態度と同じくらい重要な役割を果たしているのである。

35　事象態度と言表態度

思考や命題的態度は、多くの点で典型的な志向的状態である。本章での私の目標は、言うまでもなく、思考の志向性——この概念は私が「志向性」で言わんとしていることからすればほとんど不要になるだろう——を擁護することではなく、それを明確化することにある。ここまで私は思考を信念から区別してきた。信念は意識的なものではありえないが、自分の信念を意識するということは可能である、とも論じた。そして、命題的態度テーゼを斥けた。ここでは、思考や信念などの態度がもつ志向性の本性をもっと丹念に検討しなければならない。

志向性の本質的特徴は、有向性とアスペクト形態である。命題的態度に見出されるアスペクト形態は、フレーゲ流に、つまり志向的対象の提示様式という点からその態度の命題的内容を個別化することで表現できる。命題的態度ではない思考の場合もやや似たやり方で、すなわち命題未満の内容構成要素を含む命題の潜在的な情報提供力という点から、そのアスペクト形態を捉えることができるだろう。ある思考の有向性は、第５節で導入した「対象」の意味でその思考が志向的対象をもつという事実に存する。しかし、オイディプスは自分の母と結ばれたかったのだ、とわれわれが言う場合のように、志向性を透明なやり方で帰属させることができると述べることは、以上のすべてと両立する。このように欲求を帰属させるのは——たとえオイディプスが（日本語を話したとしてだが）決して自分ではそのようには言わないにしても——まったく正しい。第５節と第６節で学んだように、志向的状態の帰属は外延的な場合もあるのだ。第５節と第６節で私が擁護しようとしたのは、帰属が内包的である場合には、それは志向性の表現である、という主張である。

そこで、ある人の志向的状態と、その人にその状態を帰属させるための条件ないし状況とを区別することが決定的に重要となる。なるほど両者は結びついているが、それでも明確に区別しなければならない。思考を帰属させる唯一の方法が内包的なやり方であるとか、思考は決して外延的に帰属させられない、などと言うことはできない。思考を帰属させる際のわれわれの実践は、内包的な帰属と外延的な帰属をともに含むのであり、一方を捨てて他方をとる理由はない。志向性の帰属についての理論は両者を許容するものでなければならないのである[17]。(だから特に、ラッセル的な命題とフレーゲ的な命題をともに許容するものでなければならない。)ただし思考の帰属についてこのような寛大な見解をとっても、志向的状態の内容、つまり思考者の心の中で実際に起こっていることについてそれよりも厳格な見方をとることには反しない。したがってこの区別により、オイディプスが自分の母と結ばれたかったということが、たとえ彼の心にそんな思考がよぎってはいないとしても真である場合もある、と私は述べることができるのである。

この結論を表現するには、ひとつには、思考や態度の事象帰属が存在することからは、事象的な志向的状態が存在するということは出てこない、と言えばよい。事象という語は、ふつう言表という語と対比され、以下のように信念に言及することで、この対比を説明することができるだろう(そしてこの対比を他の態度に適用するのも造作ない)。

多くの場合に、われわれは思考者の名前や記述のあとに、完全な平叙文に続けて「……ということ(that)」(これはいわゆる「that 節」である)を付け加えることによって、思考者に信念を帰属させる。したがって、われわれは次のように言うだろう。

(1)オイディプスは、路上の老人がじゃまだということを信じている。

この文はここでは、オイディプスを、「路上の老人がじゃまだ」という文で表現されている命題と関係づけている。この種の信念帰属は言表的と呼ばれる。この名称は、その帰属によってオイディプスが、述べることで表現されるもの、つまり言表と関係づけられている、という見方を省略的に表したものと見なすことができるだろう。こうした帰属、つまり言表帰属は、なじみ深くしかも(これから論じるように)根本的な形態の信念帰属である。

だがわれわれには別種の信念帰属のやり方もある。自分がオイディプスの置かれた状況を外部から評価している状況にあると想像してほしい。そしてあなたはこのように言う。

(2)路上のあの老人。オイディプスは彼がじゃまだと信じている。

ここでの帰属によってオイディプスが関係づけられているのは、完全な命題すなわち言表ではない（「彼がじゃまだ」はそれ自体では、真または偽であるようなことを表現していない）。むしろこのときに行われているのは、オイディプスをある事物（その老人）ならびにその老人について述べられていること（じゃまなこと）と関係づけている、ということであるように思われる。こうした帰属を表すのに事象の語がふさわしいのは、この帰属が思考者と事物（事象）を関係づけているからにほかならない。それゆえ事象帰属は「関係的な」信念帰属とも呼ばれてきたのである[18)]。こうした帰属では、思考者と思考されている対象との関係が要求されるため、こうした帰属は第4節で述べた両方の意味で外延的である。(2)からは、以下を推論することができる。

(3)オイディプスがじゃまだと信じている者が存在する。

（何にせよ帰属を行う者が、そもそも老人が存在するとは考えていないのに「あの老人」という表現を用いるはずがない。）さらにその老人がオイディプスの父であり、そのうえ、(2)が真であれば、次もまた正しいことになる。

(4)あの老人、すなわちオイディプスの父。オイディプスは彼がじゃまだと信じている。

そしてこれが真であるために、その老人が自分の父だということをオイディプスが知っていたり信じていたりする必要はない。このように、事象的もしくは関係的な帰属は、存在汎化を認め、共指示的な単称名辞の代入を許す。それゆえ、オイディプスは自分の母と結ばれたかったのだとわれわれが言う場合、これもまた事象帰属なのである。われわれはそれをむしろ、不格好ながら以下のように言うかもしれない。

⑸イオカステ、すなわちオイディプスの母に関して。オイディプスは彼女と結ばれたかった。

これに対応する言表帰属は、とうていわれわれが言わないようなものだが、オイディプスの意識的な心の中に実際にあるものを表現したいのであれば、以下のようになる（無意識をめぐる異論の多い諸説はここでは無視しよう）。

⑹オイディプスは、自分の母と結ばれるということが成立することを欲した。

こう述べるのは、オイディプスが「母と結ばれたいか」という問いに肯定的に答えるであろう、と述べるに等しい。しかしこれは明らかに、オイディプスが自分の母と結ばれたかったということは真である、とわれわれが述べるときに言おうとしていることではない。

この分野に少々通じていればみな知っているように、信念その他の態度帰属というのはやっかいなテーマであり、いま関わり合う必要のないような困難で微妙な問題を数多く含んでいる。ここでの主なテーマは、主体に帰属させられる状態や出来事の心理学的な実在性である。事象／言表の区別が、この問題とどう結びつくのだろうか。哲学者には、「信念」が多義的だと論じている者がいる。あるいは、同じことになるのだが、信念には、事象信念と言表信念の二種類があると論じている者がいる[19)]。だが、われわれがここまで述べてきたことからそれは出てこない、という点を強調しておくのは重要である。この結論を導くには他の前提が必要であろう。これまでのところ示されたのは、信念を抱く者と信念の対象とを関係づけて外延的文脈を生み出すような信念帰属のやり方がある、ということにすぎない。だがそれは、主体に帰属させられる信念が、それでも完全なフレーゲ的命題との関係であるということと両立するのである。このように主張する根本的な理由は、いかなる心的状態においても、その志向的対象は他のアスペクトを排除して特定のアスペクトのもとに提示される（考えられる、欲せられる、など）という確信に由来する。したがって、そのような状態を十全に記述するには、こうしたアスペクトの把握を試みなければならないのである。

事象／言表の区別についての以上の解釈を擁護して、事象帰属の中心的特徴は、事象信念帰属の対象が「……を信じている」という節の作用域の外で言及される点にある、と述べることができる。ある種類の事象帰属は次の形式をもつだろう。

x＝a であり、かつ、x についてそれが F であるということを S が信じているような、対象 x が存在する。

そしてここで、変項「x」は、「……を信じている」の作用域の外にある量化子に束縛されている。「a」は、x を表す名辞であるが、それは S が知っている名辞であったりなかったりする。帰属を行う者は、心理動詞の作用域の外で x に言及するので、x には何でも好きな名前をつけてよい。実際に起こっていることを形而上学的に描写する自然なやり方はこうである。人は他者が考えている対象にその他者を関係づけることで、外部からその他者の心的状態を報告しているが、ひょっとするとその際に、その他者が受け入れたり認めたりはしないようなやり方でその対象を記述しているのかもしれない。だがこのことは、事象的な関係的信念が、つまり言表信念とは別種の心的状態があるということを意味するわけではないのである。

36　内在主義と外在主義

というわけで、思考や態度の事象帰属なるものがあるという見方は、現実に存在する対象との関係を必然的に伴うような事象的な志向的状態や志向的作用が存在する、ということを含意しない。それが前節の教訓のひとつだった。さてこのように、現実に存在する対象との関係を含む志向性について論じると、志向的状態（や志向的作用）が広いか狭いかをめぐる、前に第 7 節で触れた議論が思い起こされることだろう。ある志向的状態が広いのは、その状態の存在からその志向的対象が現実に存在するということが帰結する場合であり、狭いのは帰結しない場合である。広い志向的状態の存在を、そうした状態の事象帰属の存在から推論することはできない。では、志向的なものが広いと考えるためには他にどんな理由が得られるだろうか。

これは、過去二十五年にわたって激しい論争の主題であった問いである。その論争とは、心的内容についての内在主義と外在主義との論争である。この論争で私が共感するのは内在主義である。もっとも私には、本章の限られたスペースでこの巨大な論争を決着させうる望みはない。そこで代わりに本章の続く数節での課題を、内在主義的な志向性の整合性を正当化するというもっと穏当なものとしたい。ここでは、志向性が内在主義的に理解されなければならないということではなく、内在主義的に理解することができるということだけを論じるつもりである。

はじめ内在主義的な志向性を、外在主義的な志向性よりも本質的に問題のある概念だと思うかもしれない。そのわけはこうである。外在主義によれば、思考はふつう、因果的にであれ何であれ、対象と関係していることによってその対象についての思考となる。外在主義者は、典型的にはこのような仕方で、思考はそれが世界の中のどんな対象や性質についてのものであるかによって個別化されるという見方を理解する。思考の存在や同一性を決定するのは、思考されている対象や性質の存在ないし同一性だというのである。このように言うと、思考についての外在主義をとるのは不可避的であるかのように見えることだろう。対象によって個別化されない思考などというものがありうるだろうか。かりにそんなものがあっても、それは間違いなく志向性を欠くであろうし、とうてい思考の名には値しないだろう、というわけである。

だが、この路線で考えるのは正しくない。なぜなら、思考されている事物によって思考が個別化されるというのは志向性の見方そのものだ、ということを無視しているからである。このことは、外在主義という学説が作り出される以前から、志向性概念の核心であった。それゆえ外在主義者は、この概念に対して特別な権利を主張することはできないのである。内在主義者もまた、狭い思考は思考されている対象によって個別化される、と言うことができるのだが、この「個別化」が関係だということは否定しなければならないだろう。内在主義の主張によれば、人が抱く思考のあるものは、たとえその思考の対象が現実には存在していなくても、同一であるかもしれないからである。つまりこういうことだ。内在主義は、思考やそれ以外の志向的現象に関する、さまざまな可能世界もしくは反事実的な状況を通じての同一性条件についてのテーゼであり、それによれば、X についての思考は、たとえ X が現実には存在していなくとも、同一の心的状態または心的作用なのである。通常であれば、内在主義者は、人の思考している対象の多くあるいはほとんどが現実に存在している、と主張するだろう。言うまでもないが、内在主義者は、われわれの観念の外側に世界など存在しない、という主張にはコミットしていないのだ！　内在主義者が主張するのは、思考の対象が存在していない可能世界においてさえその思考は同一のままだ、ということなのである。

したがって、思考されているものによって思考が個別化されると主張する権利があるのは自分たちだけだ、と外在主義者が考えるのは間違っている。内在主義者は、「個別化する」という言葉を本質的に非関係的なやり方で使用しうることを明らかにしさえすればよい。ただしこれは、内在主義者の行く手に立ちはだかる難題である。

内在主義的な志向性なるものがどうすればありうるのか。これを示すために内在主義者は、現実には存在しないもの（第 7 節参照）について思考する場合のことをよく考えてみるようにわれわれをいざなう。外在主義者は、現実には存在しないものについての思考は単なる例外だ、と応答するかもしれない。通常の状況では、現実に存在している存在者が思考されているのでなければならない、というのだ。なるほどこれは正しい。だが内在主義者の論点は、思考の対象のほとんどが現実には存在しないということではなく、こうした場合に注意を払うことによって、現実に存在する対象を欠いた志向性というものがどうすればありうるのかが理解できるようになる、ということなのである[20)]。

内在主義者は、自らの議論を展開するために、思考の「本当の構造」が最初の見かけどおりではないかもしれない、という見方に訴えることができる。そのためにとられてきたのが、ラッセルの記述説に訴える昔からの方法である。記述説によると、確定記述を含む文の論理形式は、量化された文の論理形式である。つまり、文「F は G だ」は、「G であるようなただひとつの F が存在する」という形式をもつものとして理解すべきなのである。文の意味はその文が表現する命題であるから、われわれは思考の命題的内容へと外挿することができる。するとそれにより、人が（たとえば）「FはGだ」と言って表現するであろう命題を信じている場合に、そこで信じられているのは、実際には、Gであるようなただひとつの F が存在するという内容の量化された命題である、と言えるようになる[21]。思考の場合われわれは、その見かけの形式と本当の形式とを言語の場合のようには区別しないが、その代わり、思考の表現の見かけの形式とその思考の内容である命題とを区別するのである。言うまでもなく、その思考を表現するのに用いられる語が「心の中を駆け抜ける」ことはあるだろう——したがって、あなたは「冷蔵庫のパイナップルはいまじゃもう腐っているはずだ」と心の中で意識的に言うかもしれないが、ここでラッセルによれば、その思考の命題的内容は、冷蔵庫にただひとつのパイナップルが存在し、そしてそれはいまではもう腐っているはずだ、というものなのである。ただしこのような区別が可能であることは、心的状態にラッセルの記述説を適用するのに不可欠ではない。なぜなら記述説は信念にも適用できるとされており、pということを信じるのに、何らかの文（やその他のもの）が心の中を駆け抜ける必要はないからである（第32節を参照）。

これはむしろどのような条件下で信念が真または偽になるのか、つまり信念の真理条件をめぐる論点である。内在主義者がラッセルの記述説を引き合いに出すのは、現実には存在しないものに関する多種多様な思考や信念が、それによってよく理解できるようになるからである。ラッセルは、有名な例である「現在のフランス国王ははげである」のように指示対象をもたない記述を含む文に対し、自分の理論を使って真理条件を与える方法を示した。ここでは、この文が意味をなすか否かは、「現在のフランス国王」に指示対象があるかどうかには左右されない。それに左右されるのは文の正しさだけである。クワインは記述説を擁護して以下のように書いている。

> 意味をなすか否かという問いを、体系的で決定的な解決方法に何ら開かれていない日常的な事実の問題に左右されるままにしておくのは、およそ困ったことである。ジョーンズが愛する人は誰もいないのか、ひとりいるのか、あるいは複数なのか、ということは、われわれには決して分からないかもしれない。したがって、「ιx（ジョーンズは x を愛している）」という表現にわれ

われの言語の中での位置を与えるかどうかを決定するのに、その情報が得られるまで待たなくともよい、とするのが最善である。つまり、一般に表現の真偽については体系的で決定的な技法を欠いた探究の結果を待たなければならないが、これに対して、ある表現が意味をなすか否かは——言明において生じる表現の適格性が真偽いずれであるにせよ——われわれがうまく制御し続けることのできる問題なのである[22]。

同じことが信念の真理条件にも当てはまる。ラッセルの記述説を身につければ、現在のフランス国王ははげであるという信念が真なのは、はげのフランス国王がただひとり存在している場合だけであり、偽なのはそうではない場合である、と言えるようになる。この世界のようにフランスがもはや君主制ではない世界においては、この信念は偽であるが、しかし依然として思考可能ではある。つまり、その信念の存在は、王の現実存在によらないのだ。それはまた、現実には存在しない王や「存立する subsist」王の実在性にも、それらが何であるにせよ、依存するものではない（第７節参照)。ジョン・マクダウェルはこの点を巧みに表現している。彼は以下のように言う。

記述説の眼目はひとえに、現実には存在しない真正の対象が知性的作用の関係項として見かけ上必要となってしまうのを避けることにある。知性的作用の関係的な理解によって、その作用が現実には存在しない可能性のある対象との関係を取り結ぶことが要請されるような場合、代わりにラッセルは、その内容が対象の詳述を含んでいると考える。かりにそうした詳述に一致する対象がなくても、それはその作用が内容をもつことを脅かさないのだ[23]。

こうして記述説により、内在主義的な志向性のモデルが得られる。すなわち、ある対象についての信念の「思考可能性」——その命題的内容の利用可能性——が特定の対象の現実存在によらず、それゆえその対象との関係を帰結しないようなケースを明確に説明することができるのである。ラッセル的な記述的信念の内容は、命題が真であるために信念の志向的対象が満たさなければならない条件を特定する。そうした対象が現実に存在しない場合には、命題は偽となる。マクダウェルが述べているように、そうした場合に「日常的な真正の対象と関係が取り結ばれるという錯覚が、存立しているだけの対象との関係をも現実に取り結ぶ必要があるかのように見せかける働きをするのだ[24]」。内容についての錯覚ではなく関係についての錯覚、これこそが、内在主義的な志向性の背後にある見方にほかならない。こうして内在主義者は、ある信念が現在のフランス国王についてのものであるのは、たとえそんなものが現実には存在しなくとも、その王が思考の志向的対象だからだ、と言うことができる。内在主義では、「X は Y についてのものである」が関係を表現するということも前提しないのである。

こう反論されるかもしれない。以下の理由から、ラッセルの記述説が内在主義的だというのはあまり正しくない。記述説に必要な存在命題における詳述に、性質や関係（たとえば王であることやはげていること）への指示が含まれるのは避けられないことだろう。そしてこうした指示が完全に他の言葉に言い換えられない限り、対象ではなく性質への指示が思考に含まれざるをえなくなる、と。

内在主義者はこの反論に対して、応答のコミットメントの度合いはさまざまながらいろいろと言うことができる。コミットメントが弱い場合、記述説を引き合いに出すのは、単に個別的な対象（あるいは個物一般）についての思考や信念を内在主義的に理解する余地を作りたかったにすぎない、と応答するだろう。個物に関する思考については内在主義者でありながら、性質に関する思考についてはそうではない、という者がいてもよい。そうした見解によれば、われわれの思考のどれひとつとして身の回りの環境内の個別的な対象に本質的には依存しないが、それにもかかわらず特定の性質には依存することになるだろう。

コミットメントが強い場合、個物を表す語が指示に失敗することがあるのとちょうど同じく、性質を表す語が指示に失敗することがある、つまり空虚な性質語が存在しうる、と内在主義者は応答するだろう[25]。こうした語を取り扱うための唯一ではないがひとつのやり方は、説明される述語の指示を、理論的構造を形成する相互に結びついた述語のネットワークという点から捉えることである。そうすることで結果として、量化子によって束縛されうるような変項によってそうした述語を置き換えることができる。これは、理論語を定義するための、ラムジー－カルナップ－ルイス的手順でとられる方法である[26)]。こうすれば、理論のもつ述語は、その述語に対応する性質が存在しない場合であっても、依然として有意味でありうる。どうしても内在主義的に取り扱うことのできないきわめて根本的な志向性の形態も存在してはいるが、何らかの内在主義的な志向性が存在することは当然と見なされているので、ここではこの種のよく知られたアプローチから離れてもよいだろう。

37　外在主義擁護論

もっとも、内在主義的な志向性を理解することができると言ったところで、まだたいしたことを述べたことにはならない。外在主義者は、内在主義がごく表面的な点で不整合をきたしているのだと論じなくてもよいからである。現に外在主義者は通常そのようには論じない。外在主義者のとる典型的な手立てはむしろ、ヒラリー・パトナムが考案し、双子地球論法として知られるようになった形式の論証を用いることである[27)]。双子地球論法の目的は、ある思考ないし態度の内容が、思考者の身体や脳に備わる内在的性質によっては決定されない、もしくはそれに付随しないということ、あるいはときおり言われるように思考の内容が「頭の中に」はないということを示すことである。かりに思考や態度がその内容によって個別化されるのであれば、思考や態度もまた頭の中にはないということになる。外在主義者によれば、思考や態度が頭の中にないのは、それらが部分的にその対象である事物や性質によって構成されているためである。

通常この種の論法は、ふたりの物理的複製（「双子」）がある重要な点で相違する環境にいるという思考実験を伴っている。たとえば、われわれの地球の環境ときわめてよく似ているものの、しかし湖や川を満たしている物質がわれわれの水つまり H_2O ではなく、XYZ という化学式で呼びうる他の化学物質だという点で地球とは異なる環境を想像することができる。これが双子地球である。いま双子のおのおのが「水だ、水だ、あたり一面に。だが一滴たりとも飲めはせぬ［コールリッジ『老水夫の歌』の一節］」とつぶやくとしよう。双子はどちらも H_2O と XYZ の違いについては知らないものとする。するとこのとき、双子は「水」という語を使用していてもそれぞれ異なる事物について語っており、したがって考えているのも異なる思考であることになる。しかし双子は物理的複製なので、思考におけるこの相違が、双子の内的な物理的（あるいは心理的）構造に基づくということはありえない。物理的構造は同一だからだ。したがって、双子はたとえ頭が同じでも思考が異なる。それゆえ思考は頭の中にはありえない、というわけである。

この印象的な論法は、多様な形で論じられてきたし、またさまざまな点から異議を突きつけられてきた。パトナムが提示したとき、この論法は、外在主義擁護論の教えとはあまり関連のない、言語的意味や自然種に関する見解と結びつけられていた[28)]。この論法には多くの隠れた前提もあり、それを明示化する必要がある。だがそうだとしても、この論法から表層を引きはがしてその本質を取り出すのは造作もないことである[29)]。双子地球のストーリーが整合的だとして、以下のように論じよう。

⑴ある思考が何についての思考であるか／その思考が何を指示しているかは、その思考の内容によって決定される。
⑵双子は、「水」という語を用いるとき、異なる事物を指示している。
⑶それゆえ、双子の思考は内容が異なる。（これは⑴と⑵、すなわち、A が B を決定するのであれば、B における相違は A における相違を含意する、ということからから出てくる。）
⑷したがって、思考はその内容によって個別化されるので、双子が考えているのは異なる思考だということになる。
⑸双子は物理的複製であるが思考が異なるため、思考を決定しているのは双子の身体や頭の物理的特性ではない。
⑹それゆえ、双子の思考は「頭の中に」はない。

では、頭の中にないなら、思考はどこにあるのか。外在主義では通常、思考されている現実の対象が、当の思考を部分的に構成している、と答える。思考されている実在の対象が、主体の思考を部分的に構成しているというのである。

そうだとすると、志向性を内在主義的に理解するなら、双子が心理的もしくは志向的複製だと主張する以上のことをしなければならない。つまり双子地球論法に反論しなければならないのである。上に示した論法は論証としては妥当である。そこで前提が真かどうかが問題となる。内在主義者が前提に異議を申し立てるにしても、私にはうまくいく見込みのある箇所はふたつしかないように思われる。内在主義者は、双子が異なる事物について考えている／異なる事物を指示しているという前提(2)を否定することができるかもしれない。あるいは思考の内容が、その思考が何を指示しているか／その思考が何についての思考であるかを決定するという前提(1)を否定することができるかもしれない。

第一の選択肢は、パトナムが用いるこの水の事例を検討しているときには、もっともらしく見えるかもしれない。なぜならとにかく以下のように問うことはできるからだ。双子が XYZ と H_2O の違いを知らないとしても、双子は同じ事物について語っているのだと言ってどこがおかしいというのか。水に二種類あるということはないのか、と。多くの場合、自然種や物質を表すのにわれわれが用いている語は、表面的には検知できない多くの点で異なりうる事物を指している——パトナムの別の例を用いれば、「翡翠」という語は、硬玉と軟玉という別のふたつの物質を指示している。この場合、翡翠には二種類あると言いたくなるのが自然である。では、水について同じように言ってはいけないのだろうか。実際、われわれは重水（D_2O）を水として語るのであり、また、そのようにしてはいけないという約定的でない根拠もないと思われる。少なくとも、われわれの直観的な言語的判断では XYZ が水かどうかという問題は解決しない、と主張することができる。たとえばもし、前理論的には水だと見なしていたものには、多種多様な、つまり三種類とか四種類とか、ひょっとするとそれ以上の種類の基底的な微細構造があるということが発見されたとしよう。このときわれわれはどのような結論を導くべきなのだろうか。そのうちのひとつ（たとえばわれわれが最初に相互作用したもの）だけが水であると結論すべきなのか。あるいは、それらはみな水という種であると結論すべきなのか。それとも、水などというものは存在しないと結論すべきなのだろうか。われわれの言語実践がア・プリオリに解答を教えてくれるのだから、このケースについて自分がどう言うか、われわれはもうすでに知っているのだ、というのは信じがたい考えである。そうだとすると、双子地球上で「水」と呼ばれている物質が水ではないということを、われわれはなぜそんなにも唯々諾々と受け入れるべきなのだろうか。なぜ H_2O と XYZ はともに水であると、そしてまた双子は単一で共通の概念をもっており、それを双子は「水」という語を用いて表現すると言ってはいけないのだろうか。こうして内在主義者は、双子がどのような意味で心的状態を共有しているのかを明確化することで、双子地球論法を回避することができるだろう。

しかしこの「共通概念戦略」は、特定の場合にはもっともらしくても、一般にうまくいくとは限らない。この戦略が一般にうまくいくことを示すためには、内在主義者は、次のことを示さなければならないだろう。双子という主体にとってあらゆるものが同じにように見えていながら、双子おのおのの思考において指示されている事物が異なるなどということはありえないと。だがこれを示すのは不可能だと思われる[30)]。というのは、あるものの基底的な実在性がその知覚的な見かけ以上のものでありうることをわれわれは認めているので、外在主義には、あるものの実像の一側面が双子から見て隠れているとされる事例さえあればよいからである。外在主義の主張は、個別的対象についての思考が含まれる場合にとりわけ鮮明に提示することができる。私はウラジミルについて考えており、双子地球の私は双子地球のウラジミルについて考えている。ウラジミルと双子地球のウラジミルは別の人間である。しかし、私が双子地球のウラジミルと対面しても、私には地球のウラジミルと見分けられないだろう。この意味で、彼らは質的には区別できない。上で述べた論法は、パトナムの水の例とまさしく同程度に、ウラジミルについて思考する場合に当てはまる。外在主義者は、ある種の事物が、もとの事物とは本質的な点で異なるが質的には区別できないドッペルゲンガーをもつ場合がある、という事例を示せばよいだけであり、そうすれば双子地球論法はうまくいく。こうしたケースがありえないということを内在主義者はどうやって立証しうるというのだろうか。

このように、特定のケースではもっともらしいと言えるにしても、内在主義者は共通概念戦略を一律に使用できるわけではないのである。というわけで、双子地球論法を切り崩したければ、内在主義者はこの論法の前提(1)を否定しなければならない。前提(1)を内容指示決定の原理と呼ぼう。では、この原理を否定することは妥当なのだろうか。

まず注目すべきなのは、内容指示決定の原理が非常に理論的な前提であって、（ドッペルゲンガー一般の利用可能性に関していま論じた点と同じく）世界についてのわれわれの日常的な思考方法に収まるものではないということである。内容指示決定の原理の背後にあるのは、指示対象が異なっていたなら思考内容も別だったであろうという点で、思考内容が指示対象に「手を伸ばす」という見方である。ウラジミルは空腹だという思考の内容はウラジミルに関するものだが、この人がそのウラジミルだということを定めるには、言ってみればその内容自身の中にあるもので足りる、とするのである。この見方は、意義が意味（指示対象）を決定するというフレーゲの見方の一種である。フレーゲ的に言えば、意義は意味の提示様式であるから、意義の把握とは、自分を意味と接触させるやり方のひとつなのである。これよりも比喩的でない言い方をすればこうなる。意味の相違が意義の相違になるという点で、意義は意味と結びついているのである。

では、この原理は一般的に成り立ちうるのだろうか——つまり、あらゆる種類の思考について成り立ちうるのだろうか。指標的な思考——「私」「ここ」「いま」など指標的な代名詞を用いて表現される思考——の場合には、成り立たないように見える。この場合少なくとも、人が思考の表現を理解している際に把握しているものという意味での思考の内容が、それ単独で指示対象を決定するものである、というのは明らかではない。アリスとボブのふたりが、別のふたつの場所で、ここは本当に暑い、と心の中で考えたとしよう。内容指示決定の原理によれば、彼らの思考のここという成分は、指示対象が違うのだから内容が違うはずである。だが内容におけるこの相違はいったい何なのだろうか。アリスとボブはともに「ここ」と言うことで自分たちのいる場所について考えている。だから、ここという思考成分が異なる場所を指示していても、このふたりの思考が同一の内容をもっていると言いうる根拠はあるのではないだろうか。内容指示決定の原理に固執するなら、彼らのここという思考成分は異なる内容をもたらすと言わなければならない。しかしこれはあまりもっともらしくない。というのは、ふたりの思考に相違がある——アリスとボブは別の場所について考えている——のは明らかではあるものの、他方で類似性があることも同じく明らかだからである。そうだとすると、思考内容は異なると言うべきなのか、それとも同一であると言うべきなのか。

ある意味でこれは完全に「内容」の語をどう使うべきかという言葉づかいの問題である。アリスとボブの思考は内容が異なると言うべきか、それとも内容を共有していると言うべきか。ある点ではそれは問題にならない。「内容」というのは、一貫した明確な仕方で使用する限りは好きに使ってよい準専門用語だからである。しかし別の点では問題になる。われわれは、アリスとボブが同種のやり方で自分のいる場所について考えているという意味で、彼らの思考が類似していることを認めているからだ。しかも、ある特定の種類のやり方で何かを考えているという見方は、われわれがすでに論じた（第6節)、内容を志向的状態や志向的作用のアスペクト形態として見る議論と関連している。アリスとボブの思考が内容を共有していることになるような、そうした妥当と思われる意味――あるものが思考されているときのその対象の思考のされ方という意味――が内容にあるなら、内容指示決定の原理は、それがもっていたであろう一般的な妥当性を失い始める。そのわけは次のように考えてみれば分かる。内容指示決定の原理が指標的思考に当てはまると主張するには、ふたりの思考者が別の場所や人物や時間について指標的な仕方で考えているとき、常にふたりの思考の内容は異なっている、と主張しなければならないだろう。だが、もしこれがわれわれにもつことのできる唯一の内容概念であるとしたら、われわれは、「ここ」思考者や「いま」思考者が思考内容のアスペクトを共有している、と言うことができなくなる。しかしこれがもっともらしいとは思われない。

内容指示決定の原理が特定の場合には成り立たないなら、この原理は双子地球論法でも成り立たないと述べる余地が内在主義者にはある。そのことは、この原理が双子地球論法で果たしていた役割を思い起こせば分かる。この原理は、異なる事物について考えているなら双子の思考の内容は異なっている、というステップを支えていたのである。指標詞のケースは、この一手が、「内容」という語の理にかなった用法すべてについて一般に妥当であるわけではない、ということを示している。したがって、内在主義者にはこの原理が双子地球の場合にも妥当ではないと主張する余地があるので、たとえ指示対象が異なる（H_2O と XYZ）にしても双子の思考は内容を共有している、と言うことができるのである。内在主義者によると、必要なのは内容指示決定の原理を文脈と相対的に内容が指示対象を決定するという具合に修正することである。双子の思考は内容を共有しているが、しかし文脈が異なるがゆえに指示対象が異なる、というわけである[31)]。これは、指標詞のケースでも必要になるので、アドホックな原理ではない。「ここは熱い」によって表現される思考の内容は、その文脈つまり思考や発話が生じる場所においてのみ「ここ」の指示対象を決定するのである。

内容指示決定の原理を擁護する者は、指標的な場合にアリスとボブの思考が同一の内容をもつことになるような内容概念が存在する、ということは認めるかもしれない。そう認めるのはまったく正しい。だがそう認めることで双子地球論法におけるこの原理の妥当性が大きく揺らぐことになる、という点に注目しよう。それはこういうわけだ。双子地球論法が指標的な場合とは肝心な点で異なるということを示しえない限り、内容指示決定の原理の擁護者はさらに、双子の思考が内容も同一であることになるような内容概念が存在することをも認めなければならない。そしてこれを認めるなら、双子地球論法からは、思考のもつひとつの意味においては双子の思考は頭の中にはないのだが、思考のもつ別の意味においては双子の思考は頭の中にある、という結論が出てくると思われる。これが成立するなら、「思考」や「内容」というものの最良の意味はどれか、それが目的としているのは何か、ということをめぐって議論していくことができる。このように解釈すれば、双子地球論法は内在主義への決定的反論にはならない。それは単に、無制限の内容指示決定の原理を通じて、広い状態もしくは外在主義的な状態という概念をわれわれにもたらすにすぎない。この原理の一般的な妥当性を棄却すれば、もはや外在主義が一般に正しいということを受け入れるべき理由はなくなるのである。

双子が共有している志向的状態は、「狭い状態」と呼ばれる（第７節）。こうした状態がもつ内容は「狭い内容」と称される場合もある。ただしこれがみな「頭の中にある」とか「完全な志向性を欠いた」とか「表現不可能である」と言われるような奇妙な種類の内容、すなわち特別な、あるいは新種の内容だと想定されているわけではない。このことを理解することが重要である。狭い内容とは、双子地球論法で重要だとして考慮するように求められる文脈の特徴（たとばXYZとH_2Oの相違）を捨象するときに、思考が共有しているものにほかならない。狭い内容は、それ自体としては、アリスとボブの思考が共有する内容よりも特別だというわけではないのである。

すると結論はこうなる。双子地球論法は内容指示決定の原理に依拠しているが、内在主義者はこの原理を正当なやり方で斥けることができるので、内在主義は双子地球論法によっては論駁されない。この原理の棄却はアドホックになされるのではなく、指標的思考の場合に独立に動機づけられるものである。この原理は、内容は文脈相対的に指示対象を決定する、という具合に修正されるべきである。とはいうものの、狭い志向的内容が存在しえないということが双子地球論法によっては示されないのとちょうど同じように、双子地球論法に反論しても、広い志向的内容が存在しえないということが示されるわけではない。広い状態というものがあると考えるべき理由は別にあるかもしれないのだ。この点を次節で少し考察することにしよう。

38　直示的思考

第7節で触れたように、ある種の思考の志向性を内在主義的に捉えながらも、別種の思考の志向性はそうでない仕方で捉えることができるだろう。とりわけ、記述的な思考や信念（記述つまり「F」という形式の表現によって表わされる思考）は内在主義的であるが、直示的な表現（「あれ」とか「あのF」）によって特徴的に表わされる思考は内在主義的ではありえない、との主張がなされるかもしれない。前節のように、ここでの私の目的は、この論争を決着させることではなく、この種の思考に関する内在主義的な理解を最初から除外することはできないという点をはっきりさせることにすぎない。

知覚的な直示的思考の場合を考察しよう。そうした思考や判断を表現するときには、知覚されている環境内の対象を指示するために用いられる「これ」や「あれ」といった直示的な代名詞を用いるのが標準的である。（私はもっぱら思考について論じようと思う。ただし、それには判断が含まれているものとする。）だから、人はたとえば、「あのパイナップルは腐りかけている」と言うことで、知覚されている特定のパイナップルが腐りかけているという自分の思考を表現するであろう。多くの人が、こうした直示的思考が純粋に記述的な思考には還元できないことを認めている。つまり、いま述べた思考と同内容の、純粋に記述的な（それゆえラッセルに従えば量化子の付いた）思考など存在しえない、というのである。純粋に記述的な条件——特定の場所にあって特定の形や大きさをしていることなど——を充足するパイナップルが腐りかけているという内容の思考が、あのパイナップルは腐りかけているという思考と真理条件や認識価値が等しいことなどありえないだろう。そのひとつのわけはこうである。内容がいかに複雑であれ何らかの純粋に記述的な条件を手にすることができるとしよう。その場合でも合理的な思考者なら、その条件を満たすのがあのパイナップルなのかとなおも疑うべき理由があるとする可能性があると思われるのである。

そしてさらに次のことももっともらしい。こうした種類の直示的思考が存在してようやく、われわれは自分が現に考えている対象についてまさに考えているのだとする根拠が得られるのである。これは、P・F・ストローソンによる以下の議論から引き出すことができる結論である[32)]。かりにあらゆる指示が純粋な記述によってなされるとすれば、われわれが、この世界と質的に同一な複製世界の中の対象ではなく（そうした世界が可能だと仮定してだが）、ほかならぬこの世界の中の対象について語っているという根拠はいっさいなくなるだろう。もし「F（やその他）はGだ」という形式の思考しかできず、しかも思考に課される唯一の制約が、そうした命題によって設定される記述的な条件を満たさなければならないということだけだとすると、われわれの思考は、この世界で成り立つのと同じように複製世界でも成り立ってしまうだろう。それゆえ、名前や直示語やその他の単称指示表現を用いてなされる本当の意味での単称指示が、われわれの思考をわれわれのいる世界につなぎとめるために必要とされるのである。

直示的思考に関する以上ふたつのもっともらしい主張は、次のようにまとめることができるだろう。

(1)純粋に記述的な、ないしは量化子の付された思考は、いかなるものも直示的思考とは内容や認識価値が等しくない。
(2)知覚されている環境についての直示的思考なるものが存在しないのであれ

ば、われわれの抱く記述的な、ないしは量化子の付された思考が、この世界に「つなぎとめられる」ことはありえない。

私は以上の主張について議論するつもりも、「つなぎとめられる」の意味するところについて多くを語るつもりもない。問題は、こうした主張が外在主義や内在主義とどう関係するかということである。

直示的思考が純粋に記述的な思考に還元できないとすると、直示的思考を内在主義的に説明することができないときに限り、思考についてのグローバルな内在主義——あらゆる思考が狭いというテーゼ——が主張(1)により論駁されることになる。グローバルな内在主義はまた、直示的思考が記述的思考に優先するということが示されれば、主張(2)によっても論駁されることになる。ただしそれもまた、直示的思考を内在主義的に説明することができないときに限る。

上で述べたように、私がここで目指しているのは、グローバルな内在主義を擁護することではなく、内在主義的な志向性の整合性を示すことにすぎない。だがそれでも私には、内在主義者は(1)と(2)の主張をともに受け入れることができるように思われる。それを可能にしてくれるのが、内在主義では、純粋に記述的なやり方ではなく、混成的な記述－指標的なやり方で直示的思考を理解することができるという重要な点である。つまり、「あのＦはＧだ」の真理条件は、文脈独立的な述語「H」を用いた「H（やその他）であるところのＦはＧだ」という形式の記述によってではなく、混成的な指標的記述すなわち「かくかくしかじかの仕方で私と関係しているＦはＧだ」という形式の記述によって得られるのである[33)]。

いま、アリスが自分の前のパイナップルを見ていて、ボブはパイナップルの完璧な幻覚を見ているものとしよう（幻覚なるものが有意味な概念かどうか疑わしいという人は第 41 節を見るとよい）。ふたりはそれぞれ、「あのパイナップルは腐りかけている」という言葉を発する。直示的思考についての外在主義者であればこう言うだろう。アリスは真正の直示的思考をしており、そのパイナップル自体がアリスの思考の真理条件に入る。他方ボブの思考では、「あのパイナップル」の指示対象として真理条件に現れる対象が現実には存在していないので、ボブは確定した思考をまったく有していない、と。これに対し内在主義者は、アリスとボブは同種の思考をしており、その真理条件は私の目の前にあるパイナップルは腐りかけているという命題によって得られる、と主張するだろう。われわれ自身が幻覚を起こしているのでなければ、われわれはボブの思考を「ボブはあのパイナップルが腐りかけていると考えている」と記述したりはしないだろう——アリスの思考についてはそれと似たことを言うにしても。しかし、思考と思考帰属の条件との区別について先に（第35節）述べたことに基づけば、このことからは、ボブの思考がアリスの思考と異なるということは帰結しない。「あのF」という表現を用いて何かを自分で指示してはじめて、人は先のやり方で思考を帰属させる、というのは当然なのである。

それゆえ、ここで素描したような内在主義的アプローチは、双子地球論法に対する内在主義の応答と重要な共通点をもっている。それは次の見方である。思考は文脈と独立に指示対象を決定するのではない。思考者がある文脈におかれている場合に、思考はその指示対象を現にもつようになるのである[34)]。だが、にもかかわらずその思考の内容は、別の文脈におかれた思考者との間で共通したものとして理解することができる——その文脈が、双子地球ではなく地球であろうとも、あるいは幻覚ではなく真正の知覚であろうとも。そして、内容をそうした文脈の相違を超えて共通したものと見なしうる理由は、主体の視点つまり主体にとっての事物のありようが肝心な点で同じだという事実に由来する。内在主義者がとる立場の核心は、心理的類似性が、根本的には、主体の視点から事物がどう見えるかという点での類似性に従う、もしくはその類似性に存する、という見方にある。この見方が外在主義者からの厳しい批判にさらされてきたことは言うまでもない。しかし、私の目的は、整合的な内在主義の立場を表明することでしかないので、読者に時間のあるときに探究・吟味してもらうよう、そうした批判には触れないでおくことにしよう。

39　思考を説明する見通し

私は思考を信念から区別し、命題的態度を他の志向的状態から区別しながら、多種多様な思考について論じてきた。もっとも私は、思考（ないしは心的表象一般）の志向性を物理主義的あるいは「自然主義的」なやり方で説明するという、第７節と序文で触れたプロジェクトについては何も述べていない。それを乱暴に単純化すればこうなる。通常このプロジェクトには、一方の事物が他方の事物を表象するための十分（そしてたいていは必要）条件を、そのふたつの事物の間の因果関係によって与えることが要請される。このプロジェクトについて述べるべきことはたくさんあるが、ここではそれについて何も言うつもりはない[35)]。詳細に分け入らない理由のひとつは、このプロジェクトは物理主義を前提にしているのだが、第二章で私は物理主義を斥けたからである。ただし物理主義を棄却しても、それだけでは還元的説明の魅力は消えない。私は第15節で、真の説明的還元は知識の進歩であるから、還元という概念そのものから顔をそむけてはならないと主張したのだった。とはいえこのプロジェクトに対しては懐疑論を支持する特別な理由がある。ひとつには、因果とは（ほとんどの見解において）原因と結果の関係のことであるが、しかし一般に思考とその対象との間にはいかなる関係もないからである（第７節)。この種の異論に応え、そのうえで還元のプロジェクトを、私が概略を示したような志向性概念の理解の枠内で実行するすべはあるかもしれない。しかしいくつもの理由により、現段階ではその見通しは明るくないのである。

第五章　知　覚

40　知覚の問題

多くの理由から哲学者は知覚に関心を抱いてきた。ある種の関心は、知覚メカニズムの心理学的探究、すなわち知覚される環境についての情報を五感がどのようにして脳に送るのかという問いと切り離すことができない。別種の関心は認識論的なものであり、知覚がどのようにして世界についての知識をわれわれにもたらすのかを扱う。心理学的探究が知覚メカニズムに関わるのに対し、認識論的探究は、たとえば信念に理由を与えるといった、知覚が知識たりうるそのあり方に関わっている[1)]。

本章では、（上のように理解される）知覚の心理学も知覚の認識論も扱わない。代わりに扱うのは知覚の志向性およびそれを理解しようとする場合に生じる諸問題である。心を志向説的に説明するなら、種々の心的状態が互いにどう異なるかについて何ごとかを述べうるのでなければならない。知覚に関するわれわれの探究は、ひとつには知覚がそれ以外の心的状態、とりわけ信念や感覚とどう似ていてどう違うのかを問うことになる（第 45 節）。またこの探究では、知覚そのものの現象的特性および、それを明確に理解するための方法を扱う（第 43 節・第 44 節）。このアプローチが、知覚の科学的探究ないし心理学的探究と齟齬をきたさないということを強調しておくことは重要である。というのもそれは、知覚メカニズムの作動の仕方を問うのではなく、われわれが「知覚」とか「知覚経験」と呼ぶであろうものに見出される最大限に一般的な特徴とは何であるかを問い、そしてそうした特徴を一貫して体系的に記述しようとするものだからである。これは、当初の見かけよりも困難な課題だということが明らかになるだろう。知覚についてのわれわれの理解のうちに、困惑や難題、緊張状態が生じているのである。私は、そうした問題が、知覚をめぐる心理学的・科学的問題とは独立であり、また認識論的問題とも独立であると主張する。それは現象学的問題なのだ。つまりその問題は、われわれが経験するものとしての知覚をじっくりと考察することから生じるのである。

そうした知覚の現象学的問題とは何だろうか。それは本質的には、視覚経験ないし視覚的知覚についての、ともに直観的には妥当と思われるふたつの考えの衝突から生じるのだと、私は論じたい[2)]。（他の五感による知覚についてはあまり多くを述べるつもりはない。）直観的に妥当と思われる第一の考えとは、視覚経験の直接性と呼びうるもののことであり、要するに、視覚的知覚において通常われわれは周囲の物的世界に「直接的に」気づいている、という考えのことである。「直接的に」が何を意味するのかは完全には明らかではないものの、少なくとも以下のことを意味しているのは間違いない。すなわち、世界の中の物的対象に気がついている場合、われわれは通常、まず物的対象ではないものに気づくことによってその対象に気づくのではないということである[3)]。この点で視覚的知覚は、他の五感を通じてなされる知覚とは異なるように思われる。たとえば、嗅覚によって焦げるトーストに気づく場合、それはまずトーストのにおいに気づくことによる、と言ってよい。トーストが物理的対象であるのに対し、トーストのにおいは明らかにそうではない——においが物理的ではないからではなく、においは明らかに対象ではないからである。（これから見ていくように、においは「志向的対象」であるが、志向的対象であるような物理的事物が必ずしも物理的対象だというわけではない。第５節参照。）音も同様の事例である[4)]。

嗅覚や聴覚との比較から視覚的知覚の特殊な点が明らかになる。トーストのにおいを嗅ぐことによってそのトーストを嗅ぐとか、ベルの音を聞くことによってベルを聞くと言うのが——たとえわれわれが根本的にはこのような語り方は紛らわしいと思うにせよ——十分に有意味であるのに対して、庭園の「見え」を見ることによってその庭園を見ると言うのはまったく意味をなさない。あるものを垣間見るのは、垣間を見ることによってそれを見ることではない。視覚は、われわれにその対象以外のものに気づくことで対象に気づくということなく、われわれに対象を直接的に見えるようにしてくれると思われるのである。（言うまでもなく、ある物理的対象もしくは物的対象に、それ以外の物理的対象に気づくことによって気づく、ということは可能である――テレビで人やものを見る場合のように。ただしそれはここでは関係がない。その場合、物理的対象にも、つまりテレビにも直接的に気づいているからである。）

直観的に妥当と思われる第二の考えは、ハワード・ロビンソンが「現象的原理」と呼ぶものである[5)]。この原理については次節でさらに述べるつもりだが、その基本的な考え方は、あるものがＦだという経験を人がするとき、その人が経験しているＦであるものが現実に存在する、というものだ。（もっと厳密な形はあとで述べる。）色のついたものを経験するとき、その色のついたものが現実に存在する、という結論をおのずと下したくなるものである。私が、庭でゴシキヒワを、そしてその鮮やかな赤と黄色の羽を見ているとする。このとき、その場所つまり庭に、そうした知覚可能な性質を備えたもの、すなわちゴシキヒワが現実に存在している。これ以上に明白なことがありえようか、というわけである。

ここで、どうして視覚的知覚の直接性と現象的原理とが衝突するのかと思うかもしれない。前者によれば、物的事物を視覚的に知覚する場合、通常それ以外のものを知覚することによってその事物を知覚するわけではない。そして後者によれば、何かがある性質をもつということを知覚するとき、その性質をもつものが現実に存在するという。ここまでのところ、このふたつの考えは衝突していない。衝突は、知覚についてのわれわれの概念に暗黙のうちに含まれている可能性、つまりある種の幻覚の可能性を検討するときに生じる。この可能性からは、昔から錯覚論法と呼ばれてきたものが生じてくる。錯覚論法については第 41 節で論じよう。第 42 節では、知覚の志向性を正しく理解すれば、知覚の問題の解決法が得られるということを論じたい。私がここで擁護するような志向説的な知覚理論に対しては、その理論では知覚の現象学的側面について十全に説明することができない、との批判がなされてきた。この批判については、第 43 節・第 44 節で議論しよう。十全な志向説的な知覚理論であれば、知覚と信念との相違を正しく説明しなければならない。この点は第45節で論じる。

41　錯覚論法

二十世紀前半の知覚の哲学は、われわれが物的対象——たとえば人間や植物や動物や人工物——を「直接的に」知覚しているのかどうかを問題にしていた。直接実在論とさまざまな形態のセンス・データ論が対立していたのである。前者の主張では、われわれは何かを媒介することなく直接的に物的対象を知覚する。これに対し、ある形態のセンス・データ論——間接実在論——によれば、われわれはセンス・データを知覚することで間接的に物的対象を知覚する。あるいは別形態のセンス・データ論——現象主義や観念論——によれば、直接的であれ間接的であれ、知覚されるのはセンス・データだけであり、物的対象はセンス・データから作られたある種の「構成物」だという。

センス・データとはどのようなものだと考えられているのだろうか。字義どおりに言えば、感覚に与えられるもの（だから「データ」）のことである。そして実際、「センス・データ」という語がG・E・ムーアによって哲学に導入されたとき、何であれ知覚の作用において「感覚に与えられる、あるいは提示される」もののことすべてを表すとされていた[6)]。そうしてセンス・データをおよそ感覚に与えられるものすべてとして理解するなら、センス・データは物的対象そのものか、あるいはその表面のことになるだろう——もしもそれが実際に知覚作用において感覚に与えられるものだとすれば。もっともムーアや彼の追随者は、物的対象が心に与えられるものだということを結局は否定した。それは、心に直接的に与えられるものが決して物的（あるいは物理的）対象ではないことを示そうとする、悪名高い「錯覚論法」を根拠としている。この論法は哲学史を通じて、姿を変え繰り返し現れてきた[7)]。

これは呼び名こそ錯覚論法だが、単に不正確な知覚として理解される錯覚よりも、現実には存在しない対象の経験のことを言う幻覚の概念を用いて表現するのが最善である。本質的に言えば幻覚論法とは以下のことを示そうという試みである。直接的にであれ間接的にであれ、人は物的対象を知覚しない。なぜなら、知覚される物的対象が現実には存在していなくても、経験は同じままでありうるからだ。ゆえにセンス・データ――経験の直接的対象――は物的対象ではない、というのである。だがこのように述べると、ほとんど論法には見えず、むしろ信憑性のない前提に基づいて奇怪な結論を独断的に主張しているように見えてしまう。そこで、この論法がもっと妥当に見えるようにしてみよう。

私がいままさに青い花を視覚的に知覚しているとする。この経験の本性は、部分的にはその対象の本性によって決定されていると考えることができるだろう――たとえば、かりに花が別の色をしていれば、その知覚経験もまた別種のものだろう。さて、私が次のような心的状態にありうるというのは、われわれの経験概念によって許容される可能性であると思われる。すなわち、花は実際には存在していないのだが、現実の青い花の知覚と現象的には区別がつかないという状態、つまり花の幻覚の可能性である。現象的に区別がつかないのであれば、両者は同タイプの心的状態である。それゆえ、花の幻覚が花の真正の経験とは現象的に区別がつかないのだから、このタイプの心的状態の本性は、花の現実存在には依存しない。しかし私がいかなるものにも気づいていない、と言うのも誤りである。私には自分が青い花を見ているように思われるからである。とはいえ私が気づいているこの事物は、物理的対象ではありえない。すると、わたしが実際に青い花を見ているときの経験が、単に花の幻覚を見ているだけのときの経験と同タイプのものであるなら、そして同タイプの経験が同じ直接的な対象をもつなら、真正の知覚の場合における経験の直接的な対象もまた、物理的対象ではありえないことになる。この事例から一般化すれば、センス・データが経験において感覚に直接与えられるものであるなら、センス・データは物理的対象ではない、と結論せざるをえなくなるのである。

この形式で提示される論法にはステップがいくつもあり、そのほとんどすべてに対して異議が申し立てられてきた。この論法への異論には、論証を組み立てている個別の細部に対する異論もあれば、この論法で使用されている一般原理に対する異論もある。だから中にはたとえば、現象的には区別がつかない幻覚という考えに対して差し挟まれた異論もある。いったいどうやったらそんなものがありうるなどということが分かるというのか。幻覚なるものはもちろんあるが、ただし通常それは、神経症的ないしトラウマ的な状態にある場合やドラッグが効いているときに生じるまれな経験であって、それを普通の知覚と取り違える者などいないだろう。それは、夢で見た経験を本当の経験だと取り違えると想定するくらいありそうもない。かつてオースティンが指摘したことだが、法王の拝謁を賜るのを夢に見るのと、実際に法王の拝謁を賜るのとでは、比べるべくもないのである[8)]。こうして次のような主張がなされる。真正の知覚経験とは区別がつかない幻覚という考えを引き合いに出すとき、この論法では不当な経験的思弁がなされている。そんなものが実際に生じると考えるべき根拠はないのだ、と。

だがこの異論は妥当ではないように思われる。真正の経験と同じように見える経験という考えは、形而上学的可能性として想定されているにすぎない。すなわちそれは、知覚や経験についてのわれわれの概念によって許容されているものなのだ。この論法では、そうした幻覚が実際に生じることは必要ではなく、単に可能でありさえすればよい。ここで、いま提示した異論が言おうとしているのは、幻覚が不可能であるということか、あるいは単に可能であるだけで実際に生じるわけではない、ということのどちらかだろう。かりに後者だとするとこれは異論になっていない。前者であれば、そうした幻覚が不可能だということを示すためにもっと多くのことをなさなければならない。

こうした幻覚が可能だと誰かを説得しなければならないなら、もとの話に少々手を加えればよいだけである[9)]。事実として視覚経験の見え方が、対象から光が反射して光に反応する網膜に達し、情報が視神経を下り、脳内の他の情報経路を通過する、といった因果的過程の直接の結果であるということに異論はないだろう。こう述べても、われわれが経験について知っている事実に訴えているだけで、視覚経験の概念の因果的分析にコミットすることにはならない。ここで、もし原因Ｃと結果Ｅとの間に何らかの相互作用があるなら、Ｅタイプの結果がＣタイプの原因以外のものによってもたらされたかもしれないと想定しても不合理な点はない。これは、因果連鎖を遮り、通常の種類の原因であるＣの下流に何かをもたらすことによりＥタイプの出来事を引き起こせばなしうることだろう。したがっていまのケースでは、脳の外にある通常の原因の下流に位置するような原因を与えることによって、経験——脳の内外の一連の因果的過程の結果——を引き起こすことができるかもしれない。たとえば、脳内の他の因果的影響を同じままに保ちつつ、主体が青い花を実際に見ているときとまさしく同じ仕方で網膜を刺激することによって、その経験を引き起こすことができるかもしれないのである。

これに反対する者はそれでも、経験を脳内の出来事の因果的な結果として考えるべきではないとの根拠から、心動かされないかもしれない。もっとも、その根拠が妥当であるとは思われない[10)]。そうした路線をとると、幻覚が可能だとするもともとの仮説よりもいっそう大胆で要求の多い主張をなすことになってしまう。われわれはこの路線およびそれに基づく異論を無視しても問題ないだろう。

それよりも見込みがあるのは、現象的に区別のつかない心的状態が常に同種の心的状態であるとは限らない、という異論である。オースティンの言うように、あるタイプの経験をすることが別のタイプの経験をすることとまったく同じであるように思われるということが、なぜあってはいけないのだろうか[11)]。幻覚の場合には主体がセンス・データを知覚しているということを受け入れなければならないにしても、どうして真正の知覚の場合にも主体がセンス・データを知覚しているということになるのだろうか。ある状況下では、センス・データを知覚していることが、物理的対象を知覚している場合と寸分たがわぬように見える、ということがあってもよいのではないだろうか。さらに言えば、現象的に同じであっても、思考が同じであるには必ずしもそれで十分なわけではないと考えるべき一般的な理由がある――これは外在主義者の擁護する見方である。（XYZ の経験は、H_2O の経験と現象的には同じかもしれない。）そうすると今のケースでは、われわれが経験について語る際の通常の語り方が、錯覚論法に抗するために必要な心的状態間の区別をすでに含んでいる、との主張がなされるだろう。単に幻覚を見ているだけの人が本当は見ていないのに対して、花を見ている人は本当に知覚している、あるいは本当に見ている、とわれわれは言うからだ、と。この分け方が日常的な語法に関する主張のみに依拠していると想定されているなら、そこには議論の余地がある。マクベスが短剣を見たとか、誰かが頭にものをぶつけたあと目の前に星が見えると言うのは、「見る」という語の誤用ではない。われわれはそれぞれの主張を受け入れたくなるかもしれないが、事態は語法によっては簡単に決着しない[12)]。しかし上の区別は、語法以上のものに訴えることができる。つまり、われわれの心的状態に見出される現象的特質についての適切な説明に訴えることができるのである。

こうしてわれわれは、錯覚論法に対する、さらに進んだもっと深い異論に導かれることになる。いま私は、非物理的な花のセンス・データを見るのが現実の花を見ることと同タイプの心的状態だと考えるべき理由はないと反論することで、錯覚論法に抗することができるかもしれない、と述べた。そこでさらにこう問うこともできるだろう。幻覚のケースで主体が見ているような何らかの対象が存在しなければならないと想定するのはなぜか。言うまでもなく、そうした対象が存在していると考えるべきなのは、ある経験をしている者が必ず実在的なものの経験をしていると考える場合に限られるだろう。ではなぜそう考えるのか。何も見えていないにもかかわらず視覚経験をする場合もある、ということはありえないのだろうか。見ている人は必ず何かを見ているという原理の動機は何だろうか。

錯覚論法の核心にはこの種の原理があるように思われる。これは上で述べた、ロビンソンの現象的原理である。

> 主体にとって知覚的に、特定の知覚可能な質を有するものが存在するように見えるとき、そうした知覚可能な質を有する、主体の気づきの対象が現実に存在する[13)]。

したがってたとえば、特定の青い色をした花があるように私にとって知覚的に（たとえば視覚的に）見えるとき、つまり私が青い花の知覚経験をしているとき、青い色を有する、私の気づきの対象が現実に存在しているのである。ここで明らかなのは、この原理が錯覚論法に不可欠だという点である。この原理なしでは錯覚論法は破綻する。この原理はセンス・データ論によって支えられているが、この理論の対抗者である直接実在論者によってやや似た原理が支持されるということは指摘するに値する。これを真正知覚原理と呼ぶことにしよう。

> 対象が特定の知覚可能な質を有しているということを主体が真正に知覚しているとき、そうした性質を有するように見える、主体の知覚の対象が現実に

存在する。

言い換えれば、知覚の対象が現実に存在し、しかもそれが特定の性質を有するように見えることが、何かが真正の知覚であることに課される制約にほかならない。この言い方では、主体が特定の対象を真正に知覚していながらなおもその性質については誤って知覚しているという可能性があるので、真正の知覚であっても真実の正しい知覚とは限らない。対象が見かけのうえで有している知覚可能な性質を実際にもっている場合に、われわれは知覚が真実であると言うべきなのである。これのどこが現象的原理と対応しているかは明らかだ。現象的原理によれば、知覚経験のどのケースにおいても対象が現実に存在しているのだが、真正知覚原理によれば、対象が現実に存在しているのは真正に知覚がなされているときなのである。

以上のふたつの原理が相違しているにもかかわらず、センス・データ論と直接実在論は、知覚が（それがどんな意味であれ）知覚者を対象と関係させている、という根本的な前提を共有している。知覚は——直接実在論者の言う真正の知覚もセンス・データ論者の言う知覚経験もともに——知覚者と知覚の対象との関係だというのである。これこそ、知覚において心に何かが「与えられている」とごく自然に考えたくなる理由であり、そしてまたムーアが「私がセンス・データという語を使う意味では、センス・データの存在はいっさい疑いない[14)]」と考えた理由である。疑いないというのは、それこそが、つまり何かが心に与えられるということこそが、知覚がわれわれの前に直接立ち現れる仕方だからである。これらの知覚理論がともに出発点としている見方は、知覚経験には対象があるように見えるということ、知覚経験には関係的構造があるということ、経験においては何かが提示されているということなのである。

というわけで、センス・データ論と直接実在論の両方の背後にある直観的な見方は、何かが与えられているというこの見方にほかならないと私は考えている。多くの注釈者が述べてきたことには反するが、この共通基盤が、伝統的な認識論的問題——たとえば知識の基礎を見出すとか懐疑論を論駁するとか——にはほとんど、あるいはいっさい関係がないということは、力説するに値する。さきに提示した錯覚論法も、ロビンソンの現象的原理も、訂正不可能性や不可謬性、懐疑論や知識の基礎については何も述べていない。ここで引き合いに出されている考察は現象学的なものであって認識論的なものではないのである。ひょっとすると、認識論的前提から出発して同じ結論に至る論法を構成することができるかもしれないが、それは別種の問題である[15]。

(「所与(与えられるもの)」の概念には根深い哲学的混乱が含まれているとして、これを批判してきた哲学者がいる。たとえば、ウィルフリド・セラーズは所与の概念が丸ごと神話にすぎないと述べ、近年ではロバート・ブランダムとジョン・マクダウェルがそれぞれ別のやり方でセラーズの見方を擁護している[16]。私はこれらの批判についてあまり多くを言うつもりはなく、以下のことを述べるにとどめる。所与についてのこうした批判が、所与の認識論的役割についての批判である限り、何かが与えられているという見方への現象学的な動機にとってはまったく問題にならない。)

経験において実在的なものが与えられているという考えが説得的である程度には、センス・データ論や直接実在論はもっともらしい。だが私は、両方の理論ともそのままでは完全には受け入れがたいと主張したい。私の立場を論証なしに述べればこうなる。センス・データ論によれば、知覚と幻覚は共通の心的状態を含んでおり、両者はそれぞれ非物理的なセンス・データとの実在的な関係を含んでいる。直接実在論的な理論によれば、真正の知覚と幻覚は共通の心的状態を含んでおらず、真正の知覚のみが、知覚される実在の対象との関係を含んでいる。知覚と幻覚が共通の心的状態を含むとするセンス・データ論の主張はもっともらしい。しかし、センス・データなるものが存在するというのは信じがたい。知覚と幻覚には共通の心的状態が含まれていないとする直接実在論者の主張はもっともらしくない。だが、視覚的な知覚によって物的対象が直接われわれに提示されるというその主張は、紛れもない現象学的事実である。われわれが必要としているのは、これらの理論のそれぞれがもつ最良の部分を保つことである。次節では、どうやってそうするかを描き出すことにしたい。

42　志向性の一形態としての知覚

知覚の問題を解決するには、知覚の志向性の本性を正しく見極めなければならない。センス・データ論も直接実在論もともに、知覚を関係として捉える。前者の場合は実在のセンス・データとの関係として、後者の場合（で真正の知覚の場合）は日常的な物的対象との関係として知覚を捉えるのである。センス・データ論からは錯覚論法に対する満足のいく回答が得られるものの、センス・データという謎めいた非物理的対象が手元に残ってしまう。それに対して、直接実在論では、われわれがどのみち受け入れるであろう対象以外のいかなる対象の存在にもコミットしないものの、知覚と幻覚が現象的特性を共有しているという点を見たところ説明し損なってしまう。どうしたらよいのだろうか。

この袋小路の打開策は、すでに予想されていたものだろう。知覚が実在の対象との関係であるということを否定すべきなのである。知覚とはむしろ志向的状態つまり志向的内容との関係のことなのだ。どの知覚状態にも志向的対象があるが、むろんそれだけでは「君の経験の対象は何か」という問いに答えがあると述べているにすぎない。それゆえ志向説論者は、現象的原理と真正知覚原理とを斥けることができる。現実に存在する対象をもつことは、あるものが志向的状態であるためには不可欠ではない。何かが志向的対象であるということに不可欠なのは、主体—様式—内容という志向的構造を有することにほかならないのである（第８節）。現象的原理を棄て去ることは、信念と比較することで動機づけられるだろう。すなわち、ある形態の現象的原理は知識の状態については妥当であるとしても、それは信念については明らかに妥当でない。以下を比較しよう。

⑴ a が F だということを主体が知っているならば、F だということをその主体が知っているような、a なるものが現実に存在する。
⑵ a が F だということを主体が信じているならば、F だということをその主体が信じているような、a なるものが現実に存在する。

原理⑴が真であるのに対し、いくつもの事例によって示しうるように、⑵は偽である。若返りの泉がブラチスラヴァにあるということをウラジミルが信じているとしても、そのことからは、ブラチスラヴァにあるとウラジミルが信じているような若返りの泉なるものが現実に存在する、ということにはならないのである。

言うまでもなく、原理(2)が成り立つ信念帰属（事象帰属：第35節を参照）は存在するし、この原理が特定の種類の思考については成り立つ（たとえば、「あのＦはＧだ」のように直示表現を用いて表現可能な思考：第38節を参照）と主張する外在主義者もいるだろう。しかしこれが、他の志向的状態についてはもちろん、信念（ないし信念の帰属）一般について妥当な原理であるとは誰も思わないだろう。直接実在論やセンス・データ論に対置される志向説的な見解では、現象的原理は知覚については妥当ではないのである。

ところで、ある意味では直接実在論やセンス・データ論もまた志向説的な理論である。両者ではそれぞれ、知覚作用においては心が実在的な対象に向けられているとの主張がなされるからだ。一方で直接実在論者はこれを真正の知覚についてのみ成り立つ事実であると主張し、他方でセンス・データ論者は、「真正」であるにせよないにせよ、それがあらゆる知覚経験について成り立つ事実であると主張する[17]。したがって、こうした理論はいずれも知覚には関係的構造があるということを受け入れる。要するに、知覚は何らかの仕方で心を実在的な対象に関係づけているというのである。

これにより、私の観点からは、知覚の志向性など取るに足らない問題になってしまうのではないかという問いが浮上するかもしれない。しかしそうではない。私の利用している（明らかにごく一般的な）志向性の理解がある一方で、この一般的な意味においてすら志向的ではないような知覚へのアプローチも存在するのだ。それが副詞説であり、その主張によれば、青い対象を知覚的に経験することは、視覚的に青く経験することとして理解される。他の説では知覚される対象の性質を指示するとされる述語が、この説では知覚動詞の副詞として解釈される[18]。言い換えれば、知覚の対象に備わる質は、実際には知覚状態そのものに備わる質なのである。何かがＦだということを経験するとは、自分の経験が特定の点で変化するということである。この見解は、センス・データ論の形而上学的な余剰物と見なされていたものに対処するために現れた。センス・データなる奇妙な対象にコミットするのではなく、経験に備わる性質にのみコミットすればよい、というわけだ。だが今度はこれが、副詞説の抱えるもっとも深刻な弱点を浮き彫りにすることになる。副詞説では、視覚的な知覚経験のもつ現象的特性が、少なくとも対象と性質の空間的な配置の経験である、という点を説明することができない。知覚の通常の記述方法を副詞的に再構成してしまうと、この点を捉えることができなくなるのだ[19)]。マーティンの言うように、知覚は主題をもっている。これは私がいま推奨している志向説的な理解の基礎であり、センス・データ論や直接実在論は、それらに他にどんな欠陥があるにせよこの特徴を共有している。とりあえずは、直接実在論やセンス・データ論に見出される志向説的な要素との混同を避けるために、私はここで推奨する種類の志向説を標準志向説と呼ぶことにしたい。

それでは標準志向説では何が知覚的な志向性の本性なのであろうか。任意の志向的状態の場合と同様、知覚の志向的構造は、様式と内容というふたつのものによって与えられる。知覚の場合の志向様式は、見る・聞く・嗅ぐ・味わう・触れるといった五感を指示するための日常的なやり方によって指示される。これらは、「五感を通じて知覚する」という確定可能な概念に対して確定的なものであるとして理解されるだろう。ただし確定的なものは他にあってもよい。私は身体感覚を知覚の一形態と見なすので、第24節・第25節で描いたように、固有受容感覚や筋感覚をも志向様式に含めることにする。

知覚の内容についてはどうだろうか。これは簡単に答えることができるような問いではない。ある意味で、本章の残りをかけて扱う問いだからである。とはいえ、ここでどのような領域を追跡すべきかを明確化するために予備的な注釈を加えておくことにしよう。

知覚について考えるための方策として、対象もしくは出来事の知覚と、事実や事態の知覚とをおおよそ区別することができる。これらの経験についてのわれわれの語り方においては、この区別はおおざっぱに言って、知覚動詞が名詞句を目的語にとる文脈（「神は光を見た God saw the light」）と、命題的ないしは文的な目的語をとる文脈（「神はそれがよいということを見た（神はそれをよしとされた）God saw that it was good」）との区別に対応する。名詞句は、日常的な意味での対象だけではなく、出来事をも指示するであろう（「私はイカロスの墜落を見た I saw the fall of Icarus」）。この区別は以下のように他の五感にも適用することができる。トーストが焦げるのを嗅ぐ smell that the toast is burning こともできるし、焦げるトーストを嗅ぐ smell the burning toast こともできる。あるいは客が到着したのを聞く hear that the guests have arrived こともできるし、客の到着を聞く hear the arrival of the guests こともできる。（ただし、これは同じものが聞こえているのではないということに注意！）ワインがすっぱいのを味わう taste that the wine is sour こともできるし、ワインのすっぱさを味わう taste the sourness of the wine こともできる、という具合である。触覚はこの点いささか異なる。カーペットに触れることはできるが、カーペットが特定のあり方をしているということに触れることはできない。そこでわれわれは代わりに「感じる」という動詞を用いて触覚の命題的形式を表現することだろう。ただし知覚についてのわれわれの語り方は、こうした二種類の目的語の区別に尽きない。というのは、出来事の知覚について語っていながら、目的語が名詞句でも文でもないというケース（「妻が泣くのを見た I saw my lady weep」）もあるからだ。

以上の点に言及するのは、ありうる多種多様な知覚的内容についての、つまり知覚の対象となりうる多種多様な存在者についての感触を得てもらうためである。事物も出来事も、あるいは事態も、知覚の対象となりうる。知覚状態を帰属させるやり方には、その状態に命題的な対象を与えるやり方があるという事実は、知覚が命題的態度だということを意味する。ただし知覚がみな命題的態度でなければならないわけではない。ある対象が特定のあり方をしているということに必ずしも気づくことなく、その対象に気づくというようなこともあるからだ。第 8 節で提示した、志向的内容の本性についてのおおむね寛容なアプローチによれば、ある種の語り方から別種の語り方への翻訳ないし還元が存在しなければならない必要などない。

すでに述べたように、視覚の場合とそれ以外の五感の場合とでは、知覚経験の対象となりうる存在者の種類に相違があるように思われる[20)]。人はバラを嗅ぐことができるが、バラの香りも経験の対象となりうる。人はバイオリンを聞くことができるが、バイオリンの音を聞くこともできる。人はワインの中のタールを味わうことができるが、ワインの中のタールの味を経験することもできる。場合によっては、こうした対象は、身体感覚の事例（第 24 節）でわれわれが出会った（そして別れた）奇妙な出来事／対象的事物であるかのように見える。たとえば音は、ある点では出来事のように思われるが（時間がかかり、時間的部分をもつ)、別の点では対象のようにも見える（空間を移動しうる[21]）。こうした事例の間には相違がある——あるもののにおいを嗅ぐことができるのに対してあるものの触感に触れることはできない——ものの、これらはみな視覚の場合とは異なっている。視覚の場合、あるものの「見え」が見えるということの日常的な、すなわち非理論的な述べ方などないのである。あるものの見えについて語る場合、その見えが音の場合のように出来事－対象としておのずと理解される、ということは決してない——むしろ、あるものの見えとは、それがどう見えるかという、そのあるものがもつ性質のことを指しているのである。においを嗅いだり音が聞こえたりするという事実は、第 43 節で見るように、標準志向説に反するものではない。というのも、思い出してほしいのだが、志向説であるためには志向的構造（主体—様式—内容）という考えさえあればよいからだ。およそ志向説的な理論であれば、志向的内容と志向様式に関する詳細な説明が必ず関心事となるのである。

43　知覚経験の現象的特性

知覚についての標準志向説によれば、世界のうちにある心と独立の対象や性質が、経験において心に提示される。強い形態の志向説は（第 25 節)、心的状態の現象的側面がみなその志向性の側面であるという見解にコミットする。それゆえ、強い標準志向説では、視覚経験に（第 23 節で定義したような）クオリアの気づきが含まれるということは否定される。

最近の哲学で視覚経験におけるクオリアの存在を否定する論者は、自分のことを経験の「透明性」が正しいという考えを抱く者だと述べている[22]。そう述べることで、たとえば、何か青いものを経験している場合に、特定の内在的な性質を備えた経験に気づいているのではなく、青さそのものを「透かし見ている」（だから透明なのである)、という考えを捉えようとしているのである。「透明」という語は、ある心的状態、すなわちその存在によって自分がその状態にあるのを知っていることが帰結するような心的状態を表すのにも用いられてきたために、誤解を生み出しやすい[23]。こうした別の用法があるので、もしかすると他の語を使った方が混乱を取り除くことができるのかもしれない。しかしこの点を指摘したうえで、私は先に述べたように捉えられている知覚現象を表すのに「透明性」の語を使い続けたいと思う。

ギルバート・ハーマンやマイケル・タイによれば、経験を内観することでこの見解を支持することができるようになる。タイは自らの「内観論法」を次のように説明している。

数年前の夏、太陽のぎらつく晴れた日に、サンタ・バーバラの砂浜に立って、私は自分が太平洋の深い青さに釘づけになっているのに気づいた。ここで私は自分の視覚経験の現象的側面を楽しんでいるのではなかったか。そしてもしそうなら、視覚的なクオリアが存在することが示されているのではないか。

私は納得していない。この例で私が楽しんでいたもの、いわば私が焦点を絞っていたものは、青い色の特定の色合いや彩度であったように思われる。私は青を太平洋の性質として経験したのであって、自分の経験に備わる性質として経験したのではない。私の経験そのものは青くなかったからだ。経験が青いのではなく、太平洋を青いものとして提示する経験だったのである。それゆえ、私が実際に楽しんでいたのは、その経験の内容がもつ特定の側面だったのである。

続けてタイは、これが、青の感覚が「捉えがたい」と言うときにムーアが言わんとしていた種類のことかもしれないと示唆したうえで、次のように注釈を加えている。「内観においてそれに焦点を絞ろうとしても、それを透かし見るほかなく、そのため、実際に注意を向けることになるのは、実在の青い色なのである[24)]」。太平洋の青さを見ることについてタイが主張するところでは、内観によって明らかになるのは、太平洋についての表象された事実、つまりそれが青いということだけである。経験の透明性というテーゼは、この種の事例からの一般化である。つまり、内観によって明らかになるのは、経験の内容についての事実（事物がどのように表象されているか）、もしくは、経験の対象についての表象された事実（経験において何が表象されているか、あるいは提示されているか）にすぎないのである。

では、志向性という材料のみを用いて経験の現象的特性を説明することができるのだろうか。できないと言う哲学者もいる。そうした哲学者によれば、知覚経験に志向性があるとしても、それによって知覚経験の現象的特性が尽くされることはない。というのは、知覚経験にはクオリアが、すなわち心的状態に見出される非志向的で非表象的な内在的性質（第23節を参照）が備わっているからだ。そして、こうした内在的なクオリアに言及しなければ知覚経験を十全に説明することはできない、というのである[25]。

視覚経験のクオリアとはどのようなものだと考えられているのだろうか。ここでただちに生じる難点は、あたかも誰もがクオリアの存在を自明だと分かっているかのようにクオリアを（言わば）「指さす」ことなどできないということである。なぜなら経験においてクオリアが存在することを自明だと考える者がいる一方で、そんなものは存在しないと考える者もいるからだ。たとえば、ビル・ブルーアーは「完全に非表象的な心的状態という（中略）概念は――あるいは心的状態のそうした側面さえ――ごく疑わしい一貫性しかもたない哲学者の作りものにすぎないのだから、普通の人間生活に実例がないのは当然だ[26]」と主張している。だがもしクオリアが存在しないのがそんなに自明なことなら、どうしてそうではないと考える者が他にいたりするのだろうか。もちろん自明性に訴えてもこの問いに答えることはできない。では、クオリアの存在はどのようにして正当化されると考えられているのだろうか。二種類のアプローチがある。第一に、経験において生じると誰もが認めるような事物の現実のケースに訴え、そうした事物こそクオリアだと説得しようとするアプローチである。第二に、単に可能的であるようなケースに訴え、そうした事例についての判断を明確化することで、現実のケースでもクオリアが存在する理由を示そうとするアプローチである。第一のアプローチでは、かすみ目、目の前の斑点、二重視などが事例となる。第二のアプローチでは、逆転スペクトルや、ブロックによるその変形版である逆転地球の思考実験を扱う。本節では、第一の事例を扱い、次節で第二の事例を扱うことにしたい。（ここでは視覚経験に集中していることに注意してほしい。身体感覚から出てくる、強い志向説に対する一見したところの反例については、第24節で扱った。）

視覚的クオリアを擁護するときに引き合いに出される現実の事例のいくつかは、二十世紀前半にセンス・データをめぐってなされた議論以来おなじみのものである。二重視や目の前の斑点がそうした事例だ。そこでなされる主張はこうである。こうした知覚現象は、主体に表象されている世界のありようには尽きない。目の前に斑点が見えるとき、世界は主体に、目の前の斑点を含むものとしては表象されていない。主体は、たとえば斑点に手を伸ばして触れてみようとはしないだろう。指が「二重に見える」ように顔の前に自分の指をもってくるときでも、世界は目の前に指を二本含むものとしては表象されていない。主体は、たとえば六本指の手袋を買おうと考えたりはしないだろう。以上は、センス・データ論を支えるべく編み出された、昔からある事例である。そしてクオリアの擁護者は、主体が経験の内在的な（非表象的で非志向的な）特徴に気づいているとの見解を支えるためにこうした事例を利用してきた。

だが先に私は、センス・データ論は、心に何かが与えられており経験は関係的構造をもつとする一種の志向説であると言った。そうだとすると、上での事例がセンス・データの事例だと考えられるなら、どうしてクオリアの事例でもありうるというのだろうか。こうした事例をクオリアの事例として使うのなら、副詞的アプローチを取っていなければならないだろう。すなわち、二本の見かけ上の指が見えているというのではなく、二本指的に見えているとか、そういう仕方で何かが見えている、とするわけである。ところが上で述べたように、副詞的アプローチは現象学的に妥当であるとは思われないし、また経験についての主張をすべて副詞的な形式に置き換えるのも不可能だ。したがって、以上は、クオリア説よりもセンス・データ論に適した事例なのである。

しかしセンス・データ論はすでに棄却した。では、われわれがよいと思う形態の志向説では、この種の事例をどう扱うべきなのだろうか。確かに、経験が世界を、目の前の斑点を含むものとして表象しているとか、一本の指しか持ち上げていない場合でも二本の指を含むものとして表象しているなどと言いたくはないだろう。ポール・ボゴシアンとJ・デイヴィド・ヴェルマンは、この種の論点を、志向説に決定的に不利なものと見なしている。彼らは、赤い斑点の残像（残像だということは分かっている）が、あなたの写真をとったばかりの人の顔を覆う、という事例を検討している。

あなたは、この斑点が何であるかについて誤った考えには囚われていないのだから、何かが写真家の眼前に現実に存在しているとは見なさない。ではいったいどういう意味で、あなたはその斑点がその位置を占めていると見なすのだろうか。答えは、単にその場所にあるように見えるものだと見なす、というものである。つまりそれを、現実に写真家の眼前にあることなくその場所に現れている斑点だと見なすわけだ。さて、あなたが斑点をある場所に現れているものと見なすには、その斑点は必ずその場所に現れているはずである。他方、斑点は現実にそこにあるように見えることなく、そこに現れなければならない。なぜならあなたは、斑点が現実に当の空間を占めているという誤りには囚われていないからだ。したがってその残像は、その場所にあるように見えることなく、その場所に現れているものとして記述されるはずである。だがこのような記述はいかなる志向説にも不可能である。志向説をとるなら、位置の視覚的な現れは、あなたの視覚経験の志向的内容において、何かに位置を帰属させることで分析されるだろう。ところが、あなたの視覚経験の志向的内容は、あなたと写真家との間にはいっさい何もない、というものなのである[27]。

しかしなぜ志向説論者には、以下のように言う余地がないのであろうか。主体にはある意味で目の前に斑点があるように視覚的に思われるのだ、と。主体には経験の特徴（それが正確には何であるにせよ）であるようには見えないのだが、しかし何かがそこにあるように見えるのである。もちろん、そこに何かがあると主体が信じているとか判断していると言うべきではない。主体は、自分の目の前に実際にあるものや、自分の指の本数についての完璧な知識をもちあわせていながらこの種の体験をすることがある。だがこれは、知覚が判断や信念の一種ではないということを示しているにすぎない（これについては以下の第45節でさらに扱う）。知覚が志向的であるために必要なのは、主体－様式－内容という構造だけである。そして上記の例はこの構造をもっている。事実を認識している主体によって、経験の内容が世界についてのものであると考えられているかどうかは、別の問題なのである。したがって、いまの事例ではクオリアが存在するということは示されていない。たかだかセンス・データの論拠となるだけだ。そしてそれは、志向説の一形態の論拠なのである。

したがって以上の事例は有効ではない。もっとはっきりしたクオリア擁護の論拠は、主体の気づいている事物（気づきの対象）ではなく、主体の気づき方が、経験の志向的特性を超えているように見える、という事例から得られる。たとえば、近視の人が眼鏡をかけているときの経験と眼鏡をかけていないときの経験とで、何が現象的に相違するかを考えてみよう。両者の経験には違いがあるように思われる。だが主体は、そうした場合に世界が異なっているとは見ていない。ふつうの主体であれば、世界が異なっていると判断したりはしない。クオリア説の擁護者に言わせれば、変化したのは経験の性質である。これは明らかに正しい。経験の性質が変化したという意味で、経験が変化したのである。問題は、当の変化が志向的性質において生じたのか、それとも非志向的な性質、つまりクオリアにおいて生じたのか、ということだ。

クオリア説の擁護者によると、このふたつの場合、経験は志向的な現象的性質が変化したのではなく、それゆえ非志向的な現象的性質が変化したはずだという。これは妥当と思われるだろうか。なるほど、繰り返すが世界が変化したと判断したり信じたりするという意味で、世界が変化したと主体が捉えるとは限らない。だがこれによって分かるのは、またしても知覚と判断／信念が別物だということでしかない。そうだとすると、眼鏡を外しても、通常の場合、世界のありようをどう判断するかは変わらないのだが、それでも経験の内容をどう言葉で表すかということは変わるのだ。あなたは「いま、ものがぼやけているように見えるよ、本当は違うと分かっているけれど」と言うかもしれないのである。そして、妙な背景的信念のせいで、ものが実際にそういうあり方をしているのだと信じるに至る者もいるかもしれない。（次のような人のことを考えてほしい。地下鉄のプラットフォームに立っていて、向かいの壁の広告のデザイナーはどうしてプラットフォームにいる人には読めないほどに小さく文字を印刷したのかと考えている。しばらくして自分には眼鏡が必要だということに気がつく。）というわけで、ふつうの主体であれば世界が変化したとは判断しないであろう場合でも、経験の志向的性質が変化することもあるわけである。

視覚的クオリアについてはここまでにしよう。いま示したような現象はむろん存在するものの、そうした現象が上で述べた意味でのクオリアであると考えるべき理由はない。このことから、現実の経験について考えている限りでは経験の透明性は正しい、ということになるのだろうか。これは透明性テーゼが実際にはどういう主張なのかによる。もし透明性テーゼが、経験の現象的特性が経験の志向性によって決まるという主張なのであれば、私はそれを受け入れる。しかし透明性テーゼのもっと標準的な言い方は、現象的特性の相違はみな経験の表象的内容の相違である、というものである。私はこのテーゼを否定する。身体感覚の事例（第 24 節）で見たように、知覚の現象的特性の相違は、志向様式と志向的内容というふたつのものに由来している。私は、現象的特性を定めるには、このふたつのそれぞれを定める必要があると主張する。ある知覚経験が聴覚経験ではなく視覚経験であるという事実は、紛れもない現象的相違である。また、その経験が犬についてのものではなく猫についてのものだ、という事実も（もちろん）現象的相違である。私は、現象的特性が様式と内容によって決まると力説する点で、透明性テーゼを擁護する多くの志向説論者と異なるのである。

それ以外の点でも、志向説に対する一見したところの反例を志向説的に説明するとき、私の説明は、志向説的な学説についての私固有の理解に依拠している。それはまず第一に、志向的状態には必ず志向的内容があるという理解である。そして第二に、志向的状態がみな信念であるわけではなく、信念に見出される性質とはきわめて異なる心理的・論理的性質をもつような志向様式もある、という理解である。したがって、ハワード・ロビンソンが、知覚理論において志向性を引き合いに出すのは「知覚経験とそれ以外の種類の心的状態との相違を軽視したり無視したりすることにつながる[28)]」と言うとき、私は彼に同意しない。話は逆である。志向性を引き合いに出すのは、知覚経験とそれ以外の種類の心的状態との相違を強調する場合にこそ正当だと言うことができるのである。（そうした相違についてはさらに、非概念的内容について扱う以下の第 45 節を参照。）

44　逆転スペクトル、逆転地球

現実の事例およびそこからクオリアについて分かることについてはここまでとしよう。志向説論者にとってもっとやっかいなのは、ある可能的な事例に訴えるものである。有名な逆転スペクトルの仮説や、その話のブロックによる独創的な変形版である逆転地球がそうした事例である[29)]。逆転スペクトルの思考実験では、ふつうの人と比べて色のスペクトルが逆転している人——彼を「逆夫」と呼ぼう——を想像するように言われる。ふつうの人——彼女を「並子」と呼ぶ——が赤いものを見るときには必ず逆夫には緑のものが見える。他の色の場合もまた同様である。ただし、逆夫は草を「緑」、消防車を「赤」などと言うため、並子と逆夫の色覚の相違を外から検出することはできない。

この古くからある考えにはたくさんの形態があり、多くの目的に使用されてきた。たとえば、懐疑論的仮説として使用することができるだろう。ふたりの人物の相違を外から検出することはできないのだから、いったいどうやって他人の経験がどのようなものであるかが分かるのだろうか、というわけだ。だが私が関心を抱くのは、知覚がクオリアの気づきを伴うということを論証する目的でこれを用いる場合である。この思考実験をそう用いる者は次のように論じる。逆夫と並子には同じところもあれば相違もある。同じなのは、色に関する心的状態の志向的内容である。この解釈によれば、彼らふたりはともに、消防車は赤く、草は緑だと本当に信じている。また、ふたりの経験に志向的内容がある以上、それは経験によって生み出された信念がもつ内容であるはずだ。それゆえ、赤い消防車の視覚経験の内容は、消防車は赤いというものだろう。これに対し逆夫と並子の相違は、志向的な相違ではない。この見解によると、それは経験のクオリアにおける相違なのである。なるほどこうすれば、視覚的クオリアということで何を意味しているかを言うことができるかもしれない[30)]。

深遠なる形而上学的理由や経験的理由から、逆転スペクトル仮説は整合的ではないと批判することはできるだろう[31)]。この種の批判の背後にある考えの一部については共感するものの、クオリアの存在を示すために逆転スペクトル仮説を用いることは、この路線をとることなく論駁できると思う。私は以下のように話を進めたい。第一に、志向説への反論として逆転スペクトル仮説を用いる場合と、この仮説を機能主義への反論として用いる場合とを区別する必要がある[32)]。機能主義とは、心的状態がその機能的役割ないし因果的役割の点で相互に区別されるとする学説である。逆転スペクトル仮説がこうした機能主義への異論としてどのように用いられてきたかを理解するのはたやすい。この仮説では、逆夫と並子は機能的には同一であろう。ふたりは、ふるまいや同じ音を出したりするといった点でまったく同一の傾向性を有しているのである。しかしそれでも、スペクトルが逆転しているので彼らは心理的には異なっている、というわけだ。志向的状態を機能主義的に説明することができる心的状態のみとし、それゆえ志向説論者は機能主義者でなければならないとの根拠から、志向説と機能主義が結びつけられることもある。もっとも、この結びつきは本質的なものではなく、実際にはこれらの学説は完全に独立している。私がいま擁護しているのは機能主義ではなく志向説だけなのである。

これはまったく好都合である。なぜなら、逆夫と並子に機能的な相違があるはずだと主張するのは難しいからである。それに対して、ふたりに志向的な相違がないという主張はもっともらしくない。というのも結局、このストーリーの語り方からして、逆夫は並子（やわれわれ全員）とは赤いものの見え方が違うと述べられているからだ。これが、ふたりにとっての事物（たとえば世界）の見え方の相違であり、したがって志向的内容の相違なのではないだろうか。なぜこれがクオリアの相違であると考えるべきなのか。

ふたりの心的状態の内容がどう違うのかを表現しようとすると、困難が立ち現れる。ふたりは、経験に基づいて獲得した信念を表現するために公共言語の語を使用するわけだが、われわれには、そうした語のもつ意味を利用してふたりの相違を表現することはできない。というのも、同じになってしまうからである。並子は「あの消防車は赤い」と言い、逆夫も同じことを言う。それによって両者はともにあの消防車は赤いという信念を表現している。そしてわれわれは、ふたりのその信念をともに正しいものと考えるだろう。これは色彩語の意味論に関してどのような見解をとるにせよ真である。まず、「赤」が表面の（複雑な）一次性質を指示しているのだとすると、消防車がこの性質をもつと述べるのは、並子と逆夫ともに正しい。次に「赤」が、標準的な知覚者に特定の種類の（すなわち並子の経験に見出される種類の）現象的特性を備えた経験を引き起こすという対象の傾向性を指示しているとしても、やはりふたりとも正しいのである。

しかし私は、世界はふたりに別様に提示されていると主張したい。逆夫が「赤」によって意味しているのが、逆夫と同じ言語を話す他の人間が意味するものと変わらないと考えるなら、われわれはふたりの相違をどこか別のところに求めなければならない。私の考えでは、たとえ逆夫の信念が消防車を赤いものとして表象しているにしても、彼の経験は消防車を緑色として表象していると言うのが正しい。消防車の色に関する彼の経験と彼の信念との間には食い違いがあるわけだ。逆夫は、消防車の色については正しい信念を抱いている。しかし彼は、消防車の色が自分にどう見えるかということについては誤った信念を抱いている。消防車が赤く見えると考えているからである[33)]。逆夫は間違っている。消防車は赤く見えるのではなく緑に見える——これが彼の経験の内容なのだ。それに対して並子は、消防車は赤いと、またそれが赤く見えると信じており、これは両方とも正しい。

このような逆転スペクトルの解釈を表現するやり方のひとつは、以下のものである。逆夫は、消防車が赤いと信じているか信じていないかのどちらかである。もし信じていないなら、逆夫は赤について別の概念をもっていなければならず、それゆえ彼は「赤」という語によって緑を意味していると考えるのが自然である。だがこれはありそうもない。というのも、そう考えると、「あの消防車は赤い」と言うとき逆夫が言っているのは、同じ状況に置かれたときの並子の発話と完全に同じように聞こえるにもかかわらず偽であるようなことなのだ、となってしまうからである。要するに、色についての彼の発言がみな偽だったということになるわけだが、しかしこれが正しいということはありえない。したがって、逆夫は消防車が赤いということを信じていると結論すべきである。だがもし逆夫がそう信じているなら、並子との心理的相違はどこにあるのか。非志向説論者は、それはクオリアの相違であると言う。これに対し志向説論者は、それは事物がどのように見えるかの相違、つまり志向的内容の相違であると主張する。逆夫の経験は消防車を緑色のものとして表象しているが、消防車が赤く見えるという彼の信念は偽なのである。

ふつうの知覚者の集団にいる孤独な一個人でしかない逆夫のケースにとどまる限りは、これで満足がいくように見えるだろう。われわれは、逆夫は他の誰もが「赤」で意味するものを意味しているのだから、彼は「赤」で赤を意味しているのだ、と言うことができる。しかもそれは、上で述べたように、色彩語についてのどの理論が正しいかによらずに言うことができるものである。だが、扱いやすい逆夫の事例をいったん超えると、事態は判断しがたくなる。人口の半分（集団A）のスペクトルが、残り半分（集団B）と逆転しているものとしよう。そして、集団Aと集団Bそれぞれの出身者が「あの消防車は赤い」と言うと考えよう。かりにそのどちらかが正しいことを言っているのだとすると、それはどちらなのだろうか。「赤」の意味するものが、何であれ標準的な状況で標準的な知覚者にしかじかの経験をもたらすもののことであるとしても、では標準的な知覚者とは何なのか、という問いを引き起こすだけである。それは集団Aの出身者なのか、集団Bの出身者なのか。あるいは両方か。それとも「赤」の意味のこうした分析が全体的に間違っているのか。（これは、ジョナサン・ベネットが紹介したことで有名な、次の実際の事例に似ているだろうか。フェニルーチロ尿素は人間の四分の三には苦い味がするのだが、残りの人間には味がしない[34]。本当は苦いのか、味がしないのか。それとも、シューメイカーが主張するように、ここには味と色とに重要な相違があるということだろうか[35]。）

最も有望なのは、色彩語の意味に関するこの説明には重大な欠点があるという答えである。また、AとBのどちらか一方が正しくもう一方が誤っているとする、一次性質の分析にも欠点がある[36]。だが、いまはいっさいこれに関わる必要はない。われわれの出会った困難は、いま論じている主題、つまり志向説とは独立のものだからだ。人口がこうやって二分されている場合、浮上する主な問題は、誰の（志向的な）色彩判断が正しいのかということである。これは色彩の理論にとっての問題であり、私が擁護してきた志向説的な説明だけに生じる問題ではない。だからここではさしあたりこの問題から離れることにしよう。

しかし志向説に対してはさらに、ネッド・ブロックによる逆転スペクトルの変形版、つまり逆転地球の思考実験から異論が出てくる。逆転地球とは、逆転スペクトルが示したことの逆を描き出そうとするものである。すなわち、逆転スペクトルが、志向的内容が一定でクオリアが変化するとされるケースであるのに対し、逆転地球は、志向的内容が変化するもののクオリアは同じままというケースなのである。したがって、逆転スペクトルがうまくいっていなくても、もし逆転地球がうまくいったなら、視覚経験におけるクオリアを立証することができるだろう。

逆転地球の思考実験には、双子地球のストーリー（第37節）の一形態が含まれている。逆転地球という惑星を、万物が地球上と同じあり方をしているものとして想像してほしい。ただし、次のふたつの点を除いて。第一に、事物の客観的な色が、地球上での色と体系的に逆転している。逆転地球では、空はまさに黄色く、消防車はまさに緑色、といった次第だ。第二に、事物の色についての人々の語り方が、地球上での語り方と比べて「逆転している」。それゆえ、逆転地球版の英語をしゃべる人々は、「空は青い」と言ったり、消防車を「赤」と言ったりする。逆転地球では「赤」は、地球上で「緑」が意味するものを意味する、という具合だ——これで話が分かっただろう。だから逆転地球の人々には、消防車が緑に見えることになる。

さて、以下のように想定しよう。悪の科学者によって、私は逆転地球に移送されてしまう。私は知らぬ間に眼に色彩逆転レンズを挿入されたので、逆転地球では事物の実際の色が、地球上で見えるのと同じ見え方をする。つまり事物が変わらずに見えるので、私は事物の色を同じ名前で呼ぶ。消防車は赤く、草は緑色で、空は青い、などと言ってまわるのである。にもかかわらずブロックによると、ある意味で、色を表す私の言葉は過去に意味していたものとは別のものを意味するようになり、私の思考の志向的内容は変わってしまったのだという。私も同意するが、ブロックの主張によれば、最初に私が逆転地球に移動したとき、私の「赤」という語は依然として地球上の赤を指示している。それゆえ、逆転地球に降り立った初日、「このあたりの消防車は赤い」と言うとき、私は地球の日本語をしゃべっているのであり、間違ったことを言っているのである。しかし、私が逆転地球上の色のついた事物と徐々に因果的に相互作用し始めるにつれて、私の語は、逆転地球における語の意味を獲得し始める[37]。そのため、逆転地球で五十年過ごしたあとでは、私の語および、私の思考と経験の志向的内容は、逆転した色を指示するようになる。それに対して私に色がどう見えるかは、逆転レンズのせいで同じままである。ブロックが言うには、同じままなのは私の経験のクオリアであり、変わったのは経験の志向的内容である。したがって、経験のクオリアはその志向的内容とは別物だ、というのである。

逆転スペクトルと同様、逆転地球は、部分的には機能主義への反論を意図したものであった。私は逆転地球での私と機能的に異なっている。それは（とりわけ)、赤い事物が原因となって私が「緑」と言う、というふうに、私の色彩経験や色彩判断の典型的原因が異なっているからだ。だがそれでも私のクオリアは逆転地球での私のクオリアと同じである。したがって機能主義的な説明によってクオリアを捉えることはできない、とこの反論は続く。しかしここでの私の関心は、志向性の擁護にあって、機能主義にはない。そしてこれが機能主義に対する反論としてどれほど効果的であるにせよ、特定の強力な前提を置かない限りは志向説への反論としての力をあまりもたない。

まず、私と逆転地球の私との類似性について語るには、「私にはものが同じに見える」「消防車が赤く見えるが、本当は緑だというのが正しい」など、志向的な語り方が最も自然だということに注目しよう。事物がどう見えるか、ないし事物の色がどう見えるか、ということについて語るのは、世界が知覚者にどう提示されているかについて語ることであると思われる。しかも事物の見え方と事物の本当のあり方とを区別することができるので、これは表象の概念を明確でしかも問題なく適用することのできる心的領域であるように思われる。では、ブロックはなぜ、私と逆転地球の私とで同じこのところを志向的ではないと言うのだろうか。

その理由は、志向的内容は広い機能的役割によって理解するのが適切だとブロックが考えている点にある。色彩についての私の信念や色彩の経験がもつ志向的内容は、そうした信念と経験を典型的に引き起こすような、世界の中の現実の性質だというのである。だからこそ、消防車の色について逆転地球の私が抱く成熟した信念の内容は、赤ではなく緑なのである。こうした因果説は、志向的内容についての外在主義的な理論であるが、第37節・第38節で示した理由により、私はこれを斥けたいと思う。とはいえ外在主義を斥けるということだけを根拠にして、ブロックの結論を斥けたくはない。それは、ブロックの結論が、色彩語の内容に関する外在主義的な因果説を必要とするだけでなく、これこそ経験がもつ唯一の種類の志向的内容だという前提をも必要とするからである。私が語ったような逆転地球のストーリーに触れると、おのずと以下のように反応したくなる。私の心的状態は、逆転地球の私の心的状態と同じであると同時に異なってもいる、と。ふたりの心的状態は、別の広い内容をもつという点が異なっている。すなわち、色彩についての経験や信念を引き起こす通常の原因が異なっているのである。だが、私と逆転地球の私には事物の色が同じに見えるという点、つまり同じ狭い内容をもつという点では、心的状態は同じである。両者の見え方は、私と逆転地球の私に備わる局所的な性質に付随することによって、狭い内容をもつと思われる。われわれふたりが気づいている共通の現象的性質は、対象の見かけの性質である。それが私や逆転地球の私に備わる性質であるようには思われない。またそれゆえ、われわれの心的状態には正しさの条件が見出される。私が地球に帰還すれば、逆転した私の経験は事物の色を正しく表象するからだ。したがって、私と逆転地球の私に共通しているのは、視覚経験の狭い内容なのである。

この形態の狭い内容を排除するすべがブロックにないのであれば、彼は自分の結論を導き出せないだろう。(しかもこれは、志向的内容の外在主義的な因果説の成功によらず、成り立つ。) ブロックはこうした「二因子」反論(つまり広い内容プラス狭い内容)を検討してはいるが、彼の応答は次のような前提を立ててしまっているがために台無しになっている。すなわち、自説に対する反論者は狭い内容について機能主義的に説明しようとしており、そして内容についての狭い機能主義的理論はもっともらしくないという前提である[38]。だが反論者が機能主義者である必要はない。単なる志向説論者であってもよいのである。

ここでは内在主義を擁護する必要はない。私には、第36節から第38節で擁護した狭い内容(あるいは狭い志向的内容)の概念が一貫した概念である、という主張さえあればよい。この場合、狭い内容とは、世界が私に視覚的にどのように見えているかということである。私と逆転地球の私には世界が視覚的に同じように見えるのである。だがやはりそれでも、同じ志向的内容(たとえば緑に見える)のふたつの経験が、別世界の非常に異なる性質(赤と緑)によって引き起こされうる、などということがいかにしてありうるのか、と問われることだろう。これは H_2O と XYZ のケースとは違う、と言われるかもしれない。なぜならこのふたつは、(定義により)現象的には相違しえないからだ。水と双子地球の「水」が同種の狭い志向的状態を引き起こしうるというのはもっともらしいかもしれないが、どうやって赤と緑が同種の狭い志向的状態を一貫して引き起こしうるのだろうか。

この反論では、ある対象にまつわる事実だけではなく、その対象およびそれが反射する光や視覚系にまつわる事実もまた、その対象が特定の色をしていることの原因となる、という点が見過ごされている。逆転地球の私の視覚系は改変されているため、経験の相違を説明するにはそれで十分である。実はこの反論は、少しでも有効であるならば、同じクオリアを引き起こす非常に異なる性質に対しても突きつけられることになる。

私の結論は、逆転スペクトルと逆転地球の論法はいずれも、きちんと理解するなら、視覚経験についての志向説を論駁していない、というものだ。これらの論法により、色の形而上学の難問（一次性質と二次性質についての問題など）や心の形而上学の難問（たとえば機能主義）が数多く生じる。しかしそれらは志向説の正誤とはほとんど独立の問題なのである。

45　非概念的なものとしての知覚

志向説への批判を扱う中で、知覚状態に関わる志向様式と信念や判断に関わる志向様式とを区別する必要があるということが明らかになった。それゆえ私は、たとえば目の前に残像が見えた人でも、通常は何かが目の前にあると信じるには至らない、と述べた。だがこれは単に、知覚ないしは視覚的経験が信念とは様式が異なるという点を浮き彫りにするにすぎない。では知覚に関わる志向様式の本性とはどのようなものだろうか。

知覚とは知覚される環境についての判断のことだ、と言われてきた[39)]。これが、知覚が一種の命題的態度だということなら（知覚が他の種類の志向的内容をもつということを認める限りは）、この主張に異存はない。しかしそれが、判断に備わっている心理的・認識論的属性を知覚がもつということなら、この主張は半分しか正しくない（それゆえ全面的には正しくない）。半分正しいというのは、知覚は真理を「狙っている」という点を、判断つまり信念形成と共有しているからである。知覚の機能的役割の一部は、（たとえば）欲求と異なり、環境についての真なる信念を生み出す点にあるわけだ。だが、知覚が真理を狙うさまは、信念が真理を狙うさまとは異なっている。信念が真理を狙うということの意味の一部は、「ムーアのパラドクス」として知られる現象によって説明される。それは「私はｐということを信じているが、しかしｐではない」

という形式の主張に見出される特異な現象のことである（第 31 節を参照）。ここでの私の関心は、ムーア的パラドクスを解決することではなく、それが信念という態度ないしは志向様式に特有のものだという点を指摘することである。「私は p ということを欲するが、しかし p ではない」という形式の主張を述べてもそのような奇異性はない。本章のトピックに話を移せば、同様に「私は p ということを知覚するが、しかし p ではない」や「私には p ということが見えるが、しかし p ではない」などにもおかしいところはない。人は、事物が特定のあり方をしているのを知覚したり見たりしていても、それとは独立した根拠に基づいて、自分が錯覚に囚われているということや、事物がそう見えるとおりのあり方をしていないということを知っているかもしれないのだ。この事実――錯覚の残存――は、信念からの独立性を示す、知覚の特徴のひとつなのである[40)]。

知覚が信念と異なるもうひとつの特徴は、知覚のもつ内容の種類である。外で誰かが喫煙しているということを信じる際、喫煙者が男であるとか女であるとか背が高いとか低いとかいったことにコミットすることなく、そう信じることができる。人にそう言われたために、あるいは煙のにおいがしたことによって、そう信じただけかもしれないのだ。だがもし誰かが外で喫煙しているのを見るのであれば、否応なくもっと多くの情報を得ることになる。通常は、外で誰かが喫煙しているのが見えるとき、必ず特定の身長で男女のどちらかであるような人を見ることになるからだ。知覚の内容は、信念の内容とは異なり、豊かなのである。これはときおり、知覚内容には信念の内容にはない「きめ細かさ」があると言うことで表現されるものだ。またそれは、知覚内容が信念の内容よりも多くの可能性を排除するので、その意味でより多くの情報を含んでいる、とも言われる。外で誰かが喫煙しているというあなたの信念は、その人が男女どちらなのかについては中立的であり、それゆえどちらの可能性も排除しない。それに対してあなたの知覚は、当然ながらその可能性のうちのひとつを排除する。

かくしてわれわれはいま、知覚状態の個別化を手助けするふたつの特徴を手にしている。第一に、自分の知覚を疑うことができるということと両立可能な仕方で、知覚は真理を狙う、という特徴である。知覚は、特定のありようをしているものとして世界を提示する。つまり知覚可能な世界がどうなっているのかをわれわれに伝えることを（言わば）「狙っている」のである。ただしこの提示は、それと衝突する知識によって無効にされうる。そして、ここでの知覚の際立った特徴は、たとえ信念による修正を受けたとしても、その知覚状態が残存しうるという点にある。第二の特徴は、知覚内容が、信念やその他の命題的態度よりも詳細で具体的な情報を多く含んでいる、ということである。要するによく言われるように、知覚内容の「豊かさ」は信念に与えうるような分類を拒むのだ。知覚内容は、それについてわれわれが記述するやり方では捉え切れないのである。

いま述べた第二の特徴から、知覚経験の内容が非概念的であるという主張に向かった哲学者もいる[41]。この言葉づかいは少々混乱しているものの、私は彼らに同意する。本節では以下、この見方が何を意味し、この見方を信ずべき理由がどのようにして得られるのかを説明しよう。

まずは言葉づかいについて説明したい。「非概念的内容」という語は、概念的内容との対比を示している。そして実際、知覚が非概念的内容をもつと考える者は、信念の内容が概念的であるとしばしば主張する。だがこのような言い方は紛らわしい。というのも、それではまるで、志向的内容には概念的と非概念的との二種類があり、そして概念的内容が概念からできているのに対して、非概念的内容はそうではない、というふうに聞こえてしまうからである。しかし、命題的態度の内容に関する何らかの理論に立てば、この区別は意味をなさなくなる。例として、ある信念の内容が、可能世界の集合、すなわちその信念が真であるような世界すべてからなる集合によって与えられる、という見解を検討しよう。この内容に構成要素があるとしたら、それは唯一、そうした集合の要素である可能世界およびその世界に存在するもののことである。（議論上そうしたものがあると仮定せよ。）信じられている命題という意味での信念の内容が、概念からなるというのはまったく意味をなさない——ただしこれが、信念の内容が可能世界の集合によって与えられるとするテーゼへの反論になることはほぼないだろう[42]。欠点はむしろ、概念的内容が「概念からなる」という見方にあるように思われる。

もっとも、この問題は皮相的なものである。概念的内容と非概念的内容の区別について論じる場合、われわれは実際には、志向的状態もしくは志向的作用の種類の区別ついて論じているのである。信念が概念的内容をもつと述べるのは、その信念を抱くための条件について何ごとかを述べることに等しい。aがFだということを信じているならば、その信念の主体は、Fの概念やaの概念をもっていなければならない。そうだとすると、主体が特定の志向的状態——概念的状態——にあるためには特定の概念が必要であるという意味で、概念をそうした志向的状態そのものの構成要素として考えることができるだろう。(たとえば、魚が泳ぐということを信じているならば、魚の概念をもっていなければならない。) したがって同様に、主体が非概念的状態にあるためには特定の概念は必要ではないと言うことができる。ではそれはどの概念だろう。自然なのは次の答えである。主体がpという内容の非概念的状態にあるためには、もしかりにpという内容の概念的状態に主体があるなら有していなければならないであろう概念を、有している必要はない。

こうした概念は、主体が概念的内容pをもつ状態にあるために標準的な概念(あるいは短く、「pにとって標準的な概念」)と呼ぶことができるだろう。すると非概念的内容をもつ状態とは、以下が真になるような状態のことだと言うことができる。

(NCC):pという内容の状態にあるために、主体がpにとって標準的な概念を有している必要はない。

特定の内容にとって標準的な概念なるものについて考えるのは、当該の内容を本質的に特徴づける特定の概念が存在している、と考えることにほかならない[43)]。「豚が空を飛ぶ」という文で表現される内容は、本質的には、豚や空を飛ぶといった概念によって特徴づけられる。こうした概念は、豚が空を飛ぶを内容としてもつ概念的状態に主体があるなら、その主体が有していなければならない概念である。それゆえ非概念的状態Sとは、基本的には内容を備えた状態であり、その内容は標準的な概念をもつが、しかしSの状態にあるために主体がそうした概念を有する必要はない、というような状態のことである。たとえば、特定の豚が空を飛んでいるということを信じるには豚の概念を有していなければならないが、その豚が空を飛んでいるのを見るには豚の概念を有している必要はない、と言ってよいだろう。以下では、非概念的状態のことを「非概念的内容をもつ状態」と呼ぶこともあるが、これは「非概念的状態」の別名だと理解していただきたい。

以上は概略にすぎない。この見方が知覚的状態に適用可能だということをもっと詳しく擁護する前に、私が概念というものをどういう意味で使っているのかを明らかにする必要がある。ジェリー・フォーダーの心の表象理論が正しいと考える者は、いま私が設けた、概念的内容と非概念的内容との区別には興味を引かれないかもしれない[44)]。彼らは次のように言うだろう。志向的状態はみな構成要素として表象をもつ。このことは、空飛ぶ豚についての信念の場合と同様に、空飛ぶ豚の知覚についても成り立つことである。こうした表象を、概念であるものと概念でないものとに区別することの眼目はどこにあるのか。概念のどこがそんなに重要なのか。

この問いに対しては、私は採用しないのだが、ひとつ単刀直入な答えがある。概念を有するとは言語を有することである、というのがそれである。つまり、ある人がAの概念を有するのは、その人が自分の言語の中にAを表す語をもっている場合なのである。したがって、言語なき生物はいかなる概念をも有していない[45)]。この見方は、非概念的状態の肯定と否定の両方に結びつけることができるだろう。非概念的状態を斥けるのであれば、言語の使用者のみが志向的状態にありうるとの見解にコミットすることになる。これはジョン・マクダウェルの見解である。他方、非概念的状態を受容するのであれば、この概念的／非概念的という区別は、言語の使用者であることによってのみ可能な志向的状態と、言語を必要とせずに可能な状態との区別にすぎないことになる。そしてこの区別は哲学者の多くが受け入れるであろうものである。したがって、概念的／非概念的の区別がこの程度のことでしかないなら、取り立てて問題にはならない。

というわけで、概念を有するとは言語を有することだ、というテーゼを追求するにはふたつの道があるのだが、第一の（マクダウェルの）道は、言語なき生物に推論に相当するものをいっさい認めないがゆえにもっともらしくないし、また第二の道では概念的／非概念的の興味深い区別は得られない。概念的／非概念的の興味深い区別は、概念と言語の連関を断つことから出てくる。この見方によると、概念の所有は、思考において行使することのできる、再認能力や推論能力などのさまざまな能力に依存している。こうした能力がみな言語を使いこなす能力に依存するわけではない。これが示唆するのは、たとえば人は特定の種類の動物 X を再認する能力をもつことができ、そしてこの能力が、その種の動物についての推論でも行使されるものだということである。人は必ずしも当の動物種を表す語をもってはいなくても、それが何であるかということが十分に分かっていれば、X の概念を有しているものと認められうる。類比を使ってみよう。万人におなじみの現象に、ある人について考えているときに、その人の名前は分からないのだが（あるいは一時的に忘れてしまっているのだが）、しかしその人のことは正確に分かる、という現象がある。誰のことを考えているかが分かるというところが概念を有していることと類比的であり、名前を忘れているところがその概念を表現する単一の語をもっていないことと類比的なのである。

ここで、この大雑把な概念観と上述の NCC の定義を用いると、非概念的状態とは、世界が特定の仕方で提示ないし表象されているが、しかし世界が提示される仕方のそれぞれに関わるさまざまな推論・再認能力（これこそが概念なのだが）はもっていない状態のことだ、と言いうるだろう。これを知覚のケースに適用すべく、色の経験を検討しよう。われわれのひとりひとりが、自分が知覚することのできる色の正確な色合いに関する明晰な（上の意味での）概念を有している、というのは妥当と思われるだろうか。もしそうでないなら、このことは、知覚経験が非概念的内容をもつこと、つまり知覚には知覚者が有する概念によっては捉えられない「現象的な豊かさ」がある、と主張する論拠となりうる[46)]。この主張の細部はさまざまなやり方で埋めることができるだろう。ひとつはクリストファー・ピーコックの説で、それによれば視覚経験の内容の一部は、彼が「シナリオ」と呼ぶもの、すなわち、経験の正しさと整合するように知覚者の周囲の空間を性質や関係で埋めていくようなやり方すべての集合である。知覚者の周囲の空間を実際に埋めるやり方がその集合の要素であるとき、その経験は正しいというのである[47)]。知覚状態が全体として概念的であるのか、全体的として非概念的であるのか、それとも混じり合っているのか、という点については見解が分かれている。マクダウェルは知覚状態が全体として概念的だと主張し、エヴァンズは全体として非概念的だと主張するが、ピーコックは、経験には何層もの内容があり、その中には概念的なものも非概念的なものもある、と主張する。

マクダウェルに言わせると、知覚を非概念的なものとして扱えば、ウィルフリド・セラーズの言う「所与の神話」の一種にコミットすることになる。所与の神話とは、経験には概念化されていない「所与」が提示されなければならず、それに続いて心がその所与を概念化する、という見方のことである[48)]。マクダウェルはそれに代えて、経験の内容が全体として概念的であると主張する。ではマクダウェルは、（たとえば）色の経験の現象的な豊かさをどう説明するのか。彼の主張によると、われわれが（たとえば色を）識別する場合、それぞれの色を表す固有の語はもたないにしても、「その経験によって生じる、ひょっとするとごく短命かもしれない再認能力」ならもっているという[49)]。この能力をわれわれは、当該の色合いを指示する「あの色合い」という複合的な直示的表現を用いることで表すことができる。そして「概念的」と「言語的に表現できる」ということが等しいのであれば、この能力は概念的なのである。

ここでは「所与の神話」の見出しのもとに括られる数多くの話題を論じることはできない。そこで代わりに、以下のような問いを提起することでこの議論を終えたいと思う。どうしてマクダウェルは、いま考えているケースにおいて、「あの色合い」と言うことで表現しているものが、概念という語のもつ興味深い意味での概念のことだと言えるのか。概念の所有と結びついていると私が主張する能力とは、いかなる必然的な連関もないように思われる。私はその色合いを再認することができるとは限らない（その能力は「短命」かもしれない）し、その色合いを想像したり思い出したりすることができるとも限らない。マクダウェルの言うものの中には、いったん経験が過ぎ去ってしまった後でもその色合いについて私が推論できるようにしてくれるものなど何ひとつないのである。あの色合いに面と向かっている場合を除き、私は思考の中でその色合いの観念を操作することはできない。「あの色合い」が概念を表現しているとする考えを支えているように思われるのは、主として、マクダウェルが概念の所有と言語を話すことを連結させているためである。私はこの見方を斥けるが、それを論駁したなどとはとうてい言えない。言語と概念（あるいは思考一般）との関係は、広大で複雑な領域であり、さらなる探究を必要としている。だがチェコのことわざを別の文脈から借りてくるなら、この森に分け入るのはこれで最後ではないのである。

注

第一章

1）Steve Pyke, *Philosophers* の中で。

2）たとえば、Richard Rorty, *Philosophy and the Mirror of Nature*（邦訳『哲学と自然の鏡』）の第一章を参照。

3）D. C. Dennett, *Brainstorms*, Introduction, p.xviii. チャーチのテーゼやチューリングマシンという考えの簡単な説明については、私の *The Mechanical Mind*（邦訳『心は機械で作れるか』）の第三章を参照。

4）Timothy Williamson, *Vagueness* を参照。

5）Anita Avramides, *Other Minds* を参照。

6）Thomas Nagel, *The View from Nowhere*（邦訳『どこでもないところからの眺め』）の第一章を参照。

7）A. W. Moore, *Points of View*, 282.

8）F. Brentano, *Psychology from an Empirical Standpoint*, 125.

9）John Searle, *The Rediscovery of the Mind*, 155（邦訳『ディスカバー・マインド！——哲学の挑戦』二三七頁).

10）E. Husserl, ‘Phenomenology’ を参照。

11）G. E. M. Anscombe, ‘The intentionality of sensation: a grammatical feature’ を参照。アンスコムはこの（それ自体はもっともらしいのだが）語源学的説明についてのさらに参照すべき文献を挙げていない。志向性という考えの起源に関するさらなる文献については、私の ‘Intentionality’ にある参考文献表を参照。

12）Anthony Kenny, ‘Intentionality: Aquinas and Wittgenstein’ を参照。

13）Thomas Hobbes, *Leviathan*, Part1, ch.4, ‘Of Speech’, 100（邦訳『リヴァイアサン』六九頁).

14）G. W. Leibniz, *New Essays on Human Understanding*, Bk. IV, ch17, 8（邦訳『人間知性新論』三〇三頁). Mary Spencer, ‘Why the “S” in intension?’, 114-5 をも参照。この注釈は、P. T. Geach, *Reference and Generality* や Anscombe, ‘The intentionally of sensation’, 159 そして W. Kneale and M. Kneal, *The Development of Logic* が「内包（intension)」という語の発明をウィリアム・ハミルトン卿に帰しているのを訂正している。

15) Brentano, *Psychology from an Empirical Standpoint*, 88.
16) Chisholm, *Perceiving: A Philosophical Study*（邦訳『知覚』）第十一章を参照。
17) W. V. Quine, *Word and Object*（邦訳『ことばと対象』).
18) この主張のさらなる擁護については、私の 'Intentionality' を参照。
19) Hartry Field, 'Mental Representation' を参照。
20) ここで私は J. Searle, *Intentionality*, 24（邦訳『志向性』二九頁）から論点をとっている。
21) J. Searle, *Intentionality*, 16-7（邦訳『志向性』二一〜二頁).「日常的対象」という言い回しは p.18（邦訳二三頁）に出てくる。
22) M. G. F. Martin, 'An eye directed outward', 101 を参照。
23) 対象の抽象性という概念をめぐる議論については、Bob Hale, *Abstract Object* や David Lewis, *On the Plurality of Worlds* を参照。
24) Anscombe, 'The intentionality of sensation', 161.
25) Russell, 'On denoting'（邦訳「指示について」).
26) Valberg, 'The puzzle of experience', 22.
27) Anscombe, 'The intentionality of sensation'.
28) Quine, 'On what there is'（邦訳「なにがあるのかについて」）を参照。
29) Quine, 'Quantifiers and propositional attitudes' および David Kaplan, 'Quantifying in' を参照。
30) Gareath Evans, *The Varieties of Reference*, 16. 私はエヴァンズの 'Meaning' ではなく、それよりも標準的な語である 'refernce' を使用してきた。ここでは私は、A. W. Moore が *Meaning and Reference* の序文において導入した用語上の慣習に従っている。
31) Evans, *The Varieties of Reference*, 62.
32) G. Frege, 'On sense and reference', 27（邦訳「意義と意味について」一〇頁).
33) Frege, 'Letter to Jourdain', 45（邦訳「フレーゲ＝ジャーデイン往復書簡」一二九頁).
34) ここで私は *The Mechanical Mind*, 35（邦訳『心は機械で作れるか』五六頁）で述べたことを訂正する。
35) この問題をめぐる貴重な議論として、Alberto Voltolini, 'Objects as intentional and as real' を参照。
36) これはもちろん、虚構についての興味深い問題の多くを迂回してしまっている。David Lewis, 'Truth in fiction' を参照。
37) この伝統的問題に関する優れた議論が、Michael Dummett, *Origins of Analytical Philosophy*（邦訳『分析哲学の起源——言語への転回』)、A. N. Prior, *Object and Thought* や J. L. Mackie, 'Problems of intentionality' に見出しうる。アリストテレスにおけるこの問題の議論については、Victor Caston, 'Aristotle and the problem of intentionality' を参照。
38) Quine, 'On what there is'（邦訳「なにがあるのかについて」）および Anscombe,

'The intentionality of sensation', 161 を参照。

39) Russell, 'Description', 47.

40) Evans, *The Varieties of Reference*, ch.10 を参照。

41) 'Allism and noneism' におけるデイヴィド・ルイスによる問題の明確化の試みを参照。

42) 近年の見方については、Timothy Williamson, 'Is knowing a state of mind?' を参照。

43) たとえば以下を参照。Hartry Field, 'Mental representation'; William Lyons, *Aspects of Intentionality*.

44) Brentano, *Psychology from an Empirical Standpoint*, 88.

45) この有名な一節と現実には存在しない思考の対象という概念との関係については、私の 'Intentionality as the mark of the mental', 244, n.31 を参照。

46) Kazimir Twardowski, *On the Content and Object of Presentations*.

47) Dummett, *Frege*, 227.

48) ここで私は、前掲書 227ff. における、意義と意味の区別に関するダメットの議論から着想を得ている。また、この区別に関する他の扱い方については、John McDowell の 'On the sense and reference of a proper name', 114-5 を参照。

49) P. T. Geach, "Intentional identity", 147.

50) Anscombe, 'The intentionality of sensation', 161.

第二章

1) René Descartes, *Meditations on First Philosophy*, Meditation, 6, 159（邦訳『省察』二九九頁).

2) Ibid. 159（邦訳『省察』二九九頁).

3) Bermúdez, Eilan, and Marcel（eds.), *The Body and the Self* 所収の Jonathan Cole and Jacques Paillard の論文を見よ。

4) 実体に関するデカルトの見解については、Descartes, *Principles of Philosophy*（邦訳『哲学の原理』)、第一部、第 51 節～第 53 節を参照。

5) ひとつの伝統的な意味での実体に関する簡潔で優れた解説については、次を参照。David Wiggins, 'Substance', in A. C. Grayling（ed.), *Philosophy: A Guide through the Subject*. 実体を「全体としてそっくり在る」ものとする用語法は、D. H. Mellor, *Real Time*, ch.8 からとった。

6) 人物がこの意味での実体ではないと主張する人々に含まれるのが、Derek Parfit, 'Personal identity' と David Lewis, 'Survival and identity' である。ルイスは、あるものの通時的な同一性が、それがある時間にわたって持続することからなる、とする伝統的見解についておおよそ懐疑的である。*On the Plurality of the Worlds* の持続についての節を参照。

7) 以上の問題については、以下で丹念に吟味されている。Roger Woolhouse, *The Concept of Substance in Seventeenth Century Metaphysics*.

8）Susan James, ‘The emergence of the Cartesian mind’ をも参照。

9）Howard Robinson, ‘The anti-materialist strategy and the “knowledge argument”’ を参照。

10）たとえば、Paul Churchland, *Matter and Consciousness*, 8 を参照。

11）第一の見解は、*Individuals*（邦訳『個体と主語』）第三章におけるＰ・Ｆ・ストローソンのものである。第二の見解はきわめてありふれたものであるが、それがよく表れているのは、Nagel, *The View from Nowhere*, 51（邦訳『どこでもないところからの眺め』八二〜三頁）である。

12）それゆえ私は、これらの存在者を「出来事」と呼ぶ論者とは見解を異にする（Kim, ‘Events as property-exemplifications’（邦訳「性質例化としての出来事」）を参照）。私は、こうした点についてはデイヴィドソンの説明に従う（*Essays on Actions and Events*（邦訳『行為と出来事』）所収の、出来事についてのさまざまな論文を参照）。D. H. Mellor, *Real Time* の有益な第八章をも参照。

13）Peter T. Geach, *Mental Acts*, 9.

14）私はここでは D. H. Mellor, *Real Time*, ch.8 に従う。

15）*The Philosophical Writings of René Descartes*, vol. III を参照。

16）David Fair, ‘Causation and the flow of energy’ を参照。

17）Jerry Fodor, ‘The mind-body problem’, 25 を参照。

18）心は空間内で延長しているとする二元論的見解は、*The Engines of the Soul* における W. D. Hart の見解である。

19）ふたつの事物が同じ場所に同時にあるという考えについては、David Wiggins, ‘On being in the same place at the same time’ を参照。

20）David Papineau, ‘The rise of physicalism’ を参照。

21）David Lewis, ‘An argument for the identity theory’, 105.

22）David Owens, ‘Levels of explanation’ を参照。私の論文 ‘All God has to do’ では、非物理主義者がこのイメージを利用するとしたらどう利用するだろうかということを示唆した。

23）Papineau, ‘Why supervinience?’ を参照。

24）Crane and Mellor, ‘There is no question of physicalism’ を参照。そこにおいては、この未決の態度について多くのこと（ひょっとすると多すぎたかもしれない）が論じられている。Pettit, ‘A definition of physicalism’ と Papineau, ‘The reason why: response to Crane’ をも参照。

25）これは、Jeffrey Poland, *Physicalism: The Philosophical Foundations* で主張されていることには反する。

26）二元論と物理学の完全性のこの組み合わせについては、Frank Jackson, ‘Epiphenomenal qualia’ を参照。

27）これはきわめて粗いバージョンの反事実的分析であるが、そのことはいまの目的にとっては問題にならない。David Lewis, ‘Causation’（およびこの論文の補遺）と、Laurie Paul and Ned Hall（eds.）, *The Counterfactual Analysis of Causation* を参照。

28) Fred Dretske, *Explaining Behavior*（邦訳『行動を説明する』）の序文を参照。

29) ここで念頭にあるのは、Lewis, 'An argument for the identity theory',と D. M. Armstrong, *A Materialist Theory of the Mind* である。随伴現象説的なアプローチは、Chalmers, *The Conscious Mind*（邦訳『意識する心』）によって擁護されている。

30) しかもこれはデイヴィドソンが自説を擁護するさいの議論のやり方である。Davidson, 'Mental events'（邦訳「心的出来事」）を参照。私は 'The mental causation debate' において、デイヴィドソンの議論が第 13 節で描いた種類の議論の一例なのはなぜかを詳細に説明した。

31) Hume, *Treatise of Human Nature*, on 'rules by which to judge causes and effects'（邦訳『人性論』「原因と結果を判定する規則について」）.

32) たとえば、Paul Churchland, 'Eliminative materialism and the propsitional attitudes'（邦訳「消去的唯物論と命題的態度」）を参照。この見解について論じたものとして、拙著 *The Mechanical Mind* （邦訳『心は機械で作れるか』）の第二章を参照。

33) Peter Smith, 'Modest reductions and the unity of science' を参照。

34) Davidson, 'Mental events'（邦訳「心的出来事」）がその一例である。

35) 'The nature of mental states', 228.私はパトナムの「脳状態説」という語を「同一説」に置き換えた。

36) Ibid. 228.

37) 最初の応答については、David Lewis, 'Review of Putnam' や Bennet Enç, 'In defense of the identity theory'、Jaegwon Kim, 'Physicalism and the multiple realizability of mental states'、そして Christopher Hill, *Sensations* を参照。第二の応答については、Jaegwon Kim, 'Physicalism and the multiple realizability of mental states' のとりわけ 235-6 を参照。この反論に関する議論については、ロレアン・ヴェチェリオに感謝する。

38) トークン同一性なる概念が疑わしいという他の理由については、私の 'Dualism, monism, physicalism' や、Kim, *The Philosophy of Mind*, 60 を参照。

39) この種の論点を巧みに表現したものについては、Kim, *Mind in a Physical World*（邦訳『物理世界のなかの心』）の第一章を参照。

40) ここでは私は、形而上学上の難問をいくつも飛ばしてしまっている。たとえば、Allan Gibbard, "Contingent identity"を参照。ギバードは、これが同一性の事例だと唱えている。構成という概念は、David Wiggins, *Sameness and Substance* および E. J. Lowe, *Kinds of Being* を参照。

41) Horgan, 'From supervenience to superdupervenience: meeting the demands of a material world'.

42) 同じ結論に至る別の道筋については、A. D. Smith, 'Non-reductive physicalism' を参照。

43) これは、Tyler Burge, 'Mind-body causation and explanatory practice' や

Lynne Ruddy Baker, 'Metaphysics and mental causation' でとられた戦略である。ともに、Kim, *Mind in a Physical World*（邦訳『物理世界のなかの心』）で効果的に批判されている。

44) これらの見解について論じたものとしては、たとえば Frank Jackson and Philip Pettit, 'Functionalism and broad content' や Fred Dretske, *Explaining Behavior*（邦訳『行動を説明する』)、拙論 'The mental causation debate' を参照。

45) Jackson, *From Metaphysics to Ethics* の第一章。「最小限の」が何を意味しているかをここで懸念する必要はない。David Lewis, 'Reduction of mind' をも参照。

46) この見解についての私の議論には、バリー・レウアーの論文 'From physics to physicalism' および彼との討論に負うところがある。

47) Chalmers, *The Conscious Mind*（邦訳『意識する心』）を参照。

48) 'Mental events'（邦訳「心的出来事」）と 'Thinking causes'.

49) 心的因果を説明するに際にデイヴィドソンは難点を抱え込むとする批判へのデイヴィドソンの応答は、'Thinking causes' にある。だがこの応答は、実際には彼の 'Causal relations'（邦訳「因果関係」）に暗黙的に含まれている（とくに p.150、邦訳二〇七～八頁を参照)。デイヴィドソンの立場の一貫性について私は 'The mental causation debate' の第８節で擁護した。

50) マクローリンはさらに、下方因果と配置的力が、量子力学と不整合ではなく、また特殊相対論および一般相対論とも不整合ではない、と論じている。'The rise and fall of British emergentism' の 53-4 と 74-5 を参照。とはいえ、本質的な要点は、古典力学との関係で得られる。私は、マクローリン自身が、こうした配置的力の存在を受け入れていない、と強調してきた。この点についてはさらに、拙論 'The significance of emergence' を参照。

51) C. D. Broad, *Scientific Thought*, 177.

52) この点をさらに擁護したものについては、'The significance of emergence' を参照。

53) Lewis, *Counterfactuals*（邦訳『反事実的条件法』).

54) これはスティーブン・ヤブローのすぐれた論文 'Mental causation' から得た教訓である。

55) これは、'The rise of physicalism' におけるパピノーの見解である。

56) 物理学の完全性をさらに擁護するものとしては、Barry Loewer, 'From physics to physicalism' を参照。物理主義の完全性を斥ける第一のやり方については、Nancy Cartwright, 'Fundamentalism vs. the patchwork of laws' を参照。完全性テーゼを斥ける第二のやり方は、Tim Crane and D. H. Mellor, 'There is no question of physicalism' に暗黙的に含まれている。

57) Sydney Shoemaker, 'The mind-body problem', 55. シューメイカーがここで提示している論点についての代表的主張は、Colin McGinn, 'Can we solve the mind-body problem?' と、最も有名なのものとして Thomas Nagel, 'What is it like to be a bat?'（邦訳「コウモリであるとはどのようなことか」）に見出しうる。

58) この話は以下で報告されている。O. R. Jones, 'The way things look and the way things are'.
59) David Lewis. 'Mad pain and martian pain', *Philosophical Papers*, vol. I.
60) Frank Jackson, 'Epiphenomenal qualia'; Howard Robinson, *Matter and Sense*.
61) Crane and Mellor, 'There is no question of physicalism' を参照。

第三章

1) Neil Campbell Manson, '"A tumbling-ground for whimsies?" The history and contemporary relevance of the conscious/unconscious contrast' を参照。
2) Jean-Paul Sartre, *Being and Nothingness*, p. xxvii（邦訳『存在と無（1）』三二頁）.
3) David Rosenthal, 'Two concepts of consciousness' と Ned Block, 'On a confusion about a function of consciousness', 384 を参照。
4) Block, 'On a confusion about a function of consciousness', 377.
5) Nagel, 'What is it like to be a bat?', 519（邦訳「コウモリであるとはどのようなことか」二六〇頁）.
6) Block, 'On a confusion about a function of consciousness', 380.
7) MuCulloch, 'The very idea of the phenomenological' を参照。
8) Block, 'On a confusion about a function of consciousness', 382.
9) Ibid. 384.
10) David Rosenthal, 'Identity theories', 349.
11) Kim, *Philosophy of Mind*, 13.
12) John McDowell, *Mind and World*（邦訳『心と世界』）と Armstrong, *A Materialist Theory of the Mind*（邦訳『心の唯物論』）を参照。
13) McCulloch, 'The very idea of the phenomenological' を参照。この相違を記しても、マカロックのように、「視覚感覚」のような言い方が意味をなすことを否定してしまうことになるわけではない。もちろん、そうした言い方は意味をなすのである。以下を参照。Geach, *Mental Acts*, 122-3.
14) Block, 'Inverted earth', 677. *Consciousness Explained*, 372（邦訳『解明される意識』四四一〜二頁）でのデネットのこの語の使い方をも参照。
15) 意識の「高階思考」説ないし HOT 説については以下を参照。David Rosenthal, 'Two concepts of consciousness'; D. H. Mellor, 'Conscious belief'; Peter Carruthers, 'Brute experience'. HOT 説は、意識的思考だけでなく、あらゆる意識的状態についての理論として提示されることがある。これは、ある感覚は高階の思考の対象でない限り意識的にならない、という帰結をもつ。また、意識は高階の思考に対する利用可能性によって説明される場合もあるし、思考の現実の過程や作用によって説明される場合もある。私は、こうした見解はみな妥当ではないと考えるが、ここで論じることはしない。
16) Searle, *The Rediscovery of the Mind*, 84（邦訳『ディスカバー・マインド！——

哲学の挑戦』一三九頁).

17) 以下を参照。Michael Tye, *Ten Problems of Consciousness*, ch.4; Armstrong, *A Materialist Theory of the Mind*（邦訳『心の唯物論』).

18) ここでの論述は、M. G. F. Martin, 'Bodily awareness: a sense of ownership' に負う。D. M. Armstrong, *Bodily Sensations* をも参照。

19) Michael Tye, *Ten Problems of Consciousness.*

20) この例は、Roberto Casati, 'Space, objects and intuition' からとった。なお彼は、ブロックの議論との類比を引き出してはいない。

21) Frank Jackson, 'The existence of mental objects', 115.ジャクソンは次を批判している。Bruce Aune, *Knowledge, Mind and Nature* , 130.

22) 視覚的な知覚に関する弱い志向説的な理論については以下を参照。Ned Block, 'Inverted earth'; Brian Loar, 'Transparent experience'; Christopher Peacocke, *Sense and Content*, ch. 1; Sydney Shoemaker, 'Qualities and qualia: what' s in the mind?'

23) この点は以下においてよく示されている。Tye, 'A representational theory of pains and their phenomenal nature', 333.

24) J. J. Valberg, *The Puzzle of Experience*, ch.2 を参照。経験の「透明性」という考え方に関連するものとして以下を参照。Gilbert Harman, 'The intrinsic quality of experience'（邦訳「経験の内在的質」); Michael Tye, 'Visual qualia and visual content'. ブライアン・ロア（'Transparent experience'）はクオリアの存在は透明性にまつわる事実と両立可能だとする変わった立場を擁護している。透明性についての啓発的な一般的議論については、M. G. F. Martin, 'The transparency of experience' を参照。

25) Michael Tye, *Ten Problems of Consciousness*, chs.3-7.

26) 言うまでもなくタイはこの種の反論をよく承知しており、*Ten Problems of Consciousness* でそれに応答しているが、私はタイのこの応答を次の論文で示した理由により斥ける。'The intentional structure of consciousness'.

27) この見解は、D・M・アームストロングに由来する。彼の、*Bodily Sensations* と、*A Materialist Theory of the Mind*（邦訳『心の唯物論』), ch.14 を参照。

28) Fred Dretske, *Naturalizing the Mind*, 102-3（邦訳『心を自然化する』、一二二頁）をも参照。

29) Christopher Peacocke, 'Consciousness and other minds', 115. この段落のうち、痛みや痛むということの概念についてピーコックとの議論から恩義を受けている。ただし、ピーコックが私の意味での感覚の知覚説を主張しているということを言おうとしているわけではない。

30) この根本的問題の初歩的な解説については、私の *The Mechanical Mind*（邦訳『心は機械で作れるか』）の第五章を参照。

31) この三つの論法に関する概略的な議論については、Robert van Gulick, 'Understanding the phenomenal mind' を参照。

32) David Chalmers, *The Conscious Mind*（邦訳『意識する心』）を参照。

33)「説明ギャップ」という語を導入したのは、ジョセフ・レヴァインである。'Materialism and qualia: the explanatory gap' を参照。*The Conscious Mind*（邦訳『意識する心』）においてチャルマーズは、意識の説明不可能性に関する五つの別個の議論を区別し（第三章)、また存在論的問題に由来する説明不可能性についての問題を区別していて（第五章)、有用である。ここでの議論は、説明可能性についての問題を少し単純化しているが、これでもこの論争における考え方の中心的な筋を捉えることはできているものと思いたい。

34) 以下を参照。Terence Horgan, 'From supervenience to superdupervenience', 560; Levine, 'On leaving out what it' s like', 548.

35) Levine, 'On leaving out what it' s like', 548.

36) McGinn, 'Can we solve the mind-body problem?'

37) この点については David Papineau, 'Mind the gap' を参照。

38) Levine, 'On leaving out what it' s like', 550.

39) Ibid., 549.

40) ヴァン・グリック（'Understanding the phenomenal mind', 564）は、やや違った（しかし両立不可能ではない）やり方で、説明ギャップ論法を解釈している。

41) David Lewis, 'What experience teaches', 281 を参照。D. H. Mellor, 'Nothing like experience' をも参照。

42) これらの見解については以下を参照。G. Frege, 'The thought'（邦訳「思想」); D. H. Mellor, *The Facts and Causation*; J. L. Austin, 'Unfair to facts'; Donald Davidson, 'True to facts'（邦訳「事実との一致」).

43) 知識論法に対する応答を列挙した有益な一覧表については、Robert van Gulick, 'Understanding the phenomenal mind' を参照。

44) 以下を参照。David Lewis, 'What experience teaches'; Lawrence Nemirow, 'Physicalism and the cognitive role of acquaintance'; Mellor, 'Nothing like experience'.

45) A. W. Moore, *Points of View*, 171. ここでの目的に照らせば、「非表象的」は「非命題的」と読んでよいだろう。ここでの議論は、ムーアの本（とりわけ第八章第1節）と Paul Snowdon, 'Knowing how and knowing that: a distinction and its uses reconsidered' から恩恵を受けている。

46) Brian Loar, 'Phenomenal states', 607. この論点と著名な「フレーゲ－ギーチ問題」との関連については、ここでは無視せざるをえない。

47) しかし、Churchland, 'Reduction, qualia and the direct introspection of brain states' を参照。*Consciousness Explained*（邦訳『解明される意識』）においてデネットは、意識について知見を得る方法としての思考実験という方法に疑義を呈している。

48) 知識論法への応答として、指標詞に似たものを使用しているものとして、George Ray, 'Sensational sentences' を参照。

49) John Perry, 'The problem of the essential indexical' を参照。

50）というわけで、これが最も有望な線だとするヴァン・グリック（Van Gulick, 'Understanding the phenomenal mind', 562-3）に私は同意しない。
51）ここで私はタイの *Ten Problems of Consciousness* に同意する。
52）以下を参照。Frank Jackson, 'Postscript' to 'What Mary did not know'; Lewis, 'What experience teaches'.
53）たとえば Frank Jackson, *From Metaphysics to Ethics* の第一章と第二章を参照。
54）Kripke, *Naming and Necessity*（邦訳『名指しと必然性』）と Chalmers, *The Conscious Mind*, 148-9（邦訳『意識する心』一九三～四頁）を参照。
55）Shoemaker, 'Functionalism and qualia' や Chalmers, *The Conscious Mind*（邦訳『意識する心』）の第四章を参照。
56）この点はジャネット・レビンが *Routledge Encyclopedia of Philosophy* の中の論文 'Qualia' で明らかにしている。これらの三大論法がすべて、多くの実りをもたらしたネーゲルの一九七四年の議論 'What is it like to be a bat?'（邦訳「コウモリであるとはどのようなことか」）に含まれている、ということは指摘に値する。
57）ダニエル・デネットは *Consciousness Explained*（邦訳『解明される意識』）で、これらの思考実験に対して果敢にもそれを試みている（概念的結びつきがあるという見解の擁護を目的としているわけではないが）。

第四章

1）Frege, 'The thought'（邦訳「思想」）.
2）この言葉づかいは W. E. Johnson, *Logic* に由来する。
3）私はM・G・F・マーティンによってこのテーゼを説得された（彼の未公刊の論文 'Events and states' を参照）。ただし彼は、私が本章でそのテーゼについて述べることの多くに同意しないかもしれないが。
4）以下に有益な議論があるので参照。Christopher Peacocke, 'Conscious attitudes, attention and self-knowledge', 88ff.
5）Jane Heal, 'Moore' s paradox: a Wittgensteinian approach' を参照。
6）真理を狙う信念という見方を論じたものとして、J. David Velleman, 'Truth as the aim of belief' を参照。
7）Geach, *Mental Acts*, 8-9 を参照。
8）心の機能主義的理論についての明快な解説については、David Braddon-Mitchel and Frank Jackson, *Philosophy of Mind and Cognition* を参照。
9）Ibid. 123.
10）Gareath Evans, *The Varieties of Reference*, 225.
11）Bertrand Russell, *The Analysis of Mind*（邦訳『心の分析』）.
12）Christopher Peacocke, *A Study of Concepts*, ch.1 を参照。
13）事態の概念に基づく体系的な形而上学が、D・M・アームストロングの *A World of States of Affairs* である。
14）標準的アプローチのいくつかは、Salmon and Soames（eds.）, *Propositions and*

Attitudes 所収。
15）この見解の擁護については、Nathan Salmon, *Frege' s Puzzle* を参照。
16）この種の提案については、Searle, *Intentionality*（邦訳『志向性』）を参照。
17）これは、クワインの 'Quantifiers and propositional attitudes' の教訓のひとつである。
18）クワインによる。Ibid.
19）Burge, 'Belief *de re*' が有名である。
20）空虚な概念という現象にもとづく説得的な内在主義の論拠については、Gabriel Segel, *A Slim Book about Narrow Content* の第二章を参照。
21）ラッセルの記述説と言語哲学にとってのその意義に関する現代的な解説については、Stephen Neale, *Descriptions* を参照。歴史的背景とラッセルの本来の動機の解説については、Peter Hylton, 'The theory of description' を参照。
22）W. V. Quine, *Mathematical Logic*, 147.
23）John McDowell, 'Having the world in view: Sellars, Kant and intentionality', 482.
24）Ibid. 483.
25）Segel, *A Slim Book*, ch.2 を参照。
26）例えば、Lewis, 'Psychological and theoretical identification', §II を参照。
27）Hilary Putnam, 'The meaning of "meaning"'.この種の議論についての有益なアンソロジーとしては、Goldberg and Pessin（eds.), *The Twin Earth Chronicles* を参照。
28）こうした論点のいくつかについて、拙論 'All the difference in the world' で分類した。
29）この議論の一般的構造に関するすぐれた考察については、以下を参照。Gregory McCulloch, *The Life of the Mind.*
30）Gregory McCulloch, 'The spirit of Twin Earth' を参照。この論文は、この点に関する私の 'All the difference in the world' を効果的に論駁している。
31）言うまでもなくこれは、双子地球の問題に対する *Psychosemantics* でのフォーダーの解答である――私は少し違ったルートからこれにたどり着いたわけだが。また私は、狭い内容が「表現不可能」だとするフォーダーの見解にも同意しない。
32）P. F. Strawson, *Individuals*（邦訳『個体と主語』）の第一章。
33）John Searle, *Intentionality*（邦訳『志向性』）の第九章を参照。
34）再び、Fodor, *Psychosemantics*, ch.2 参照。
35）サーベイについては *The Mechanical Mind*（邦訳『心は機械で作れるか』）の第五章を参照。

第五章

1）こうしたアプローチの最近の一例は、Bill Brewer, *Perception and Reason* である。
2）ここでの議論は、M・G・F・マーティンによる、知覚の問題についての重要な議論から恩恵を受けている。特に 'Beyond dispute: sense-data, intentionality and the mind-body problem' と 'Perceptual content' を参照。

3）「直接的」ということに関する有益な議論については、Paul Snowdon, 'How to interpret "direct perception"' を参照。

4）嗅覚や聴覚の対象としてのにおいおよび音については、A. D. Smith, *The Object of Perception* を参照。

5）Howard Robinson, *Perception*, 32.

6）G. E. Moore, *Selected Writings*, 48.

7）Martin, 'Beyond dispute'.

8）Austin, *Sense and Sensibilia*（邦訳『知覚の言語』).

9）この種の詳述は J. J. Valberg, *The Puzzle of Experience*, ch.1 でなされている。

10）Valberg, 'The puzzle of experience' を参照。

11）*Sense and Sensibilia*, 32（邦訳『知覚の言語』、四九～五〇頁).

12）さらに多くの事例については、Anscombe, 'The intentionality of sensation' を参照。

13）Robinson, *Perception*, 32.

14）'A defence of common sense', 128.センス・データ論におけるこの中心的な論点について論じたものとして、私の 'The origin of qualia' を参照。ここと以下の段落に関しては、私はとりわけM・G・F・マーティンから恩恵を受けている。彼の 'J. L. Austin: *Sense and Sensibilia* reconsidered' を参照。

15）たとえば、Bertrand Russell, *The Problems of Philosophy*（邦訳『哲学入門』）の第一章と第二章を参照。

16）Wilfrid Sellars, *Empiricism and the Philosophy of Mind*（邦訳『経験論と心の哲学』); Robert Brandom, *Making it Explicit*; John McDowell, *Mind and World*.

17）M・G・F・マーティンが 'Perceptual content' や 'Setting things before the mind' において志向的なものとして分類しているのが、この狭い概念の志向的状態だけであることに注意せよ。マーティンは、心とは独立の存在者を表象するということと、しかしそうした存在者が現実に存在することは含意しないということとを、志向的な知覚状態の定義的特徴と見なしている。私は、マーティンの素朴実在論とセンス・データ論を、もっと一般的な意味での志向説的説明であると考えたい。それらはみな何かが心に与えられるという考えを含んでいるからである。マーティンの立場に同意しない箇所は、少なくとも知覚に関わる限り、言葉づかいの問題である。

18）副詞説については、Chisholm, *Perceiving*（邦訳『知覚』）を参照。

19）Frank Jackson, 'The existence of mental objects' と Robinson, *Perception*, ch.7, §§ 5-10 を参照。

20）この相違についてはG・ワーノックが *Philosophy of Perception* の序文 pp. 6-7 で触れているが、ワーノックはそれを解明しようとはしていない。

21）この点は、マシュー・ナッズとの議論から示唆を受けた。

22）Loar, 'Transparent experience' を参照。

23）Williamson, ‘Is knowing a state of mind?’ を参照。
24）Michael Tye, ‘Visual qualia and visual content’, 160. Gilbert Harman, ‘The intrinsic quality of experience’（邦訳「経験の内在的質」）をも参照。
25）この種の見解については Christopher Peacocke, *Sense and Content*, ch. 1 を参照。
26）Bill Brewer, *Perception and Reason*, 156.
27）Paul A. Boghossian and J. David Velleman, ‘Colour as a secondary quality’, 91-2.
28）Robinson, *Perception*, 156.
29）最初のものについては、Shoemaker, ‘Inverted spectrum’ を参照。二番目については、Block, ‘Inverted earth’ を参照。ブロックは、この例をギルバート・ハーマンに帰している。
30）Block, ‘Inverted earth’, 677 を参照。
31）この路線に沿った興味深い解決法については、David R. Hilbert and Mark Eli Kalderon, ‘Color and the inverted spectrum’ を参照。
32）これらふたつの点が Harman, ‘The intrinsic quality of experience’（邦訳「経験の内在的質」）では一緒に論じられている。
33）ここでは私は、Tye, ‘Visual qualia and visual content’, 168 に従う。
34）Jonathan Bennett, ‘Substance, reality and primary qualities’.
35）Shoemaker, ‘Phenomenal character’.
36）色に関する一次性質説と傾向性説の両方に対する批判については、ジャスティン・ブロークスのすぐれた論文 ‘The autonomy of colour’ を参照。
37）この主張の擁護については、ブロックの ‘Inverted earth’, 684 を参照。
38）Ibid. 687.
39）E. J. Craig, ‘Sensory experience and the foundations of knowledge’ を参照。
40）知覚の信念独立性については、Evans, *The Varieties of Reference*, 123 と M. G. F. Martin, ‘The rational role of experience’ を参照。
41）Evans, *The Varieties of Reference, passim*; Peacocke, *A Study of Concepts*, ch.3; Bermúdez, *The Paradox of Self-Consciousness.*
42）これは、Robert Stalnaker, ‘What might non-conceptual content be?’ によって示された点だ。
43）Adrian Cussins, ‘The connectionist construction of concepts’, 382-3 を参照。
44）Fodor, *Psychosemantics* の序と第一章を参照。
45）ジョン・マクダウェルがこの見解を *Mind and World*（邦訳『心と世界』）の中で擁護している。
46）Evans, *The Varieties of Reference*, 229.
47）Christopher Peacocke, *A Study of Concepts*, ch.3.
48）John McDowell, *Mind and World*, ch.3; Sellars, *Empiricism and the Philosophy of Mind*（邦訳『経験論と心の哲学』).
49）John McDowell, *Mind and World*, 57.

参照文献

リプリント版が示されている場合、本文中のページはそのリプリント版を参照したということを意味している。書籍の中に収録されていると示されていて、その書籍の詳細な書誌情報がない場合、その書籍は複数回参照されているということであり、文献中、独立の項目として見つかるようになっている。

Anscombe, G. E. M., 'The intentionality of sensation: a grammatical feature', in R. J. Butler (ed.), *Analytical Philosophy: 2nd Series* (Oxford: Blackwell 1965).

Armstrong, D. M., *Bodily Sensations* (London: Routledge and Kegan Paul, 1962).

—— *A Materialist Theory of the Mind* (London: Routledge and Kegan Paul, 1968). (邦訳：D・M・アームストロング、鈴木登訳『心の唯物論』、勁草書房、1996 年)

—— *A World of States of Affairs* (Cambrige: Cambridge University Press, 1997).

Aune, Bruce, *Knowledge, Mind and Nature* (New York: Random House, 1967).

Austin, J. L., 'Unfair to facts', in *Philosophical Papers* (Oxford: Clarendon Press, 1961).

—— *Sense and Sensibilia* (Oxford: Clarendon Press, 1962). (邦訳：J・L・オースティン、丹治信春・守屋唱進訳『知覚の言語—— センスとセンシビリア』、勁草書房、1984 年)

Baker, Lynne Rudder, 'Metaphysics and mental causation', in Heil and Mele (eds.), *Mental Causation.*

Bennett, Jonathan, 'Substance, reality and primary qualities', *American Philosophical Quarterly,* 2 (1965).

Bermúdez, José Luis, *The Paradox of Self-Consciousness* (Cambridge, Mass: MIT Press, 1998).

Block, Ned, 'Troubles with functionalism', in Block (ed.), *Readings in the Philosophy of Psychology,* Vol. I.

—— 'On a confusion about a function of consciousness', *Behavioral and Brain Sciences,* 18 (1995), 227-47; repr. in Block, Flanagan and Gúzeldere (eds.), *The Nature of Consciousness.*

—— 'Inverted earth', in Block, Flanagan and Gúzeldere (eds.), *The Nature of*

Consciousness.
—— Owen Flanagan and Gúven Gúzeldere (eds.), *The Nature of Consciousness* (Cambridge, Mass: MIT Press, 1997).
Boghossian, Paul and J. David Velleman, 'Colour as a secondary quality', *Mind,* 98 (1989), 81-103; repr. in Byrne and Hilbert (eds.), *Readings on Color, Volume I.*
Braddon-Mitchel, David and Frank Jackson, *Philosophy of Mind and Cognition* (Oxford: Blackwell 1996).
Brandom, Robert, *Making It Explicit: Reasoning, Representing and Discursive Commitment* (Cambridge, Mass: Harvard University Press, 1994).
Brentano, Franz, *Psychology from an Empirical Standpoint,* originally published 1874; English edition ed. L. McAlister (London: Routledge and Kegan Paul, 1973).
Brewer, Bill, *Perception and Reason* (Oxford: Clarendon Press, 1999).
Broackes, Justin, 'The autonomy of colour', in David Charles and Kathleen Lennon (eds.), *Reduction, Explanation, and Realism* (Oxford: Oxford University Press, 1992); repr. in Byrne and Hilbert (eds.), *Readings on Color, Volume I.*
Broad, C. D., *Scientific Thought* (London: Routledge and Kegan Paul, 1921).
—— *The Mind and its Place in Nature* (London: Routledge and Kegan Paul, 1925).
Burge, Tyler 'Belief *de re*', *Journal of Philosophy,* 74 (1977), 338-62.
—— 'Mind-body causation and explanatory practice', in Heil and Mele (eds.), *Mental Causation.*
—— 'Two kinds of consciousness', in Block, Flanagan and Gúzeldere (eds.), *The Nature of Consciousness.*
Burwall, Stephen, Paul Gilbert and Kathleen Lennon, *Philosophy of Mind* (London: UCL Press, 1997).
Byrne, Alex and David Hilbert (eds.), *Readings on Color, Volume I: the Philosophy of Color* (Cambridge, Mass: MIT Press, 1997).
Carruthers, Peter, 'Brute experience', *Journal of Philosophy,* 86 (1988), 435-51.
Cartwright, Nancy, 'Fundamentalism vs. the Patchwork of Laws', *Proceedings of the Aristotelian Soc.,* 93 (1994), 279-92.
Casati, Roberto, 'Space, objects and intuition', in *Space or Spaces as Paradigms of Mental Categories* (Milan: Fondazione Carlo Erba, 2000).
Caston, Victor, 'Aritotle and the problem of intentionality', *Philosophy and Phenomenolgical Research,* 58 (1998), 249-98.
Chalmers, David, *The Conscious Mind* (Oxford and New York: Oxford University Press, 1996). (邦訳：デイヴィッド・J・チャーマーズ、林一訳『意識する心——脳と精神の根本理論を求めて』、白揚社、2001 年)
Chisholm, R. M., *Realism and the Background of Pheomenology* (London: George Allen and Unwin, 1960).

Churchland. Paul M., 'Eliminative materialism and the propsitional attitudes', *Journal of Philosophy,* 78 (1981), 67-90.（邦訳：ポール・M・チャーチランド、関森隆史訳「消去的唯物論と命題的態度」、信原幸弘編『シリーズ心の哲学Ⅲ翻訳篇』、勁草書房、2004 年、所収）
—— 'Reduction, qualia and the direct introspection of brain states', *Journal of Philosophy,* 82 (1985), 8-28.
—— *Matter and Consciousness,* 2nd edn (Cambridge, Mass.: MIT Press, 1988).
Collins, John, Ned Hall and Laurie Paul (eds.), *Causation and Counterfactuals* (Cambridge, Mass.: MIT Press, 2004).
Craig, E. J., 'Sensory experience and the foundations of knowledge', *Synthese,* 33 (1976), 1-24.
Crane, Tim, 'All God has to do', *Analysis,* 51 (1991), 235-44.
—— 'All the difference in the world', *Philosophical Quarterly,* 41 (1991), 1-26; repr. in Goldberg and Pessin (eds.), *The Twin Earth Chronicles.*
—— *The Mechanical Mind* (Harmondsworth: Penguin Books, 1995).（邦訳：ティム・クレイン、土屋賢二監訳『心は機械で作れるか』、勁草書房、2001 年）
—— 'The mental causation debate', *Proceedings of the Aristotelian Soc.,* suppl. Vol. 69 (1995), 211-36.
—— 'Intentionality as the mark of the mental', in A. O'Hear (ed.), *Current Issues in the Philosophy of Mind* (Cambridge: Cambridge University Press, 1998).
—— 'Intentionality' in E. J. Craig (ed.), *Encyclopedia of Philosophy* (London: Routledge, 1998).
—— 'Dualism, monism, physicalism', *Mind and Society,* 2 (2000), 73-85.
—— 'The significance of emergence', in Carl Gillett and Barry Loewer (eds.), *Physicalism and its Discontets* (Cambridge: Cambridge University Press, 2001).
—— 'The intentional structure of consciousness', in A. Jokic and Q. Smith (eds.), *Aspects of Consciousness* (Oxford and New York: Oxford University Press, 2003).
—— (ed.), *The Contents of Experience* (Cambridge: Cambridge University Press, 1992).
—— and D. H. Mellor, 'There is no question of physicalism', *Mind,* 99 (1990), 185-206.
—— and Sarah Patterson (eds.), *History of the Mind-Body Problem* (London: Routledge, 2000).
Cussins, Adrian, 'The connectionist construction of concepts', M. Boden (ed.), *The Philosophy of Artificial Intelligence* (Oxford: Oxford University Press, 1990).
Dancy, Jonathan, (ed.), *Perceptual Knowledge* (Oxford: Oxford University Press, 1998).
Davidson, Donald, 'Causal relations', in *Essays on Actions and Events.*（邦訳：ドナ

ルド・デイヴィドソン、「因果関係」、『行為と出来事』、所収）
—— 'True to facts', in *Inquiries into Truth and Interpretation.*（邦訳：ドナルド・デイヴィドソン、野本和幸訳「事実との一致」、野本和幸他訳『真理と解釈』、勁草書房、1991 年、所収）
—— 'Mental events', in *Essays on Actions and Events.*（邦訳：ドナルド・デイヴィドソン、「心的出来事」、『行為と出来事』、所収）
—— *Essays on Actions and Events*（Oxford: Oxford University Press, 1980).（邦訳：ドナルド・デイヴィドソン、服部裕幸・柴田正良訳『行為と出来事』、勁草書房、1990 年）
—— 'Thinking causes', in Heil and Mele（eds.), *Mental Causation.*
Dennett, Daniel C., *Brainstorms*（Cambridge, Mass.: Bradford Books, 1978).
—— *Consciousness Explained*（London: Allen Lane, 1991).（邦訳：ダニエル・C・デネット、山口泰司訳『解明される意識』、青土社、1997 年）
Descartes, René, *Meditations on First Philosophy,* in J. Cottingham, R. Stoothof, and D. Murdoch（eds.), *The Philosophical Writings of René Descartes,* 3 vols.（Cambridge: Cambridge University Press, 1985).（邦訳：デカルト、井上庄七・森啓訳『省察』、野田又夫編『世界の名著 デカルト』、中央公論社、1978 年、所収）
Dretske, Fred, *Naturalizing the Mind*（Cambridge, Mass: MIT Press, 1995).（邦訳：フレッド・ドレツキ、鈴木貴之訳『心を自然化する』、勁草書房、2007 年）
—— *Seeing and Knowing*（London: Routledge and Kegan Paul, 1969).
Dummett, Michael, *Frege: Philosophy of Language*（London: Duckworth, 1973).
—— *Origins of Analytical Philosophy*（London: Duckworth, 1993).（邦訳：マイケル・ダメット、野本和幸他訳『分析哲学の起源—— 言語への転回』、勁草書房、1998 年）
Enç, Bennet, 'In defense of the identity theory', *Journal of Philosophy,* 80（1983), 279-98.
Evans, Gareath, *The Varieties of Reference*（Oxford: Clarendon Press, 1982).
Fair, David, 'Causation and the flow of energy', *Eekenntnis,* 14（1979), 219-50.
Field, Hartry, 'Mental representation', in Block（ed.), *Readings in the Philosophy of Psychology,* vol. II.
Fodor, Jerry, *Psychosemantics: The Problem of Meaning in the Philosophy of Mind*（Cambridge, Mass.: MIT Press, 1995).
—— 'The mind-body problem', in Warner and Szubka（eds.), *The Mind-Body Problem.*
Frege, Gottlob, 'On sense and reference', in Moore（ed.), *Meaning and Reference.*（邦訳：ゴットロープ・フレーゲ、土屋俊訳「意義と意味について」、坂本百大編『現代哲学基本論文集 I 』、勁草書房、1986 年、所収）
—— 'Letter to Joudain', in Moore（ed.), *Meaning and Reference.*（邦訳：ゴットロー

プ・フレーゲ、中川大・長谷川吉昌訳「フレーゲ＝ジャーデイン往復書簡」、野本和幸編『フレーゲ著作集6 書簡集 付「日記」』、勁草書房、2002 年）
—— 'The thought: a logical inquiry', in P. F. Strawson (ed.), *Philosophical Logic* (Oxford: Oxford University Press, 1967).（邦訳：ゴットロープ・フレーゲ、野本和幸訳「思想—— 論理的探求」、黒田亘・野本和幸編『フレーゲ著作集 4 哲学論集』、勁草書房、1999 年）
Geach, Peter T., *Mental Acts* (London: Routledge and Kegan Paul, 1960).
—— *Reference and Generality* (Ithaca: Cornell University Press, 1962).
—— 'Intentional identity', in *Logic Matters* (Oxford: Blackwell, 1972).
Gibbard, Allan, 'Contingent identity', *Journal of Philosophical Logic,* 4 (1975), 187-222.
Goldberg, S. and A. Pessin (eds.), *The Twin Earth Chronicles* (New York and London: M. E. Sharpe, 1996).
Goldman, Alvin, *Epistemology and Cognition* (Cambridge, Mass: Harvard University Press, 1986).
Guttenplan, Samuel, (ed.), *A Companion to the Philosophy of Mind* (Oxford: Blackwell, 1994).
Hale, Bob, *Abstract Objects* (Oxford: Blackwell, 1997).
Harman, Gilbert, 'The intrinsic quality of experience', in J. Tomberlin (ed.), *Philosophical Perspectives,* 4 (Atascadero: Ridgeview, 1990); repr. in Block, Flanagan and Gúzeldere (eds.), *The Nature of Consciousness.*（邦訳：ギルバート・ハーマン、鈴木貴之訳「経験の内在的質」、信原幸弘編『シリーズ心の哲学Ⅲ 翻訳篇』、勁草書房、2004 年、所収）
Hart, W. D., *The Engines of the Soul* (Cambridge: Cambridge University Press, 1988).
Heal, Jane, 'Moore's paradox: a Wittgensteinian approach', *Mind,* 103 (1994), 3-24.
Heil, John, and Alfred Mele, (eds.), *Mental Causation* (Oxford: Clarendon Press, 1992).
Hilbert, David R. and Mark Eli Kalderon, 'Color and the inverted spectrum', in S. Davis (ed.), *Color Perception: Philosophical, Psychological, Artistic and Computational Perspectives,* Vancouver Studies in Cognitive Science, 9 (New York and Oxford: Oxford University Press, 2000).
Hill, Christopher, *Sensations* (Cambridge: Cambridge University Press, 1991).
Hobbes, Thomas, *Leviathan,* originally published 1651; ed. C. B. Macpherson, (Harmondsworth: Penguin Books, 1968).（邦訳：ホッブズ、水田洋訳『リヴァイアサン（一）』、岩波書店、1954 年）
Horgan, Terrence, 'From supervenience to superdupervenience: meeting the demands of a material world', *Mind,* 102 (1995), 555-86.
Hume, David, *A Treatise of Human Nature,* originally published 1739-40; ed. P. H.

Nidditch (Oxford: Clarendon Press, 1978).（邦訳：デイヴィド・ヒューム、大槻春彦訳『人性論』全四巻、岩波書店、1948～1952年）
Husserl, Edmund, 'Phenomenology', *Encyclopedia Britanica* (London, 1929); repr. in *Realism and the Background of Phenomenology* (London: George Allen and Unwin).
Hylton, Peter, 'The theory of description', in N. Griffin (ed.), *The Cambridge Companion to Bertrand Russell* (Cambridge: Cambridge University Press, 2003).
Jackson, Frank, 'The existence of mental objects', *American Philosophical Quarterly,* 13 (1976), 23-40; repr. in Dancy (ed.), *Perceptual Knowledge.*
—— 'Epiphenomenal qualia', *Philosophical Quarterly,* 32 (1982), 127-36.
—— 'Postscript' to 'What Mary did not know', in P. Moser and J. D. Trout (eds.), *Contemporary Materiarism* (London: Routledge, 1995).
—— *From Metaphysics to Ethics* (Oxford: Oxford University Press, 1998).
—— and Philip Pettit, 'Functionalism and broad content', *Mind,* 97 (1988), 381-400.
James, Susan, 'The emergence of the Cartesian mind', in Crane and Patterson (eds.), *History of the Mind-Body Problem.*
Johnson, W. E., *Logic,* Part I (Cambridge: Cambridge University Press, 1921).
Kaplan, David, 'Quantifying in', in Linsky (ed.), *Reference and Modality.*
Kenny, Anthony, 'Intentionality: Aquinas and Wittgenstein', in Ted Honderich (ed.), *Philosophy through its Past* (Harmondsworth: Penguin, 1984).
—— *The Metaphysics of Mind* (Oxford: Oxford University Press, 1989).
Kim, Jaegwon, 'Physicalism and the multiple realizability of mental states', in Block (ed.), *Readings in the Philosophy of Psychology,* Vol. I.
—— *Supervenience and Mind* (Cambridge: Cambridge University Press, 1993).
—— *Mind in a Physical World* (Cambridge, Mass: MIT Press, 1998).（邦訳：ジェグォン・キム、太田雅子訳『物理世界のなかの心——心身問題と心的因果』、勁草書房、2006年）
—— *The Philosophy of Mind* (Boulder: Westview, 1996).
Kneal, W. and M. Kneal, *The Development of Logic* (Oxford: Clarendon Press, 1993).
Kripke, Saul, *Naming and Necessity* (Oxford: Blackwell, 1980).（邦訳：ソール・A・クリプキ、八木沢敬・野家啓一訳『名指しと必然性—— 様相の形而上学と心身問題』、産業図書、1985年）
Leibniz, G. W. *New Essays on Human Understanding,* originally published 1765; ed. Jonathan Bennett and Peter Remnant (Cambridge: Cambridge University Press, 1981).（邦訳：ゴットフリート・ヴィルヘルム・ライプニッツ、谷川多佳子・福島清紀・岡部英男訳『人間知性新論（下）ライプニッツ著作集5 認識論』、工作舎、1995年）

Levin, Janet, 'Qualia', *Routledge Encyclopedia of Philosophy* (London: Routledge, 1998).
Levine, Joseph, 'Materialism and qualia: the explanatory gap' *Pacific Philosophical Quarterly,* 64 (1986), 356-61.
—— 'On leaving out what it's like', in Davies and Humphreys (eds.), *Consciousness.*
Lewis, David, 'An argument for the identity theory', in *Philosophical Papers,* vol. I.
—— *Counterfactuals* (Oxford: Blackwell, 1969). (邦訳：デイヴィッド・ルイス、吉満昭宏訳『反事実的条件法』、勁草書房、2007 年)
—— 'Causation', in *Philosophical Papers,* vol. II.
—— 'Review of Putnam', in Block (ed.), *Readings in the Philosophy of Psychology,* Vol. II.
—— 'Survival and identity', in *Philosophical Papers,* vol. I.
—— 'Truth in fiction', in *Philosophical Papers,* vol. I.
—— 'Mad pain and martian pain', in *Philosophical Papers,* vol. I.
—— *Philosophical Papers,* vol. I. (Oxford: Oxford University Press, 1983).
—— *On the Plurality of Worlds* (Oxford: Blackwell, 1986).
—— *Philosophical Papers,* vol. II. (Oxford: Oxford University Press, 1986).
—— 'Noneism and allism', in *Papers in Epistemology and Metaphysics.*
—— 'What experience teaches', in Lycan (ed.), *Mind and Cognition; repr. in Papers in Epistemology and Metaphysics.*
—— *Papers in Epistemology and Metaphysics* (Cambridge: Cambridge University Press, 1999).
Linsky, L., (ed.), *Reference and Modality* (Oxford: Oxford University Press, 1971).
Loar, Brian, 'Phenomenal states', in Block, Flanagan and Gúzeldere (eds.), *The Nature of Consciousness.*
—— 'Transparent experience', in A. Jokic and Q. Smith (eds.), *Aspects of Consciousness* (Oxford: Clarendon Press, forthcoming).
Loewer, Barry, 'From physics to phisicalism', in Carl Gillett and Barry Loewer (eds.), *Physicalism and its Discontents* (Cambridge: Cambridge University Press, 2001).
Lowe, E. J., *Kinds of Being* (Oxford: Blackwell, 1989).
—— *An Introduction to the Philosophy of Mind* (Cambridge: Cambridge University Press, 2000).
Lycan, W. G., *Consciousness and Experiences* (Cambridge, Mass.: MIT Press, 1996).
—— (ed.) *Mind and Cognition* (Oxford: Blackwell, 1990).
Lyons, William, *Approaches to Intentionality* (Oxford: Oxford University Press, 1995).
Mackie, J. L., 'Problems of intentionality', in *Logic and Knowledge: Philosophical*

Papers, Vol. I (Oxford: Oxford University Press, 1995).
Manson, Neil Campbell, '"A tumbling-ground for whimsies?" The history and contemporary relevance of the conscious/unconscious contrast', in Crane and Sarah Patterson (eds.), *History of the Mind-Body Problem.*
Martin, M. G. F., 'The rational role of experience', *Proceedings of the Aristotelian Soc.,* 93 (1992), 71-88.
—— 'Perceptual content', in Guttenplan, (ed.), *A Companion to the Philosophy of Mind.*
—— 'Bodily awareness: a sense of ownership', in J. Bermúdez, N. Eilian, and A. Marcel (eds.), *The Body and the Self* (Cambridge, Mass.: MIT Press, 1995).
—— 'An eye directed outward', in C. Wright, B. C. Smith and C. Macdonald (eds.), *Knowing Our Own Minds* (Oxford: Oxford University Press, 1998).
—— 'Beyond dispute: sense-data, intentionality and the mind-body problem', in Crane and Sarah Patterson (eds.), *History of the Mind-Body Problem.*
McCulloch, Gregory, 'The very idea of the phenomenological', *Proceedings of the Aristotelian Soc.,* 93 (1993), 39-57.
—— *The Life of the Mind* (London: Routledge, 2002).
McDowell, John, 'On the sense and reference of a proper name', Moore (ed.), *Meaning and Reference.*
—— *Mind and World* (Cambridge, Mass.: Harvard University Press, 1994).（邦訳：ジョン・マクダウェル、神崎繁・荒畑靖宏・河田健太郎・村井忠康訳『心と世界』、勁草書房、近刊）
—— 'Having the world in view: Sellars, Kant and intentionality', (The Woodbridge Lectures, 1997), *Journal of Philosophy,* 95 (1998), 431-90.
McGinn, Colin, 'Can we solve the mind-body problem?', *Mind,* 98 (1989), 349-66; repr. in Block, Flanagan and Gúzeldere (eds.), *The Nature of Consciousness.*
McLaughlin, Brian, 'The rise and fall of British emergentism', in A. Beckerman et al. (eds.), *Emergence or Reductionism?* (Berlin: de Gruyter, 1992).
Mellor, D. H., 'Conscious belief', *Proceedings of the Aristotelian Soc.,* 78 (1977-78), 87-101.
—— *Real Time* (Cambridge: Cambridge University Press, 1981).
—— 'Nothing like experience', *Proceedings of the Aristotelian Soc.,* 93 (1992-3), 1-16.
Moore, A. W., *Points of View* (Oxford: Clarendon Press, 1997).
—— (ed.), *Meaning and Reference* (Oxford: Oxford University Press, 1993).
Moore, G. E., 'A defence of common sense', in Thomas Baldwin (ed.), *G. E. Moore: Selected Writings* (London: Routledge, 1993).
Moran, Dermot, *Introduction to Phenomenology* (London: Routledge, 2000).
Nagel, Thomas, 'What is it like to be a bat?', *Philosophical Review,* 83 (1974), 435-

50.（邦訳：トマス・ネーゲル「コウモリであるとはどのようなことか」、永井均訳『コウモリであるとはどのようなことか』、勁草書房、1989 年、所収）
—— *The View from Nowhere* (Oxford: Oxford University Press, 1986).（邦訳：トマス・ネーゲル、中村昇・山田雅大・岡山敬二・齋藤宜之・新海太郎・鈴木保早訳『どこでもないところからの眺め』、春秋社、2009 年）
Neale, Stephen, *Descriptions* (Cambridge, Mass.: MIT Press, 1990).
Nemirow, Lawrence, 'Physicalism and the cognitive role of acquaintance', in Lycan (ed.), *Mind and Cognition.*
Owen, David, *Causes and Coincidences* (Cambridge: Cambridge University Press, 1992).
Papineau, David, 'Why supervinience?', *Analysis,* 50 (1990), 66-71.
—— 'The reason why: response to Crane', *Analysis,* 51 (1991), 37-40.
—— 'The rise of physicalism', in Stone and Wolf (eds.), *The Proper Ambition of Science.*
—— 'Mind the gap', *Philosophical Perspectives,* 12 (1998), 373-88.
Parfit, Derek, 'Personal identity', *Philosophical Review,* 80 (1971), 3-27.
Peacocke, Christopher, *Sense and Content* (Oxford: Oxford University Press, 1983).
—— 'Consciousness and other minds', *Proceedings of the Aristotelian Soc.,* 48 (1984), 97-117.
—— *A Study of Concepts* (Cambridge, Mass.: MIT Press, 1992).
—— 'Conscious attitudes, attention and self-knowledge', in Crispin Wright, Barry C. Smith, and Cynthia Macdonald (eds.), *Knowing Our Own Minds* (Oxford: Oxford University Press, 1998).
Perry, John, 'The problem of the essential indexical', *Noûs,* 13 (1979), 3-21.
Pettit, Philip, 'A definition of physicalism', *Analysis,* 53 (1993), 213-33.
Poland, Jeffrey *Phisicalism: The Philosophical Foundations* (Oxford: Oxford University Press, 1994).
Prior, A. N., *Objects of Thought* (Oxford: Clarendon Press, 1971).
Putnam, Hilary, 'The nature of mental states', in Block (ed.), *Readings in the Philosophy of Psychology,* Vol. I.
—— 'The meaning of "meaning"', in *Philosophical Papers, Vol. II: Mind, Language and Reality* (Cambridge: Cambridge University Press, 1975).
—— *Renewing Philosophy* (Cambridge, Mass.: MIT Press, 1992).
Pyke, Steve, *Philosophers* (Manchester: Conerhouse Publications, 1993).
Quine, W. V., *Mathematical Logic* (Cambridge, Mass.: Harvard University Press, 1940; revised 1979).
—— 'On what there is', in *From a Logical Point of View* (Cambridge, Mass.: Harvard University Press, 1953).（邦訳：「なにがあるのかについて」、W・V・O・クワイン、飯田隆訳『論理的観点から—— 論理と哲学をめぐる九章』、勁草書房、1992

年、所収)
——'Quantifiers and propositional attitudes', in Linsky (ed.), *Reference and Modality.*
—— *Word and Object* (Cambridge, Mass.: Harvard University Press, 1960). (邦訳：W・V・O・クワイン、大出晃・宮館恵訳『ことばと対象』、勁草書房、1984 年)
——'Epistemology naturalized', in *Ontological Relativity and Other Essays* (Cambridge, Mass.: Harvard University Press, 1969).
Ray, George, 'Sensational sentences', in Davies, Martin, and Humphreys (eds.), *Consciousness.*
Robinson, Howard, *Matter and Sense* (Cambridge: Cambridge University Press, 1982).
——'The anti-materialist strategy and the "knowledge argument"', in Robinson (ed.), *Objections to Physicalism.*
—— *Perception* (London: Routledge, 1994).
—— (ed.), *Objections to Physicalism* (Oxford: Oxford University Press, 1993).
Rorty, Richard, *Philosophy and the Mirror of Nature* (Oxford: Blackwell, 1979). (邦訳：ローティ、野家啓一監訳『哲学と自然の鏡』、産業図書、1993 年)
Rosenthal, David, 'Identity theories', in Guttenplan (ed.), *A Companion to the Philosophy of Mind.*
——'Two concepts of consciousness', *Philosophical Studies,* 49 (1986), 329-59.
Russell, Bertrand, 'Descriptions', in Moore (ed.), *Meaning and Reference.*
—— *The Analysis of Mind* (London: George Allen and Unwin, 1921). (邦訳：B・ラッセル、竹尾治一郎訳『心の分析』、勁草書房、1993 年)
Salmon, Nathan, *Frege's Puzzle* (Cambridge, Mass.: MIT Press, 1986).
—— and Scott Soames (eds.), *Propositions and Attitudes* (Oxford: Oxford University Press, 1988).
Sartre, Jean-Paul, *Being and Nothingness,* originally published 1943 (London: Methuen, 1958). (邦訳：サルトル、松浪信三郎訳『存在と無——現象学的存在論の試み(1)－(3)』、ちくま学芸文庫、筑摩書房、2007～2008 年)
Searle, John R., *Intentionality: An Essay in the Philosophy of Mind* (Cambridge: Cambridge University Press, 1983). (邦訳：ジョン・R・サール、坂本百大監訳『志向性——心の哲学』、誠信書房、1997 年)
—— *The Rediscovery of the Mind* (Cambirdge, Mass.: MIT Press, 1992). (邦訳：ジョン・R・サール、宮原勇訳『ディスカバー・マインド！——哲学の挑戦』、筑摩書房、2008 年)
Segel, Gabriel, *A Slim Book about Narrow Content* (Cambirdge, Mass.: MIT Press, 2000).
Sellars, Wilfrid, *Empiricism and the Philosophy of Mind* (1956), repr. with a Study Guide by Robert Brandom (Cambirdge, Mass.: Harvard University Press,

1997). (邦訳：W・S・セラーズ、神野慧一郎・土屋純一・中才敏郎訳『経験論と心の哲学』、勁草書房、2006 年)
Shoemaker, Sydney, 'The mind-body problem', in Warner and Szubka (eds.), *The Mind Body Problem.*
—— 'Functionalism and qualia', in *Identity, Cause and Mind* (Cambridge: Cambridge University Press, 1984).
—— 'Qualities and qualia: what's in the mind?', *Philosophy and Phenomenological Research,* 50 (1990), 109-31.
—— 'The inverted spectrum', in Block, Flanagan and Gúzeldere (eds.), *The Nature of Consciousness.*
Smith, A. D., 'Non-reductive physicalism', in Robinson (ed.), *Objections to Physicalism.*
—— *The Problem of Perception* (Cambirdge, Mass.: Harvard University Press, 2002).
Smith, Peter, 'Modest reductions and the unity of science', David Charles and Kathleen Lennon (eds.), *Reduction, Explanation and Realism* (Oxford: Oxford University Press, 1992).
Snowdon, Paul, 'How to interpret "direct perception"', in Crane (ed.), *The Contents of Experience.*
—— 'Knowing how and knowing that: a distinction and its uses reconsidered' (unpublished).
Sosa, E., and Michael Tooley (eds.), *Causation* (Oxford: Oxford University Press, 1992).
Spencer, Mary, 'Why the "S" in intension?', *Mind,* 80, (1971), 114-15.
Stalnaker, Robert, 'What might non-conceptual content be?', in E. Villanueva (ed.), *Philosophical Issues* (Concepts), 9 (1998).
Stone, M. W. F. and Jonathan Wolf (eds.), *The Proper Ambition of Science* (London: Routledge, 2000).
Strawson, Galen, *Mental Reality* (Cambirdge, Mass.: MIT Press, 1994).
Strawson, P. F., *Individuals* (London: Methuen, 1959). (邦訳：ピーター・フレデリク・ストローソン、中村秀吉訳『個体と主語』、みすず書房、1979 年)
Twardowski, Kanzimir, *On the Content and Object of Presentation,* originally published 1894; trans. R. Grossman (The Hague: Nijhoff, 1977).
Tye, Michael, 'Visual qualia and visual content', in Crane (ed.), *The Contents of Experience.*
—— 'A representational theory of pains and their phenomenal nature', in Block, Flanagan and Gúzeldere (eds.), *The Nature of Consciousness.*
—— *Ten Problems of Consciousness* (Cambirdge, Mass.: MIT Press, 1995).
Valberg. J. J., *The Puzzle of Experience* (Oxford: Clarendon Press, 1992).

—— 'The puzzle of experience', in Crane (ed.), *The Contents of Experience.*
Van Gulick, Robert, 'Understanding the phenomenal mind: are we just armadillos?', in Davies and Humphreys (eds.), *Consciousness,* repr. in Block, Flanagan and Gúzeldere (eds.), *The Nature of Consciousness.*
Voltolini, Alberto, 'Objects as intentional and as real', *Grazer Philosophische Studien,* 41 (1991), 1-32.
Warner R. and T. Szubka (eds.), *The Mind-Body Problem* (Oxford: Blackwell, 1994).
Warnock, Geoffrey, (ed.), *Philosophy of Perception* (Oxford: Oxford University Press, 1967).
Wiggins, David, 'On being in the same place at the same time', *Philosophical Review,* 77 (1968), 90-5.
—— *Sameness and Substance* (Oxford: Blackwell, 1980).
—— 'Substance', in A. C. Grayling (ed.), *Philosophy: A Guide through the Subject* (Oxford: Oxford University Press, 1995).
Williamson, Timothy, *Vagueness* (London: Routledge, 1994).
—— 'Is knowing a state of mind?', *Mind,* 104 (1995), 533-65.
Roger Woolhouse, *The Concept of Substance in Seventeenth Century Metaphysics* (London: Routledge, 1993).
Wright, Barry C. Smith and Cynthia Macdonald (eds.), *Knowing Our Own Minds* (Oxford: Oxford University Press, 1998).
Yablo, Stephen, 'Mental causation' *Philosophical Review,* 101 (1992), 245-80.

［訳者補足］
本文や注で言及されているが原書文献表には記載されていないものを以下に記す。

Baker, Lynne Ruddy, 'Metaphysics and mental causation', Heil, John, and Alfred Mele, (eds.), *Mental Causation* (Oxford: Clarendon Press, 1992)
Chisholm, R. M., *Perceiving: A Philosophical Study* (Cornell University, 1957).（邦訳：R・M・チザム、中才敏郎・中谷隆雄・飯田賢一訳『知覚——哲学的研究』、勁草書房、1994年）
Descartes, René, *Principles of Philosophy*, in J. Cottingham, R. Stoothof, and D. Murdoch (eds.), *The Philosophical Writings of René Descartes*, 3 vols. (Cambridge : Cambridge University Press, 1985).（邦訳：デカルト、井上庄七・水野和久訳『哲学の原理』、野田又夫編『世界の名著 デカルト』、中央公論社、1978年、所収）
Dretske, Fred I., *Explaining Behavior: Reasons in a World of Causes* (MA: MIT Press, 1988)（邦訳：フレッド・ドレツキ、水本正晴訳『行動を説明する—— 因果の世

界における理由』、勁草書房、2005年）
Jones, O. R., 'The way things look and the way things are', *Mind,* 94 (1985), 108-10.
Kim, Jaegwon, 'Events as property-exemplifications', in M. Brand and D. Walton (eds.), *Action Theory,* (D. Reidel Publishing, 1976). (邦訳：ジェグォン・キム「性質例化としての出来事」、柏端達也・青山拓央・谷川卓編訳『現代形而上学論文集』、勁草書房、2006年、所収）
Lewis, David, 'Psychological and theoretical identification', in *Papers in Epistemology and Metaphysics* (Cambridge: Cambridge University Press, 1999).
—— 'Reduction of mind', in *Papers in Epistemology and Metaphysics* (Cambridge: Cambridge University Press, 1999).
Martin, M. G. F., 'The transparency of experience', *Mind and Language,* Vol. 7 No. 4, September 2002, 376-425.
—— 'J. L. Austin: *Sense and Sensibilia* reconsidered'. (これはマーティンのホームページ http://www. homepages. ucl. ac. uk/˜uctymfm/で入手できる以下の文献のことだと思われる。'Austin's: *Sense and Sensibilia* revisted'.)
—— 'Setting things before the mind'. (これも上記ホームページで入手できる)
McCulloch, Gregory, 'The spirit of Twin Earth', *Analysis,* 52 (1992), 168-174.
Mellor, D. H., *The Facts and Causation,* (Routledge, 1995).
Owens, David, 'Levels of explanation', *Mind,* 98 (1989), 59-79.
Russell, Bertrand, *The Problems of Philosophy,* (Home University Library, 1912). (邦訳：バートランド・ラッセル、高村夏輝訳『哲学入門』、筑摩書房、2005年）
Shoemaker, Sydney, 'Phenomenal character', *Noús,* 28: 1 (1994), 21-38.
Velleman, J. David, 'Truth as the aim of belief'. (これは次の論文のことだと思われる。'On the aim of belief', in David Velleman (ed.), *The Possibility of Practical Reason* (Oxford: Oxford University Press, 2000).)

訳者解説

植原　亮

1　はじめに

本書は、Tim Crane, *Elements of Mind: An Introduction to the Philosophy of Mind*（Oxford: Oxford University Press 2001）の全訳である。

本書は心の哲学の入門書である。著者のティム・クレインは、自身の立場を明確に擁護しながら心の哲学のさまざまなトピックを解説しており、読者はそれを通じて最終的には各トピックについて最近の動向への道筋を得られるまでになる。その点に本書の最大の特長があるといえるが、クレインの解説と自説擁護の議論は綿密で周到な叙述にもとづく密度の濃いものであるため、読者は気を抜かずにしっかり論旨を追って考えながら読み進むことが必要である。その点では本書は入門書といっても、心の哲学の各トピックに関して的確な概観が得られるということであって、すらすら読める易しい本だというわけではない。噛んで消化するには時間がかかるが、滋養は満点の食べ物に似ているかもしれない。したがって、本書を読み解くにはそれなりに丈夫な歯と胃腸が必要になるわけだが、心の哲学に登場する概念や思考法にある程度なじんでおくことによって、その際の負荷を軽減することができるだろう。そこで、読者が心の哲学にあまりなじみがない場合の実践的なアドバイスとして、本書の前にぜひ金杉武司『心の哲学入門』（勁草書房、2007年）を一読することをお勧めしておきたい。

本書の内容に立ち入る前に、著者について述べておこう。クレインは、

1962年イギリスのオクスフォード生まれ。ケンブリッジ大学で博士号を取得した。長年にわたってロンドン大学に勤め、2009年からはケンブリッジ大学ナイトブリッジ哲学教授となっている。専門は知覚の哲学や形而上学を含む心の哲学だが、関心領域は言語哲学や認識論、ライプニッツ研究にまで及んでいる。以下に彼の著作を挙げておこう。

The Mechanical Mind: A Philosophical Introduction to Minds, Machines and Mental Representation（Harmondsworth: Penguin Books 1995).（邦訳：ティム・クレイン、土屋賢二監訳『心は機械で作れるか』、勁草書房、2001年。なお、新たに一章を加えて改訂を行った第二版がRoutledgeから2003年に出ている）

Elements of Mind（Oxford: Oxford University Press 2001).（本書）

Intentionalität als Merkmal des Geistigen: Sechs Essays zur Philosophie des Geistes, translated by Markus Wild and Simone Ungerer（Frankfurt: Fischer Verlag 2007).（これはクレインの六つの論文に新たにイントロダクションを付してドイツ語に翻訳したものである）

またクレインには以下の編著もあり、いずれにもクレインによるイントロダクションが付されている。

The Contents of Experience（Cambridge: Cambridge University Press 1992).

A Debate on Dispositions by D. M. Armstrong, C.B. Martin and U. T. Place（London: Routledge 1996).

History of the Mind-Body Problem?（London: Routledge 2000).（Sarah Pattersonとの共編）

Metaphysics: A Guide and Anthology（Oxford: Oxford University Press 2004).（Katalin Farkasとの共編。イントロダクションは五万語にも及ぶ）

本書の内容に話を移そう。本書におけるクレインの議論の特質は、何よりもまず心的現象そのものの解明を優先させる態度に見て取ることができる。クレインが出発点とするのは、心に関してどのような形而上学的立場をとるかよりも、日常的な観点から見て紛れもなく自分の心に生じている心的現象の明確化をはかることである。そして、明確化された心的現象についての理解をなるべくそのまま維持しながら自身の立場を擁護しようとするのだ。この意味で、クレインは小文字の「現象学者」だということができるだろうし、じっさい本文中でもクレインは、本書が現象学の実践である旨を述べている（第3節）。

こうした点は、実際に本書の内容に即して見ていった方がよいだろう[1)]。本書を貫く最大のテーマは志向性である。志向性に関してクレイン自身がとるのは「志向説」と呼ばれる立場であり、入門書ながら志向説を丁寧に扱っていることは本書の貴重な点であるといえる。その次に大きなテーマとして取り上げられているのは、心身問題である。本書は扱われているトピックの豊富さもさることながら、この二つのテーマをいわば織り合わせるようにして成立しているため、大枠での見通しを見失うおそれもなくはない。したがって、本書の概要をつかむためには、あえてその織り目を断って大きなテーマごとに議論の骨格を取り出すのがよいだろう。それをこの解説での主な目的としたい。そうして本書の内容を確認したうえで、心身問題ないし心的因果の問題に関するクレインの立場についてコメントすることにしよう。

2　心身問題

本書の二大テーマのうち、まずは心身問題からスタートしよう。心身問題とは、心と身体がどのような関係にあるのかという問題である。クレインによれば、心身問題は⑴心的因果の問題、⑵意識の問題、というふたつの下位問題からなる。心身問題が手強いのは、下位問題のそれぞれが容易な解決を拒む難問であるばかりか、これらがジレンマを形成している点にある、とクレインは見ている。つまり、一方の解決が他方の解決を阻むというのだ。本書ではこれらの問題がそれぞれ第二章と第三章後半で扱われている。それぞれの内容を順に明らかにしていこう。

⑴心的因果の問題：心的因果を物理主義とどう折り合わせるか？

心と身体がお互いに何らかの関係に立っているというのは、日常的には納得しやすい話だ。たとえば、心がビールが飲みたいという状態にあるとき、身体の側では、キッチンに足を運び、手で冷蔵庫のドアを開けて缶を取り出す、といったことが生じる。あるいは、身体が胃が荒れている状態にあるときには、心の側では、痛みや不快感を覚えるとか、昨夜遅くまでビールを飲みすぎたことを思い出すといったことが生じるかもしれない。このように、心と身体がお互いに影響を及ぼしあうという関係にあるのは明らかだと思われる。

だが正確にいってこれはどのような関係なのだろうか。はじめの事例では、ビールへの欲求が原因となってビールを手に取るという身体動作を引き起こしているように見える。第二の事例では、胃が荒れていることが原因となって、痛みや不快感、あるいは想起といった結果を引き起こしているように見える。こうした事例から、心と身体は、一方が原因となって他方を引き起こす（結果をもたらす）という関係、つまり因果関係に立っていると考えたくなる。

本書では、この両方向の因果のうち、心から身体へと向かう因果をとくに心的因果と呼んで考察の対象としている。ここで、身体は物体の一種、要するに物理的世界に存在するものであるから、心的因果が成り立つというのは、心の状態や心における出来事が原因となって、物理的世界に何らかの結果がもたらされるということにほかならない。いいかえれば、心的原因が物理的結果を引き起こすというのが、心的因果の意味するところなのである。そしてわれわれはこのような心的因果が存在するとの考えにおのずと導かれるが、では心的因果はいかにして可能なのか。

ここではっきりしているのは、デカルトのような立場をとってしまうと窮地に追い込まれるということだ。心的なものと物理的なものとがまったく別物だとするデカルトの心身二元論が正しいなら、いったいどうやって心的原因が物理的世界において何らかの結果を引き起こすなどということがありうるのだろうか。

物理的世界における因果について考察するには、物理主義を参照する必要がある。物理主義を規定するやり方はさまざまだが、本書では大枠として、あらゆることが物理学によって語られる、つまり「物理学が全ストーリーである」

という立場として捉えられている（第12節）。物理主義によれば、「物理学の完全性」、すなわち、どの物理的結果にもそれをもたらすのに十分な物理的原因があるという原則が成り立つ。物理学の完全性は、「物理的結果からなる世界は、物理主義によれば、因果的に閉じていなければならない」（第12節末尾）という言い方でも表現される（物理的世界がもつとされるこの特徴を「因果的閉包性」という）。そしてこのような原則が成り立つなら、ある物理的結果が生じたことを因果的に説明するには、物理的原因（および関連する物理法則）を引き合いに出しさえすればよく、他の種類の原因は要請されないということになる。したがって、物理学が認めていない幽霊や念力やテレパシーなどは不要である（もちろんクレインも認めるとおり、物理学の将来的な発展しだいでは、こうしたものも物理原因に含まれるようになる可能性もなくはないが）。なるほどこれは、現代の科学的知見と調和した、物理的世界の因果についての洗練された見方だといえるだろう。

ところが、先に示した心的因果の考えをこのような物理主義の見方と突き合わせてみるならば、そこに大きな問題が見出されることが明らかになる。物理的世界が因果的に閉じているなら、そこには心的状態や心的出来事が結果をもたらす余地などないからだ。つまり、物理的世界で生じる出来事は物理的世界の中だけで充足しており、そこに心的因果の出る幕はなくなってしまうのである。心的因果という自然な考えを維持したいのであれば、デカルト的な心身二元論はとりえないということがわかるだろう。

しかし日常的には、ビールへの欲求が冷蔵庫のドアを開けさせる、といった心的因果が成り立っているのは紛れもないことのように思われる。そのような心的因果は、「現象学者」としてのクレインにとって何よりも維持しなければならないものだ。ではどうしたらよいのだろうか。

ひとつの道筋は、心的原因と物理的原因（ないしは心的存在者と物理的存在者）が同一だとする同一説をとることである（第14節）。確かにこれなら、心的因果は物理的因果にほかならないのだから、物理的世界の因果的閉包性は破られなくなる。しかし、同一説はとうてい広く受け入れられている立場とはいい難い。私とタコが痛みという同種の心的状態にあるとしよう。その場合、同一説に立つなら、その痛みは同じ神経状態（物理的状態のひとつ）によって実現されていることになる。しかしそれはおよそありそうもなく、むしろ私とタコの痛みは別の神経状態によって実現されていると考えるのが自然だ。このように、同じ心的状態が別の物理的状態によって実現されうると考えられる、というのが同一説の大きな弱点なのである（第16節）。

それゆえ心的因果を捉えるには同一説とは別の道筋を模索しなければならない。クレインはまず同一説以外の物理主義の立場として非還元的物理主義を挙げて検討する。非還元的物理主義とは、物理学の完全性にコミットする点で物理主義的な立場であるが、心的なものと物理的なものの間にあるのが同一ではない程度の強さの結びつきであるとする点で、同一説とは異なっている。結論だけ示せば、この非還元的物理主義では心身の関係を必然的関係と考えることになるが、そうすると「ゾンビの思考可能性」（以下の⑵を参照）と折り合わなくなってしまうとクレインは考える（第17節）。したがって非還元的物理主義は受け入れられないとされる。そこでクレインは自身の立場として「創発主義」を表明する（第18節）。創発主義による心的因果の問題の解決がどのようなものであるかについては、ゾンビについても触れたあとで戻ることにしよう。いずれにしてもここでは、心的因果の問題の解決が物理主義のうちで模索されてきたということが確認できればよい。

⑵意識の問題

物理主義は心的因果をうまく扱いきれないわけだが、それでも物理主義を維持しようとすると今度は意識という大きな壁に突き当たる、とクレインは主張する。ここでいう意識とは、「彼は意識を取り戻した」というときの意識ではなく（こちらは生物意識と呼ばれたりする）、ネコをなでて毛の柔らかさを感じたり、ネコがごろごろと喉を鳴らす音が聞こえたりといった経験をするときの意識、すなわち現象的意識のことである。現象的意識をめぐっては、物理主義を否定する三つの論法、すなわち「説明ギャップ論法」「知識論法」「ゾンビ論法」が提示されている。いずれも、物理主義では現象的意識をうまく扱えず、したがって物理主義は維持しえないということを示そうとする論法だ。このうちクレインがとりわけ重要だと考えているのはゾンビ論法である。それは、説明ギャップ論法と知識論法の物理主義批判が、物理的なものに関する知識のみからの意識の理解可能性について検討（してそれを否定）するという、主として認識論的な点からのものであるのに対し、ゾンビ論法のみが、意識と物理的なものが世界を構成する対象としてどのような関係にあるのかを問うという意味で、形而上学的な点から物理主義批判を展開するからだ。物理主義の一形態である同一説が、心的なものと物的なものとの同一性を主張するものであったように、物理主義は何よりもまず形而上学的に規定される。それゆえゾンビ論法のみが物理主義の核心部分に対する批判になりうるというわけである（第26節〜第29節）。

ではゾンビとは何か。ゾンビとは、脳状態や表面上のふるまいを含めて人間と物理的に変わるところがないにもかかわらず、現象的意識を欠いた存在のことだ。かりに私が実はゾンビだったとすると、私がネコをなでてうっとりしているように見えても、それは要するに見かけだけであって、意識的経験としては、毛の柔らかさも感じていなければ、ごろごろと喉を鳴らす音も聞こえていない。ネコが急に暴れだして手をかまれ、「いたたっ」などといって手を引っ込めるのだが、実際には痛みを感じてなどいない。そもそも私にはこの一連の出来事が見えていない。私は意識的な経験を欠いたゾンビだからである。

ゾンビ論法はこう続く。このようなゾンビを想像したり思考したりすることができるということは、通常の人間であれば見出される心身の結びつきが実は必然的な結びつきではない、ということにほかならない。物理的な点でふつうの人間と同じだからといって、必ずしも意識という心的状態まで同じように生じるわけではないということである。なぜだろうか。一般に二つのものが別々に存在することが思考可能であるなら、それら二つは必然的な結びつきを欠いている。たとえば私と私のメガネは別々に存在することが思考可能であるから、両者は必然的に結びついているわけではない。すなわち、メガネ男子でない私などいくらでもありうるのだ。これに対し、H_2O でありながら水ではないものは想像することができない。H_2O であることと水であることには必然的な結びつきが存在し、分子構造が H_2O であれば、それは必ず水なのである。ゾンビの思考可能性は、物理的状態と意識との間にあるのが、H_2O であることと水であることの間にあるような必然的な結びつきではなく、もしかすると私と私のメガネとの間にある程度の結びつきでしかないのかもしれないということを物語っているのだ。というわけで、物理的なものが心的なものを決定するという物理主義は（決定は必然的な結びつきであるから）成り立たないことになる[2)]。

クレインはゾンビ論法のこの結論を受け入れる。したがって、かりに心的因果の問題を物理主義が解決したとしても、今度は意識の問題が解決できないということになる。これら二つの問題がジレンマを形成するというのはこうした事態を指しているのである。

クレイン自身は、心的因果の問題も意識の問題も、物理主義に代えて創発主義に立つことで解決を与えようとする。創発主義によれば、意識のような心的なものは、物理的なものに付随はしていても決定はされない。おおまかにいうと、創発主義に立つなら、物理的結果をもたらすものが物理的原因に限られなくなるため、心的因果を否定する必要がなくなるのだ。心的なものは物理的なものから創発してくるのであり、それ固有の因果的効力をもっているというのである。それにより心的因果の問題は解決される。また意識の問題については、物理的状態ないし身体的状態と意識との間に必然的な結びつきがないというゾンビ論法の結論を受け入れることができるようになる。両者の間にあるのが決定という関係なら、その結びつきは必然的なものになってしまい、ゾンビの思考可能性と衝突してしまう。しかし創発主義では、自然的で法則的な結びつき、つまりこの世界でたまたま成立している関係としてそれを捉えることができるので、物理的状態と意識との間にそうした結びつきのないゾンビの存在する世界があってもよいことになる。こうして、創発主義により心的因果の問題と意識の問題が作り出すジレンマを回避することができるというわけだ。

むろん、創発主義そのものには難点が残っているように思われる。この点については、本書の概略を描き終えたあとでまた触れることにしよう。

3　志向性

心的因果の問題を中核とする以上の心身問題は、確かに興味深くはあるが、クレインにいわせると、それについて何らかの解決が得られたとしても、心なるものの十全な理解にはあまり関わってこない。心身問題の解決は、思考や知覚がいかなる心的現象なのかという重要問題の解決にはほとんど結びつかないというのだ。そうした問題を考えるには、心が示す志向性に目を向けねばならない。「志向性は心的なもののしるし」だからである。

では志向性とは何か。たとえばカレーが食べたいと私が思っているとき、私の心はカレーに向けられている。あるいはそのとき、私の心的状態はカレーについてのものになっている、といいかえてもよい。このように、心が何かに向けられている状態のことを志向性と呼ぶのである。クレインはあらゆる心的状態が志向性を備えた状態であり、心的状態のもついかなる性質も志向性概念によって理解できるとする「志向説」に立つ。本書の大部分はこの志向説を貫くための試みにほかならない。

3・1　志向性概念の明確化

ここでは志向性をめぐるクレインの見方や用語法について整理しておこう(第一章の内容)。まず、志向的状態一般を特徴づけるのは、「有向性」ならびに「アスペクト形態」である。有向性とは、心が何かに向けられていることを指す。そして、心が向けられているその何かが必ず特定の仕方で提示されているということを表すのに、アスペクト形態の概念が用いられている。次いで、志向的状態に見出される細かな相違を捉えるための概念として、以下の三つが示される。

①志向的対象：「カレーが食べたい」ときのカレーや、「地球は丸いと考える」ときの地球が志向的対象の例である。ここに直観的な理解を阻むものはないだろう。ただしクレインが強調するように、志向的対象が現実に存在するような何らかの事物であるとか存在者であると考えるのはまちがっている。なぜなら「ペガサスのことを考える」のように、現実には存在しないものでも志向的対象となりうるからだ。要するに、志向的対象に共通しているのは、心が志向的状態にあるときに向けられているもの、という程度の特徴であり、たとえば水が特定の分子構造を有するという点で本質と呼びうる共通性をもつのとは大きく異なる。クレインはこれを、文法でいう「目的語」がとくに本質を共有する事物を指すわけではなく、他動詞の目的語となるものなら何でも指すのと同じである、という例によって説明し、この見方を志向的対象の「図式的理解」と

呼んでいる。

②志向様式：志向説ではあらゆる心的状態が何らかの志向的対象をもつことになるが、そうした心的状態にもいろいろある。たとえば、同じカレーが志向的対象になっているにしても、「カレーが食べたい」という欲求の場合もあれば、「カレーは健康によい」という信念や「カレーが大好きだ」という愛好の場合もあるだろう。クレインは、そうした心的状態間の相違を志向様式の相違として捉えるのである。

③志向的内容：志向的状態は、志向的対象や志向様式の点で同一であっても、さらなる相違を示しうる。私がカレーのことを考えているとき、あの色や香りとともにカレーのことを考えているわけだが、読者の場合には、玉ねぎをあめ色に炒めるとか粗熱をとるといった調理法や、英印関係史とともにカレーのことを考えているかもしれない。ここにあるのは、カレーという対象がどのように提示されるかという点（つまりアスペクト形態という点）での相違であり、この種の相違を、クレインは志向的内容の相違として説明している。（ただし志向的内容が必ずしも命題的なもの、つまり平叙文で表現できるものであるわけではないことに注意。）

3・2　問題とその解決

以上のような志向性の理解にもとづいてクレインは志向説を擁護する。とくに、心的状態のもつあらゆる性質が上で述べた志向性によって理解可能だとする「強い志向説」を擁護しようとする。そのためには、志向説にとって説明が困難であると思われる問題に関しても、実際には志向説が維持可能であるということを示さねばならない。以下に見る、⑴非志向的な心的状態、⑵思考についての外在主義、⑶知覚の問題、がそういった問題である。

⑴非志向的な心的状態

反志向説では、痛みのような身体感覚、情動や気分などは、非志向的な心的状態の典型例として捉えられている。というのも、少なくともそれらは有向性を欠いていると思われるからである。たとえば足首に痛みが走るとき、それは純粋に痛みとして経験されるだけであって、そのとき心が何かに向けられているとは考えられない、というのだ。

心の外にある他の何かには向けられていない（非志向的である）、あるいはそうしたものを表してはいない（非表象的である）という意味で経験に内在的な性質は、「クオリア」と呼ばれる。反志向説に対して強い志向説をとるなら、この意味でのクオリアなるものの存在を否定しなければならない。つまり、身体感覚のようにクオリアを含むとされる心的状態も、実際にはそれがもつあらゆる性質を志向的対象・志向様式・志向的内容によって特徴づけることができると主張しなければならないのである（第三章）。

志向様式については、痛みとか情動といった様式を述べることができるので難なく特徴づけることができるだろう。足首の痛みを例にすると、その様式は足首に感じるというものである。他の点についてクレインは次のように主張する。すなわち、足首の痛みを経験しているときの感覚は、身体における痛みの位置（足首）を志向的対象としてもっている（この点で痛みは有向性を備えている）。またその位置は特定のアスペクトのもとに了解されることになるわけだから、そこには志向的内容もあることがわかるというのである。

身体感覚に関して、クレインの提示する志向性理解が強みを発揮していると思われるのが、幻肢痛の事例である。幻肢痛は、失われた手足に痛みを感じる。したがって幻肢痛にあるときに心が向けられている対象は現実には存在しておらず、その意味で痛みには対象がないのである。このことは一見したところ、痛みが志向的状態であるという主張と衝突してしまうように見えるかもしれない。しかし、幻肢痛がクレインのいう意味での志向的状態であるなら、それで問題はない。失われた手足は図式的に理解される志向的対象であり、現実に存在する必要のないものだからである。

⑵思考についての外在主義

このようにクレイン流の志向説の威力は、心が現実に存在しない対象に向けられる場合にこそ発揮される。では、心の働きのうち、現実には存在しない対象について思考する場合はどうなるだろうか。現在のところ思考についての学説として優勢なのは、外在主義と呼ばれる立場である。ところが以下に見るように、外在主義はクレインの志向説とは折り合いが悪い。したがってクレインが果たすべき課題は、外在主義に屈することなく、思考に関しても自身の志向説を維持してみせるということになる（第四章後半）。

まずは外在主義がどのような学説なのかを説明しておこう。外在主義とは、大まかにいって、ある対象についての思考がまさにその対象についての思考であるには、その対象が現実に存在していなければならない、という学説である。たとえば私が東京タワーについて考えているとき、それが東京タワーについての思考だといえるのは、東京タワーが現実に、つまり私の心の外の世界に存在しているおかげなのである。このように、外在主義の核心は、志向性を備えた思考の成立が心の外の世界に存在している事物に本質的に依存する、と主張する点にある。

こうした外在主義の主張が、クレインの志向説と衝突するのは明らかだろう。それは、志向説がいかなる心的状態にも志向性を認めるがゆえに、ペガサスのように現実には存在しないものについての思考にも志向性を認めるのに対して、外在主義ではそのような思考に志向性を認めないからである。むろんクレインのいう志向的対象の図式的理解によれば、志向的対象が現実に存在する事物である必要はないのだから、外在主義的に志向性を理解する必要はなくなる。すなわち、外的世界に存在する事物に訴えることなく、心の内側にあるものだけで志向性を備えた思考が成立しうるとする内在主義をとることができるということになる。

とはいえ、そうして内在主義的に理解可能な志向性概念を提示しうると述べただけでは、外在主義の力は衰えず、それゆえ内在主義を守ったことにはならない。外在主義は強力な議論によって支えられており、そうした議論に対処する必要がある。そこでクレインは、外在主義を支える議論が必ずしも内在主義を完全に棄却するわけではないことを示そうとする。外在主義を支える議論としてクレインが取り上げているのは、「双子地球論法」と直示的思考についての議論である。クレインは、これらが突きつけてくる問題に対しても内在主義が整合的な立場として生き延びうる道筋が存在していると論じる。ここでは双子地球論法に対するクレインの扱いについてのみ手短に触れておこう。

双子地球論法では、脳を含む身体的状態が同一のふたりの人間が、ただひとつの相違を除いて物理的にまったく同じである環境にそれぞれ置かれているという状況を想定する。一方が置かれている環境では水の組成が H_2O であるのに対し（すなわちわれわれのこの地球である）、他方の環境では水の組成はＸＹＺである（こちらが双子地球である）、というのがその相違である。そしてふたりとも水の組成について知られていない時代にいるものとしよう。このときふたりがたとえば、「水は透明だ」と考えているとしても、ふたりが「水」によって指しているものが異なるのだから、ふたりの「水は透明だ」という思考の内容もまた相違しているといえる。ふたりの脳や身体は物理的複製だから、環境における相違によって思考の内容に相違が生じていることになる。ここから、思考は部分的に、頭の中にあるものだけではなく思考されている現実の対象からも構成されている、という結論が導かれる。こうして、思考が心の外にあるものに依存して成立していることになり、外在主義が支持されるのである。

クレインによれば、この双子地球論法は、「ある思考が何についての思考であるか／その思考が何を指示しているのかは、その思考の内容によって決定される」という原理に依拠している。この原理は「内容指示決定の原理」と呼ばれる。ただしそのままの形ではなく、双子地球論法の中では「指示対象に相違があるなら、思考は内容も相違する」という形で用いられている。「水」の指示対象に相違があるなら、「水は透明だ」という思考は内容も相違する、という具合である。

クレインはこの原理をおおよそ次のように攻撃する。必ずしもこの原理は一般的に成立するわけではない。たとえば指標的な思考の場合はどうだろう。この原理にしたがえば、ふたりの人間が別々の場所で「ここは暑い」と思考しているとき、「ここ」の指示するものが相違するのだからその内容も相違しているはずだ。なるほどそのようにいいうる側面はある。だがそのふたりの思考がまったくの別物だというのもおかしな話だ。ある意味でふたりは思考の内容を共有しているといってよいのではないだろうか。というのも、「ここ」の指示するものが違うにしても、それが提示される仕方はふたりに共通しているといえるからだ。すなわち、アスペクト形態という意味での思考の内容は同じなのである。

双子地球論法の場合にも、このような意味で、ふたりの人間の「水は透明だ」という思考の内容は同じである、といえるかもしれない（いえないという挙証責任は外在主義の側にある)。そうだとすれば、志向的な心的状態が心の外にある対象に依存することなく成立すると考えられることになり、外在主義の脅威から内在主義および志向説が生き延びる余地を示したことになる。

⑶知覚の問題

何かを見たり聞いたりすること、すなわち知覚もまた心的状態である。クレインは知覚についても志向説を堅持することができるだろうか(第五章)。そこでクリアしなければならないのが、以下のふたつの問題である。第一に錯覚論法によって提起される問題であり、第二に知覚の現象的特性、とりわけ知覚にクオリアへの気づきが含まれるかどうかという問題である。

①錯覚論法　錯覚論法は、知覚の対象が「センス・データ」であることを示そうとするものである。現実には存在しないものを知覚する場合(錯覚や幻覚の場合)に知覚されているのは、物理的対象ではない何かであろう。これをセンス・データと呼んでおくことにする。ところで、現実に存在するものを知覚する場合と、現実には存在しないものを知覚する場合とでは、経験される現象としての違いはない。ということは、現実に存在するものを知覚する場合も実は、センス・データを知覚することなのである。したがって知覚とは、みなセンス・データを対象とする知覚にほかならない。

さて問題はここからである。センス・データとは何であるかは非常に不明瞭だといわざるをえない。哲学者が議論のためだけに都合よく作り出したものにすぎないようにも思われる。ゆえにそのような怪しげなものの存在はとうてい受け入れることのできないものであろう。ところが、センス・データを斥け、幻覚が現実には存在しないものを知覚することであるとするなら、それは心が何にも向けられていない状態、すなわち志向性なき心的状態だということになってしまうのではないか。この点が志向説にとって問題となるわけだ。

だがもうお気づきだろう。クレイン流の志向説をとれば、センス・データの存在を受け入れる必要はなくなる。本書で繰り返されるテーゼであるが、志向的対象の図式的理解のもとでは、志向的対象が現実に存在する事物である必要はないからである。

②知覚の現象的特性　本書最後の問題はこうだ。知覚が志向的状態であるこ

とが確保できるにしても、意識的な経験としての知覚には、一見したところ志向性のみでは捉え切れない性質も現われているように思われる。たとえば空を見るときに現れる独特の青さがその例であり、そうした青さは、身体感覚のところで述べた意味でのクオリアといわれる。したがって、知覚の現象的特性を十分に説明するには、非志向的性質としてのクオリアに訴える必要があるというわけである。だがクレインは強い志向説をとるから、身体感覚のときと同じく知覚の場合にも、非志向的なものとしてのクオリアを斥けねばならない。

クレインは自身の志向性理解に立脚して、二重視や逆転スペクトルなど、知覚のクオリアを支持するとされる論法を詳しく検討し、結局のところそれらは志向説を論駁するものにはなっていないと結論づけている（第 43 節・第 44 節）。では知覚の現象的特性は何に由来するのか。クレインは、知覚の際立った特徴のひとつとして、信念などの命題的態度に比べてはるかに詳細で具体性に富む内容をもつという点を挙げ、この点を知覚が「非概念的」内容を含むものであると捉える見方を擁護している。そして知覚の現象的特性は、知覚が非概念的内容を有するという事実によって説明すべきものとして位置づけられることになる（第 45 節）。以上が志向説擁護の観点から見た本書の骨格である。

4　創発主義と心的因果について

ここで懸案だった創発主義に戻ろう。心的因果の問題に関してクレインは創発主義をとるが、J・キムによれば創発主義には次の課題がある。第一に、創発物がその基盤になぜ付随するのか、そしてその付随関係にもかかわらず、創発物がその基盤に還元されないのはなぜか。これらをうまく説明しなければならない。第二に、創発主義に要請される「下方因果」を適切に説明する必要がある[3)]。

第一の課題へのクレインの解答は、われわれの世界ではそのような付随関係ないし創発が法則的に成立するという事実を自然な信仰心で受け入れねばならない、というものだ。換言すれば、心身関係は解明されえず、ただ物理的なものから心的なものが創発するという事実を粛々と受け入れなければならない、というのである。そしてクレインは、このような自然のレベル間の非連続性はわれわれが自然を探究する中で見出した事実にほかならないのだから、そうした事実を受け入れることは、経験的知見を尊重するという意味で自然主義的な態度なのだ、と主張している[4)]。しかしキムは、まさにその事実がどうして成り立っているのかの説明を求めるわけであり、それゆえこの返答で簡単に納得することはないであろう。そして、いったん見出された事実の背後にさらにそれを支える原理を見出していこうとするのもまた紛れもなく自然主義的な態度であると思われる。

次に下方因果について考えよう。まず、「下方」とは因果の向きを示しており、物理的なものの「上に」付随ないし創発する心的なものが原因となって、その下にある物理的なものに結果をもたらすということである。次に、創発物によってもたらされる因果的効力は、新奇のものでなければならない。新奇であるというのは、その付随基盤となる性質のもっている因果的効力には還元できないということである。たとえばかりに心的性質の因果的効力がその付随基盤である脳のもつ性質の因果的効力に還元できるなら、心的因果は新奇であるとはいえなくなる。

下方因果に関してキムは次のような疑念を呈している。因果が反事実的に捉えられるとしよう。すなわち、A が B という結果を引き起こした原因であるのは、もしかりに A がなければ B は生じなかったであろうというときだ、と因果を捉えることにする。すると、心的性質 M が物理的結果 E の原因であるのは、M がなければ E は生じなかったであろうというときだ、といえるようになる。さて、創発主義のいうとおりなら、心的性質 M はその基盤のもつ物理的性質 P から創発している。したがって、P なしには M は成立しないことになる。ここで、先の物理的結果 E は M なしには生じず、また M は P なしには生じなかったのだから、E は P なしには生じなかっただろう。これは、P が E の原因だということを反事実的に述べるものだと捉えられる。そうだとすると、心的性質 M の出番はないように思われる。つまり物理的結果 E を引き起こすには、心的性質 M による下方因果は不要であり、物理的原因 P だけで十分だと考えられるのである。

この最後の点は、まさしく物理学の完全性を表現したものにほかならない。下方因果の問題は、煎じつめれば、この物理学の完全性との折り合わせの問題だといえるだろう。本書でクレインは物理学の完全性を放棄することを示唆しているが（第18節）、のちにその正当化を求められてこう答えている。すなわち、物理学の完全性というテーゼは、現行の科学に見出される知見なのではなく、非常に大きな経験的推測を含むものである。そしてその推測を根拠づけるにはどうすればよいかはほとんど見当もつかないのだから、できるなら物理学の完全性なしでやっていく方がよいのだ、と[5)]。

もちろん物理主義者がこの返答で容易に納得するとは考えられない。だがそれでもこれにより、物理学の完全性がいかに正当化しうるかを示せとの課題が物理主義者に突きつけられるのは確かだろう。いずれにせよ、世界の因果的な本性がどのようなものであるかの解明が今後もさらなる考察を要する重要な形而上学的課題であることはまちがいない。そうした課題に取り組むためのひとつの見方として、長く等閑視されてきた創発主義が、近年では再興しつつある[6)]。心的因果の問題に関してクレインが本書で創発主義を生きた選択肢として提示したことは、こうした創発主義再興の潮流のうちで貴重な貢献を果たしていると評価できると思われる。

注

1）以下のふたつの節では、クレイン自身による本書の要約を参照している。Tim Crane 2004, 'Summary of *Elements of Mind* and replies to critics', *Croatian Journal of Philosophy,* Vol. IV, No. 11, 223-240.

2）これに対して、物理主義の立場から、そもそもゾンビなるものが思考可能だとするこの論法の前提を崩しにかかることもできるかもしれない。そのような見込みを提示した邦語文献として、鈴木貴之「クオリアと意識のハードプロブレム」（信原幸弘編『シリーズ心の哲学Ｉ人間篇』勁草書房、2004年、所収）を参照。

3）Jaegwon Kim 2006, 'Emergence: core and issues', *Synthese,* 151: 547-559.

4）この態度については以下をも参照。Tim Crane 2001, 'The significance of emergence', in Barry Loewer and Grant Gillett (eds.), *Physicalism and its Discontents,* Cambridge University Press.

5）Crane 2004, *op. cit.*: 235.

6）心の哲学に限らず、さまざまな領域における創発主義の可能性については、現在活発に議論が進行中である。そうした議論を収める論集として、たとえば以下の二冊がある。Philip Clayton and Paul Davis (eds.), 2006, *The Re-emergence of Emergence: The Emergentist Hypothesis from Science to Religion,* Oxford

University Press.; Mark A. Bedau and Paul Humphreys, 2008, *Emergence: Contemporary Readings in Philosophy and Science,* MIT Press.

*

引用箇所の訳出にあたり、すでに邦訳のある場合にはそれを参考にさせていただいた。訳者の方々にお礼申し上げる次第である。ただし、用語や文体など統一をはかるためにもとの訳文通りではない箇所もあるので、この点をご了承願いたい。また本書で用いた種々の哲学用語の訳語は、いうまでもなく、先行する多くの研究者に負うものである。あわせて謝意を示しておきたい。

さて本書の翻訳の仕事は、高千穂大学の金杉武司先生に紹介されたものである。あれは訳者が博士課程三年の大学院生だった夏の終わり、金杉さんから頂いたメールが発端だった。当時まだ大学院終了後の進路がまったく決まっていなかった訳者には、「翻訳仕事に興味はありませんか」という実にありがたいお誘いを断る理由などなかった。ありていにいえば、本書がどういう内容なのかもよく知らないまま飛びついてしまったのである。

そうして翻訳が始まったわけだが、金杉さんは単に仕事を紹介するだけではなく、部分的に訳稿が出来上がるたびにそれを子細にチェックし、その検討会まで開くという大変な面倒見の良さを発揮した。とりわけ頭が下がる思いなのは、なかなか翻訳の質が向上しない訳者に金杉さんは粘り強く最後まで丁寧に付き合い、毎回の検討会では読解上の問題や訳出の技術に関わる点ばかりか、翻訳というものに対する心構えについてまで指導してくださったことである。そのために、非常に多忙だったはずの金杉さんの手を結構な度合いで煩わせてしまったに相違ないのだが、そうするうちに何とか翻訳は出来上がっていった。この翻訳に含まれる間違いや表現のおかしさなどはむろんすべて訳者の責任である。しかしそうした点を最小限に抑えることができているとしたら、そして少しでも正確で自然な訳文になっているとしたら、それはひとえに金杉さんのおかげというほかない。金杉さんの指導を通じて自分の血肉となったものは、訳者にとって今後も大きな財産となるだろう。この場を借りて深く感謝の意を表したいと思う。

本書は、勁草書房の土井美智子さんに編集を担当していただいた。この翻訳は当初考えていたよりも難航したが、土井さんはその間、進捗状況を尋ねつつ励ましを与えるメールをしばしば送ってくださった。最後に、土井さんにお礼申し上げる。

索　引

あ　行

か　行

さ　行

た　行

な　行

は　行

11-2, 107
物理学
——の完全性　67
物理主義　42, 65-72, 145-8
還元的——　80-2
非還元的——　82-9
ブラッドン－ミッチェル，デイヴィド　Braddon-Mitchell, David　160-1
ブランダム，ロバート　Brandom, Robert　204
ブルーアー，ビル　Brewer, Bill　211
ふるまいの説明　171
フレーゲ，ゴットロープ　Frege, Gottlob　17, 29-30
ブレンターノ，フランツ　Brentano, Franz　i-ii, 3, 17-8, 43-4
フロイト，ジクムント　Freud, Sigmund　105
ブロークス，ジャスティン　Broackes, Justin　243
ブロード，C・D　Broad, C.D.　94
ブロック，ネッド　Block, Ned　107-10, 121-2, 219-22
ベネット，ジョナサン　Bennett, Jonathan　219
ペリー，ジョン　Perry, John　147
ホーガン，テレンス　Horgan, Terence　87
ポール・ロワイヤル論理学　15
ボゴシアン，ポール　Boghossian, Paul　212-3
保存則　72
ホッブズ，トマス　Hobbes, Thomas　14-5

ま　行

マーティン，M・G・F　Martin, M.G.F.　207, 238, 240, 241, 242, 243
マクダウェル，ジョン　McDowell, John　180, 204, 227-30
マクローリン，ブライアン　McLaughlin, Brian　94, 236
マッギン，コリン　McGinn, Collin　136
マンソン，ニール・キャンベル　Manson, Neil Campbell　237
水　182-5
ムーア，A・W　Moore, A.W.　9-10, 141-2
ムーア，G・E　Moore, G.E.　198
ムーアのパラドクス　156, 223-4
命題　→「命題的態度」をも参照
フレーゲ的——とラッセル的——　164-7
命題的態度　162-8
命題的態度テーゼ　168-72
メラー，D・H　Mellor, D.H.　234, 237
目的語
文法上の——　22-3, 24

や　行

有向性　11, 19-27

ら　行

ライプニッツ，G・W　Leibniz, G.W.　15-6
ラッセル，バートランド　Russell, Bertrand　36-7, 162
——の記述説　178-81, 189-90, 241
ルイス，デイヴィド　Lewis, David　68, 78, 96, 100, 139
レウアー，バリー　Loewer, Barry　236
レヴァイン，ジョセフ　Levine, Joseph　134, 136-7
レビン，ジャネット　Levin. Janet　240
ロア，ブライアン　Loar, Brian　142-3, 238
ローゼンソール，デイヴィド　Rosenthal, David　111-2
ローティ，リチャード　Rorty, Richard　231
ロビンソン，ハワード　Robinson, Howard　202, 215

ティム・クレイン（Tim Crane）
1962年オックスフォード生まれ。1989年、ケンブリッジ大学で博士号を取得。ロンドン大学教授を経て、現在はケンブリッジ大学ナイトブリッジ哲学教授。主著に *The Mechanical Mind*（Penguin Books, 邦訳『心は機械で作れるか』勁草書房）。

植原　亮（うえはら　りょう）
1978年生まれ。2008年、東京大学大学院総合文化研究科博士課程単位取得退学。東京大学特任研究員を経て、現在、日本学術振興会特別研究員PD（日本大学）。著書に『脳神経倫理学の展望』（共著、勁草書房）。

心の哲学　心を形づくるもの

2010年7月30日　第1版第1刷発行

著　者　ティム・クレイン
訳　者　植　原　　亮
発行者　井　村　寿　人

発行所　株式会社　勁《けい》　草《そう》　書　房

112-0005　東京都文京区水道2-1-1　振替　00150-2-175253
（編集）電話　03-3815-5277／FAX　03-3814-6968
（営業）電話　03-3814-6861／FAX　03-3814-6854
日本フィニッシュ・中永製本

ISBN978-4-326-10200-6　Printed in Japan

http://www.keisoshobo.co.jp